现代物流基础

主　编　王红艳
副主编　王晓伟　王　霄
参　编　成志平　贺彩玲　仝丹娜　朱鑫彦　高贺云
主　审　李选芒

北京理工大学出版社
BEIJING INSTITUTE OF TECHNOLOGY PRESS

版权专有　侵权必究

图书在版编目（CIP）数据

现代物流基础 / 王红艳主编 . —北京：北京理工大学出版社，2020.1（2022.8重印）
ISBN 978 – 7 – 5682 – 7338 – 1

Ⅰ. ①现⋯　Ⅱ. ①王⋯　Ⅲ. ①物流 – 高等学校 – 教材　Ⅳ. ①F252

中国版本图书馆 CIP 数据核字（2019）第 158800 号

出版发行 /	北京理工大学出版社有限责任公司
社　　址 /	北京市海淀区中关村南大街 5 号
邮　　编 /	100081
电　　话 /	（010）68914775（总编室）
	（010）82562903（教材售后服务热线）
	（010）68944723（其他图书服务热线）
网　　址 /	http：//www.bitpress.com.cn
经　　销 /	全国各地新华书店
印　　刷 /	唐山富达印务有限公司
开　　本 /	787 毫米 × 1092 毫米　1/16
印　　张 /	14
字　　数 /	332 千字
版　　次 /	2020 年 1 月第 1 版　2022 年 8 月第 3 次印刷
定　　价 /	39.80 元

责任编辑 / 李　薇
文案编辑 / 李　薇
责任校对 / 周瑞红
责任印制 / 施胜娟

图书出现印装质量问题，请拨打售后服务热线，本社负责调换

前　言

目前，大部分普通高职高专院校的经管类专业开设了现代物流概论课程，市场上相关的书籍也不少，但遗憾的是，多数课程内容过深，理论性过强、业务技能操作少，学生学习起来比较困难。高等职业教育是培养高技能型人才的主要方式，为了适应高等职业教育的要求，我们编写了此书。

本书内容的设置紧扣专业课程教学大纲，从职业岗位及岗位群对技能要求的实际出发，以"适用、实用"为度，通过教学与实践培养学生物流运作的认知能力、物流业务的操作能力、物流经营的管理能力，提高学生独立进行业务操作，分析和解决问题的水平。

一、特点

本教材是由陕西工业职业技术学院物流管理学院一线教师与物流行业企业专家一起，共同开发的特色教材，在撰写时，我们力求做到以下几点：

1. 教材突出了高职高专特色

教材编写紧紧围绕"培养高等技术应用型专门人才"展开，具有针对性和实用性，理论上以"必需、够用"为尺度，以强化技能操作为教学重点。

2. 教材内容的组织体现了"工学结合"特色

教材内容的组织以新的人才培养模式为指导，突出教学内容与工作任务相融合，将校内学习和实际工作岗位结合起来，使学生能够在做中学，尽可能地真正体会到实际企业的工作环境。

3. 教材内容突出了时效性特色

在教材的编写中，我们本着"学生能学，教师好用，企业需要"的原则，注意理论与实践一体化，注重内容的时效性。在知识编写中尽量采用国家标准《物流术语》中的概念，在实际教学案例的编写中尽可能选取接近实际的案例素材，力争使知识理解与实际应用相融合，使教材内容更突出时效性。

二、结构

现代物流概论的教学目标是通过本门课程的学习，学生掌握以物流基本功能为主的知识框架，了解物流职业核心能力、专业能力及物流职业规划，为以后系统学习物流专业课程打下基础。

本书以物流构成要素为主线进行编写。第一章主要讲述物流的概念、相关理论、物流产业、物流行业、智慧物流、物流岗位分析及职业规划等；第二章主要讲述常见的运输方式、多式联运及运输方案的合理化；第三章主要讲述仓储的概念、仓储作业流程及库存控制管理；第四章主要讲述装卸搬运的基本知识及应用；第五章主要讲述配送及配送中心的基本知识及应用；第六章主要讲述包装的概念、常用的包装材料及包装方案的设计；第七章主要讲述流通加工的基本知识与应用；第八章主要讲述物流信息的概念、常用的物流技术及物流信息系统；第九章主要讲述企业物流、农业物流、工业物流、商业物流、第三方物流与第四方物流及国际物流；第十章主要讲述绿色物流、冷链物流、物流金融和电子商务物流。

教材在结构设置上有学习目标、导入案例、基本训练、技能演练、专业能力测评等项目。在具体内容编排上设置了针对性案例、知识拓展及重点问题的想一想，以引导和帮助学生及时关注和掌握相关知识点。

三、致谢

本教材是在很多人的支持下完成的，在此，感谢参加教材编写的所有教师，是他们对本教材的大纲进行了多次审订，并提出了修改意见；感谢书后参考文献的所有作者，感谢他们的资料给予本书的引导；感谢陕西省物流与采购联合会、中储咸阳分公司等企业的大力支持与参与。

本教材由陕西工业职业技术学院王红艳任主编，负责教材整体设计及统稿工作，陕西工业职业技术学院物流管理学院院长李选芒任主审，陕西工业职业技术学院王晓伟、王霄为副主编，参编人员有成志平、贺彩玲、仝丹娜、朱鑫彦、高贺云（均为陕西工业职业技术学院老师）。具体分工为：第一章走近物流、第二章运输认知、第三章仓储认知及第十章从市场细分角度看物流由王红艳编写；第四章装卸搬运认知由成志平编写；第五章配送认知第一节由贺彩玲编写；第五章配送认知第二节由仝丹娜编写；第六章包装认知由王晓伟编写；第七章流通加工认知由高贺云编写；第八章物流信息认知由朱鑫彦编写；第九章从市场及行业角度看物流由王霄编写。

由于编者水平有限，书中难免有一些缺点和不成熟之处，敬请读者批评、指正。

为方便教学，本书配备了电子课件等教学资源。凡选用本书作为教材的教师均可索取。

编 者

目 录

第一章 走进物流 ··· 1
 第一节 物流概述 ··· 2
 第二节 智慧物流认识 ··· 12
 第三节 物流岗位认识 ··· 16
 第四节 物流职业规划 ··· 21

第二章 运输认知 ··· 30
 第一节 常见的运输作业 ·· 31
 第二节 多式联运作业 ··· 41
 第三节 运输方案优化 ··· 43

第三章 仓储认知 ··· 51
 第一节 仓储概述 ··· 52
 第二节 仓储基本作业内容 ·· 57
 第三节 库存控制管理 ··· 64

第四章 装卸搬运认知 ··· 76
 第一节 装卸搬运概述 ··· 77
 第二节 装卸搬运作业应用 ·· 80
 第三节 装卸搬运合理化 ·· 83

第五章 配送认知 ··· 89
 第一节 配送作业 ··· 90
 第二节 配送中心 ··· 98

第六章 包装认知 ··· 108
 第一节 物流包装概述 ··· 109
 第二节 物流包装材料及包装技术 ··· 112
 第三节 包装方案的设计 ·· 119

第七章 流通加工认知 ··· 128

	第一节	流通加工概述	129
	第二节	流通加工的主要应用	134

第八章　物流信息认知　143

	第一节	物流信息概述	144
	第二节	物流信息技术	146
	第三节	物流信息系统	156

第九章　从市场及行业角度看物流　162

	第一节	企业物流	163
	第二节	农业物流	172
	第三节	工业物流	180
	第四节	商业物流	185
	第五节	第三方物流与第四方物流	189
	第六节	国际物流	196

第十章　从市场细分角度看物流　202

	第一节	绿色物流	203
	第二节	冷链物流	205
	第三节	物流金融	206
	第四节	电子商务物流	209

基本训练习题答案　214

参考文献　215

第一章 走进物流

学习目标

知识目标

- 了解物流的产生过程；
- 理解物流的基本理论；
- 掌握物流的概念；
- 熟悉物流的基本功能和地位；
- 掌握物流产业的概念；
- 了解智慧物流的概念及现状；
- 了解企业物流岗位设置；
- 了解物流人才的基本素质和能力；
- 掌握物流人才的知识结构；
- 了解物流从业人员职业道德规范的具体内容。

技能目标

- 能正确评判物流管理专业的前景；
- 对物流产业有一个整体认识；
- 能全面认知企业物流岗位；
- 根据自身情况制订学习计划，提升知识储备量。

导入案例

案例一

从超市的货架上随手取下一瓶洗发水，你能想到这瓶洗发水从购置原材料到在流水线上生产，一直到拿在你手中为止，中间究竟经过了多少物流环节吗？假如一瓶洗发水定价100元，有可能它的生产成本却只有几元钱，为什么会出现这种情况？

案例二

前几天，几位物流管理专业新生在一起讨论什么是物流。甲说："我经常上网购物，我认为物流就是送快递。"乙说："我爸爸在货物运输公司上班，去年这家公司更名为物流公司，我想物流就是跑运输吧。"丙说："我家旁边的搬家公司也叫物流公司，我估计物流就是帮客户搬运物品。"物流到底是什么呢？

第一节 物流概述

一、什么是物流？

物与流

物流由"物"和"流"两个基本要素组成，这两个基本要素以独立形态存在时，有其一般性的解释，两者结合起来之后，其解释便有了限定的含义。因此，为更好地理解"物流"的含义，有必要先对"物"和"流"的概念分别作出解释。

1. 物的要素

物流中的"物"是指一切可以进行物理性位置移动的物质资料。这类物质可以是具有固定形状的，如钢材、水泥、日用品等；也可以是无固定形状的，如石油、天然气等。它包含了以固、液、气三种状态存在的全部可以进行物理性位移的物质资料。物流中的"物"的一个重要特点就是，必须可以发生物理性位移，而固定的设施、田地、建筑物等，不是物流研究的对象。

有许多对"物"的称谓出自片面、狭义的理解，或者仅是上述"物"中的一部分，或者与上述"物"互相包含。此处，对这些称谓与物流中的"物"的异同之处予以明确区分。

（1）物资。物资在我国专指生产资料，有时也泛指全部物资资料，较多的是指工业品生产资料。其与物流中"物"的区别在于："物资"中包含相当一部分不能发生位置移动的生产资料，这部分生产资料不属于物流的研究范畴，如建筑设施和土地等。

（2）物料。物料是我国生产领域的专门概念。生产企业习惯将最终产品之外的，在生产领域流转的一切材料、燃料、零部件、半成品、外协件以及生产过程中产生的边角料、废料及各种废物统称为"物料"。物料具有可运动的性质。因此，生产领域的"物"就是物料。

（3）货物。货物是我国交通领域的专门概念。交通运输领域将其经营的对象分为两大类：一是人；二是物。除人之外，"物"的这一类统称为货物。很显然，这个领域的物具有可运动的特征，即该领域的"物"就是货物。

（4）商品。商品和物流的"物"的概念是互相包含的。商品中一切可发生运动的物质实体都是物流研究的"物"。需要明确的是，并不是所有的商品都是物流中的"物"，有一部分商品应排除在外。例如，作为商品的房产、地产是这类商品的典型代表，因为它们不能发生位移。因此，物流的"物"有的是商品，有的是非商品。商品实体仅是物流中"物"的一部分。

（5）物品。物品是生产、办公、生活领域常用的概念。在生产领域中，物品一般指不参加生产过程，不进入产品实体，而仅仅在管理、行政、后勤、教育等领域使用的与生产相关的或有时完全无关的物质实体，如修理工具、搬运工具等；在办公、生活领域中，"物"是指与办公或生活有关的所有物品。因此，在这些领域中，物流中所指的"物"，就是通常所称的物品。

总之，物流中所称的"物"，是物质资料世界中同时具备物质实体特点和可以进行物理性位移的那一部分物质资料。

2. 物流的要素

物流中的"流"，指的是物理性运动，即以地球为参照物的"位移"。很明显，建筑物、未砍伐的森林等由于不会发生物理性运动，不在物流的研究范畴之中。只有当建筑物整体移位或拆移，森林砍伐成木材时，建筑物、木材发生了物理性运动，才可以归纳到物流的"流"之中。

这样的"流"可以是大范围的，如国际、全国、省际、市际之间，属于中观、宏观运动；也可以是同一地域、同一环境中的微观运动，小范围位移。下面分析物流中的"流"在不同领域的表现形式。

（1）流通领域。流通是以货币为媒介的商品交换，是连接生产与消费的中间环节。这种商品交换伴随有商品所有权的转移，而商品所有权的转移又伴随有商品实体的转移。因此流通首先是以货币为媒介的购销行为，这是商业行为，我们可以把它称为"商流"；其次是法律意义上的商品所有权归属的转移，商品所有权的变更，并不一定必须由一方将商品交给另一方；最后是商品实体实现这个转移，这个领域才和物流有关。

"流"的概念和流通的概念是既有联系又有区别的。其联系在于，流通过程中，物的物理性位移常伴随交换而发生，这种物的物理性位移是最终实现流通不可缺少的物的转移过程。物流中的一个重点领域是流通领域，不少人甚至只研究流通领域，因而干脆将"流"与"流通"等同起来。

"流"和"流通"的区别主要有两点：一是涵盖的领域不同。"流"不但涵盖流通领域，也涵盖生产、生活等领域，凡是有物发生物理性运动的领域，都是"流"的领域。二是"流通"并不是以其整体作为"流"的一部分，而是以其实物的物理性运动的局部构成"流"的一部分。商业活动中的交易、谈判、契约、分配、结算等所谓"商流"活动和贯穿全过程的信息流等都不能纳入物理性运动之中。

（2）生产领域。物流中的"流"可以理解为生产的"流程"。物料是否按照工艺流程要求进行运动，流程水平高低与否，是生产的管理水平和技术水平的集中体现，对成本和效益、生产规模影响颇大。生产领域中的"流程"概念不仅反映物流运动，也反映技术、装备的设备及衔接，还反映管理和调度等问题。因此，生产领域中物之"流"，仍只是"流程"的一个局部。

（3）生活、工作领域。在团体、个人及其家庭的工作、生活中，"流"的含义是生活用品、办公用品等物品在家庭及办公室中放置位置的不断变换，甚至在家庭生活与办公过程中的废弃物丢弃（废弃物物流）或再生过程（回收物流）中发生的运动。

(4) 军事领域。军事领域的物流是军事后勤非常重要的组成部分。这个领域中的物流，是现代物流研究非常重要而又非常特殊的一个方面。

二、物流的概念

物流是一门实践性很强的交叉型学科，其研究对象是经济活动中"物"的流动规律，主要研究"物"在运输、仓储、包装、装卸搬运、配送、流通加工、信息处理等方面的内在联系。随着社会经济的快速发展，物流正成为现代社会的新需求。中国物流已迈过起步阶段，正在进入快速成长阶段。现代物流业已经成为我国国民经济发展的重要产业，成为21世纪中国快速发展的强劲动力。

物流概念产生后，物流问题在西方发达国家引起了广泛关注。许多国家或地区加强了对有关物流问题的研究，美国、欧洲、日本等纷纷成立国家或区域性物流协会或学会，一些跨国公司成立物流部，统一协调和管理公司物流活动。物流概念的界定也成为物流理论研究的重要内容。自20世纪60年代以来，物流定义层出不穷，下面列举一些具有权威性的定义。

(一) 国外对物流的定义

1981年，日本通商产业省运输综合研究所在其出版的《物流手册》中对物流的定义十分简明，即："物流就是物质资料从供给者向需要者的物理性移动，是创造时间性、场所性价值的经济活动。从物流的范畴来看，包括包装、装卸、保管、库存管理、流通加工、运输、配送等诸种活动。"

1998年，美国物流管理协会给出了物流的定义："物流是供应链的一部分，是为了满足客户需求而对商品、服务及相关信息从原产地到消费地的高效率、高收益的流动及储存进行的计划、实施与控制过程"。

1992年日本成立日本物流系统协会，该协会专务理事稻束原树1997年在《这就是"物流"》一文中将物流重新定义为：物流是一种对于原材料、半成品和成品的有效率流动进行规划、实施和管理的思路，它同时协调供应、生产和销售各部门的个别利益，最终达到满足顾客的需求。换言之，物流意味着按要求的数量、以最低的成本送达要求的地点，以满足顾客的需要作为基本目标。

(二) 我国对物流的定义

我国学者对物流概念的定义主要有以下几种。

(1) 1987年，王嘉霖、张蕾丽教授在《物流系统工程》一书中指出：物流泛指物资实体的场所（或位置）转移和时间占用，即物资实体的物理移动过程（有形的与无形的）。狭义地讲，物流包括从生产企业内部原材料、协作件的采购开始，经过生产制造过程中的半成品的存放、装卸、搬运和成品包装，到流通部门或直达客户后的入库验收、分类、储存、保管、配送，最后送达顾客手中的全过程，以及贯穿于物流全过程的信息传递和顾客服务工作的各种机能的整合。

(2) 1996年，吴清一教授在《物流学》一书中，将物流定义为："指实物从供给方向需求方的转移，这种转移既要通过运输或搬运来解决空间位置的变化，又要通过储存保管来调节双方在时间节奏方面的差别。"

(3) 1996年,中国台湾省物流管理协会给出的物流定义为:"物流是一种物的实体流通活动的行为,在流通过程中,透过管理程序有效结合运输、仓储、装卸、流通加工、资讯等相关物流机能性活动,以创造价值,满足顾客及社会性需求。"中国澳门特别行政区的亚洲(澳门)国际公开大学给出的物流定义是:物流是指将原来分散的、低效率和高成本的物流活动转化成物流资源互补整合、相互联系、分工协作的产业链条,形成以供应链管理为核心的社会化物流系统。

(4) 1997年,何明珂教授在《现代物流与配送中心》一书中,定义物流是"物质实体从供应者向需要者的物理性移动,它由一系列创造时间和空间效用的经济活动组成,包括运输(配送)、保管、包装、装卸、流通加工及物流信息处理等多项基本活动,是这些活动的统一。"

(5) 2001年8月,由中国物资流通协会牵头组织,中国物资流通技术开发协会、北京工商大学、北京物资学院、北方交通大学(今为北京交通大学)、华中科技大学、原国内贸易局物流技术研究所等单位专家学者编写的中华人民共和国国家标准《物流术语》将物流定义为:"物品从供应地向接受地的实体流动过程中,根据实际需要,将运输、储存、装卸、搬运、包装、流通加工、配送、信息处理等功能有机结合来实现用户要求的过程。"

(6) 根据国家标准的物流定义,物流属于物品物质实体的流动。物流是物品从供应地向接受地的实体流动,即只要是符合这个条件的实体流动过程都可以看成是物流,而流动的原因和动力,在定义中并没有予以明确。同时,概念表明,物流是一种满足社会需求的活动,是一种经济活动。那些不属于经济活动的物质实物流动,则不属于物流范畴。物流包括空间和时间的位置移动以及形态性质的变动,因而,通过物流活动,可以创造物品的空间、时间和形态性质3个方面的效应,而这些是通过物流的运输、储存、装卸、搬运、包装、流通加工、配送、信息处理等基本功能的有机结合来实现的。

(三) 现代物流

现代物流是指为满足顾客的需求,对来源点到使用点的货物、服务及相关信息的有效率、有效益的流动及储存进行计划、执行与控制的供应链管理过程。

供应链是指在生产和流通过程中,涉及将产品或服务提供给最终用户活动的上游与下游企业所形成的网络结构。

(四) 物流的基本价值

物流主要是通过创造时间价值和场所价值来体现自身价值的。另外,在特定情况下也可以创造一定的流通加工附加价值。

物流的价值

1. 时间价值

物从供给者到需要者之间存在一段时间差,改变这一段时间差创造的价值,被称作"时间价值"。物流主要通过以下三种方式实现其时间价值。

(1) 缩短时间差创造价值。缩短物流时间可以减少物流损失,降低物流消耗,增加物的周转,节约物流成本。如新鲜水产品的供应必须迅速及时。

(2) 弥补时间差创造价值。供给与需求之间存在时间差，可以说这是一种普遍的客观存在。正是有了这个时间差，商品才能实现自身最高价值，才能获得十分理想的收益，才能起到"平丰歉"的作用。但是商品本身是不会自动弥合这个时间差的。比如那些集中生产出的粮食，如不采取有效方法，除了当时的少量消耗外，就会就地损坏、腐烂，而在非产出时间，人们就会找不到粮食吃。物流便是以科学的系统方法解决出现的此种问题，有时是通过改变这种时间差，实现其"时间价值"。

(3) 延长时间创造价值。在物流中，通常是以缩短时间差来创造价值。但是，在某些具体物流中经常会存在人为地、能动地延长物流时间来创造价值。如配合时机销售的物流便是通过有意识地延长物流时间、有意识地增加时间差来创造价值的。

2. 场所价值

物从供应者到需求者之间有一段空间差，改变这一场所的差别而创造的价值叫作"场所价值"。物流创造的场所价值是由现代社会产业结构、社会分工所决定的，主要原因是供给和需求之间的空间差，商品在不同地理位置有不同的价值，通过物流将商品由低价值区转到高价值区，便可获得价值差，即"场所价值"。场所价值的实现主要有以下几种具体形式。

(1) 从集中生产场所流入分散需求场所创造价值。现代生产的一个重要特点就是集中的、大规模的生产，小范围的产品可以覆盖大面积的需求，有时甚至覆盖一个国家或若干国家。通过将产品从集中生产的低价值区转移到分散的高价值区，能够获得较高的利益。

(2) 从分散生产场所流入集中需求场所创造价值。如粮食是在一亩地一亩地上分散生产出来的，而一个大城市对粮食的需求不仅规模大，而且相对集中；一个大汽车厂的零配件生产也分布得非常广，但却集中在一个大厂中装配，这也形成了分散生产和集中需求，物流便依此取得了场所价值。

(3) 从低价值生产场所流入高价值需求场所创造价值。如山西的煤深埋在深山中，和泥土、石块一样，没有任何价值，只有采掘后，成为发电、取暖的燃料时，才能实现其价值。它的使用价值是通过运输克服了空间距离才得以实现的。

3. 流通加工附加价值

在一定的条件下，物流也可以创造流通加工附加价值。现代物流的一个重要特点是根据自己的优势从事一定的补充性加工活动，如把钢卷剪切成钢板；把原木加工成板材；把粮食加工成食品；把水果加工成罐头。与生产领域中的加工不同，这种加工活动不是创造商品的主要实体并形成商品，而是带有完善、补充、增加性质的加工活动。这种活动必然会形成劳动对象的附加价值。

★想一想：

快递包裹的质量与体积具体有什么限制？从时效性来看，快递究竟应该多"快"呢？

★议一议：

某日，刘先生在网上订购了几本公务员考试复习用书。卖家发了某公司快递。跟踪记录显示，该快递于10月4日到达了刘先生所在城市，可到了家门口的快递始终没有上门。直到10月17日，刘先生才收到这份"蜗牛"快递。其间，刘先生因为赶着复习，给快递公司打了无数次电话，浪费了时间和金钱。刘先生试图索要延误赔偿，但快递公司拒绝赔偿。刘先生认为，快递公司延误了投送时间又拒绝赔偿，这样的做法太过"霸道"。如果你是客户，当快递出现"彻底延误时限（如同城快递超过3天未到）"情况，你认为应该如何处理？

（五）物流与商流、资金流、信息流的关系

商流、物流、资金流和信息流是流通活动的四大组成部分，它们之间互为存在密不可分，相互作用又互有区别，它们之间的关系如图1-1所示。

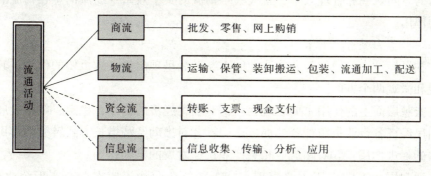

图1-1 物流与商流、资金流、信息流的关系

三、物流的基本功能及地位

1. 物流的基本功能

物流活动由运输、仓储、包装、装卸搬运、配送、流通加工、物流信息等多项工作构成，这些也构成了物流活动的基本功能。

（1）运输。运输是物流系统中最为重要的功能要素之一，是通过运输手段使货物在不同地域范围间以改变"物"的空间位置为目的的活动，可创造场所效用。运输在物流活动中占有重要的地位，是物流的核心，是社会物质生产的必要条件之一。

（2）仓储。仓储在物流系统中与运输同等重要，它可以消除生产和消费之间的时间间隔，产生时间功效。同时，仓储还有调整价格的功能，防止产品因数量过多导致价格的暴跌。因此，仓储具有以调整供需为目的的调整时间和价格的双重功能。

（3）包装。包装是包装物及包装操作的总称，是物品在运输、保管、交易、使用时，为保持物品的价值、形状而使用适当的材料容器进行保管的技术和被保护的状态。包装是生产的终点，同时也是物流的起点。

（4）装卸搬运。装卸搬运是指在物流过程中，对货物进行装卸、搬运、堆垛、取货、理货分类等，或与之相关的作业，是应物流运输和保管的需要而进行的作业。装卸搬运本身不创造价值，但装卸搬运的质量影响着物流成本与物流效益。在全部物流活动中只有装卸搬运活动伴随物流活动的始终。

（5）配送。配送是面向城市内、区域内、短距离、多频率的商品送达服务。配送是物流中一种特殊的、综合的活动形式，几乎包括了所有的物流功能要素。配送集包装、保管、运输、搬运、流通加工于一身，是物流的一个缩影或在某小范围中物流全部活动的体现。

（6）流通加工。流通加工是流通中的一种特殊形式，是在流通过程中辅助性的加工活动。流通加工的目的是为了弥补生产过程中的加工不足，更有效地满足用户或企业的需要，使产需双方更好地衔接。流通加工是生产加工在流通领域中的延伸。

（7）物流信息。主要指物流数量、物流地区、物流费用等信息。物流信息是连接运输、仓储、装卸、包装各环节的纽带，如果不能保持物流环节信息的通畅和及时供给，就不能保证物流活动的时间效率和管理效率，就失去了物流的整个效率。物流信息在物流活动中起着神经系统的作用。

2. 物流在国民经济中的地位

物流在国民经济中的地位随着物流业的不断发展呈现出越来越重要的作用。其作用主要表现在宏观和微观两个方面。

物流在宏观层面上的作用主要表现在：①对国民经济的持续、稳定、健康发展的保障作用；②对国民经济各行业资源配置的促进作用；③对推动经济增长方式转变的作用；④对区域经济发展的促进作用；⑤对物流业相关产业快速发展的推动作用。

物流在微观层面上的作用主要表现在：①降低企业物流成本；②实现企业竞争战略；③满足消费者多样化需求和增加消费者剩余。

四、基本理论

1. "商流与物流分离"理论

商物分离就是在物资流通过程中将商流和物流活动分离开来进行，使它们按照各自的规律和渠道进行独立的运动。同一笔物资的流通活动包括两个方面：一方面是商流活动，如洽谈、支付等，商流的特点是灵活、机动、活跃、相对成本低；另一方面是物流活动，如运输、储存等，物流的特点是费人、费事、费成本。商流是非常灵活机动的，但是物流则不同，它的每一步运动，都要耗费成本，运动路程越长，耗费成本就越高。因此，为了活跃交易，又为了降低物流成本，商物分离是经济运行规律的必然体现。商物分离实际上是流通总体中的专业分工、职能分工，是通过这种分工实现大生产式的社会再生产的产物。

它主要包括：

（1）商流与物流过程的分离。在经济全球化的趋势下，国际分工越来越深入，商业交易可以在全球范围内进行，甚至可以采用电子商务的形式进行虚拟运作，在这种情形下，商流过程与物流过程的分离，将成为网络经济时代的一个趋势，这种分离在网络时代将越发彻底。

（2）商流责任人与物流责任人的分离。网络经济时代，由于物流服务供应商的出现，商品的交易双方只进行商流的运作，而物流则由第三方来承担。这种商流运作和物流运作责任人的分离，是网络经济时代商物分离的一个标志。

2. "黑大陆"理论

著名的管理学权威彼得德鲁克曾经讲过:"流通是经济领域里的黑暗大陆。"德鲁克泛指的是流通,但是,由于流通领域中物流活动的模糊性尤其突出,是流通领域中人们不容易认清的领域,所以,"黑大陆"理论现在转向主要针对物流而言。"黑大陆"主要是指导尚未认识,尚未了解的领域,在黑大陆中,如果理论研究和实践探索照亮了这块黑大陆,那么摆在人们面前的可能是一片不毛之地,也可能是一片宝藏之地。"黑大陆"理论也是对物流本身的正确评价:这个领域未知的东西还很多,理论和实践皆不成熟。

3. "物流冰山"理论

"物流冰山"理论是日本早稻田大学西泽修教授提出来的。他在专门研究物流成本时发现,现行的财务会计制度和会计核算方法都不能掌握物流费用的实际情况,大家看到的只是物流费用的主体部分。一般来说,企业向外部支付的物流费用是很小的一部分。真正的大头是企业内部发生的物流费用。"物流冰山"说之所以成立,有三个方面的原因:一是物流成本的计算范围太大;二是运输、保管、包装、装卸以及信息等各物流环节中,应以哪几个环节作为物流成本的计算对象;三是应选择哪几种费用列入物流成本。

4. "第三利润源"理论

"第三利润源"理论主要出自日本。"第三利润源"是对物流潜力及效益的描述。人类历史上曾经有两个大量提供利润的领域。一个是资源领域,挖掘对象是生产力中的劳动对象。一个是人力领域,挖掘对象是生产力中的劳动者。"第三利润源"理论,反映了日本人对物流的理论认识和实践活动,在前两个利润潜力越来越小,利润开拓越来越困难的情况下,物流领域的潜力被重视,按时间序列排为"第三利润源"。

5. "效益背反"理论

"效益背反"理论是指物流若干功能要素之间存在着损益的矛盾,即某一项功能成本上升另一项必然会下降;或者说某一项服务水平提高,它就必然会增加其中另一项功能的成本。如企业为了满足客户配送速度的需求,会在某些区域建立若干个物流据点,这样一来就提升了配送速度,更好地满足了客户需求。但另一方面是企业会因此而增加物流配送成本,如要在这些区域购买相应车辆、增加管理人员、工作人员等。为此,企业必须注重研究物流的总体效益,使物流系统化,使系统的各个部分有机地结合起来,以最低成本实现最佳效益。

6. "服务中心"理论

该理论认为,物流活动最大的作用并不在于为企业节约了消耗,降低了成本或增加了利润,而是在于提高了企业对用户的服务水平,进而提高了企业的竞争能力。因此,用"Logistics"(原意后勤)来描述物流,以强调其服务保障的职能。通过物流的服务保障,企业以其整体能力来压缩成本,增加利润。

7. "供应链管理"理论

20 世纪 90 年代,物流环境发生了一系列变化,如顾客需求不断升级,订货周期逐渐缩短,快速反应系统推广应用,市场竞争日趋加剧,营销方式不断更新以及经济全球化到来等。为适应这些变化,供应链管理逐渐受到重视。一般认为,供应链管理是对供应链中的商流、物流、信息流、资金流以及对工作流进行计划、组织、协调与控制。它是一种从供应商开始,经由制造商、分销商、零售商到最终客户的全要素、全过程的集成化管理模式。其目标是从整体的观点出发,寻求建立供、产、销企业以及客户的战略合作伙伴关系,最大限度地减少内耗与浪费,实现供应链整体效率的最优化。

★ 议一议:

这次促销活动为什么不成功?

某食品公司的营销人员策划了一次大规模的促销活动。活动规定,客户如果一次购买新上市的果汁饮料25箱,将会得到企业给予的价格折扣。但是该公司物流工作中的运输环节是采用托盘作业的,即一次作业只能装卸24箱,如果装卸25箱需要进行两次托盘作业。这次促销活动给企业带来的直接影响是物流费用的大幅增加。活动结束后,经过整体效益测算,这次促销活动非但没有取得计划收益,反而造成了亏损。

五、物流的分类

按照不同的标准,物流有不同的分类。通常,物流可以按以下几种方式分类。

1. 按物流的范畴分为社会物流和企业物流

社会物流属于宏观物流范畴,包括设备制造、运输、仓储、装饰包装、配送、信息服务等,公共物流和第三方物流贯穿其中;企业物流属于微观物流的范畴,包括生产物流、供应物流、销售物流、回收物流和废弃物流等。

2. 根据作用领域的不同,物流分为生产领域的物流和流通领域的物流

生产领域的物流贯穿生产的整个过程。生产的全过程从原材料的采购开始,便要求有相应的供应物流活动,即采购生产所需的材料;在生产的各工艺流程之间,需要原材料、半成品的物流过程,即所谓的生产物流;部分余料、可重复利用的物资的回收,就是所谓的回收物流;废弃物的处理则需要废弃物物流。

流通领域的物流主要是指销售物流。在当今买方市场条件下,销售物流活动带有极强的服务性,以满足买方的需求,最终实现销售。在这种市场前提下,销售往往以送达用户并经过售后服务才算终止。因此,企业销售物流的特点便是通过包装、送货、配送等一系列物流实现销售。

3. 根据发展的历史进程,将物流分为传统物流、综合物流和现代物流

传统物流的主要精力集中在仓储和库存的管理和派送上,而有时又把主要精力放在仓储和运输方面,以弥补时间和空间上的差异。

综合物流不仅提供运输服务,还包括许多协调工作,是对整个供应链的管理,如对陆运、仓储部门等一些分销商的管理,还包括订单处理、采购等内容。综合物流与传统物流的区别是综合物流将更多精力放在供应链管理上,责任更大,管理也更复杂。

现代物流是为了满足消费者需要而进行的从起点到终点的原材料、中间过程库存、最

终产品和相关信息有效流动及储存计划、实现和控制管理的过程。它强调了从起点到终点的过程，提高了物流的标准和要求，是各国物流的发展方向。国际上大型物流公司认为现代物流有两个重要功能：能够管理不同货物的流通质量；开发信息和通信系统，通过网络建立商务联系，直接从客户处获得订单。

4. 根据提供服务的主体不同，将物流分为代理物流和生产企业内部物流

代理物流也叫第三方物流（Third Party Logistics，3PL），是指由物流劳务的供方、需方之外的第三方去完成物流服务的运作模式。第三方就是提供物流交易双方的部分或全部物流功能的外部服务提供者。

企业内部物流是指生产企业从原材料进厂后，经过多道工序加工成零件，然后把零件组装成部件，最后组装成成品出厂，这种企业内部物资的流动称为企业内部物流。

5. 按物流的流向不同，可以分为内向物流和外向物流

内向物流是企业从生产资料供应商进货所引发的产品流动，即企业从市场采购的过程；外向物流是从企业到消费者之间的产品流动，即企业将产品送达市场并完成与消费者交换的过程。

六、物流概念引入中国的三个阶段

第一阶段：20世纪80年代初至90年代初。一方面从欧美市场营销理论的引入，开始接触传统物流（Physical Distribution）的概念；另一方面从日本市场营销理论的引入，开始接触传统物流的概念。尽管当时在中国还尚未形成"物流"的概念，但是类似物流的行业是客观存在的。如中国的"储运"业与国外的"物流"业就很相似，只是由于这个时期中国的经济体制正处于转轨时期，真正意义上的现代物流尚未形成，因此引入传统物流的概念更适合中国的国情。

第二阶段：20世纪90年代中期至90年代末期。一方面由于对外开放力度加大，大量跨国公司进入中国，将现代物流的理念传播给中国；另一方面大量"三资"企业的生产和制造活动开始本地化，对现代物流产生了需求。于是，一批传统储运企业开始向开展综合物流业务的现代物流企业转型。

第三阶段：20世纪末至今。世纪之交的中国经济，一方面由于世界经济一体化进程的推进，国际政治、经济、技术和管理对中国经济产生了深刻影响，促进了中国物流业的发展；另一方面由于中国社会主义市场经济体制建设的进程加快，现代物流发展的客观需求和市场环境基本具备。现代物流开始在中国进入全面发展的新阶段。

★ 想一想：

同学们是否关注过我们使用过的手机或教材最终会流向哪里？从低碳生活的角度出发，你觉得是否有必要在校园内建立一个师生废旧物品循环利用平台？

★ 想一想：

作为一名消费者，你是否觉得外卖是一项简单的、没有多少技术含量的工作？

第二节 智慧物流认识

一、智慧物流概述

中国制造业大部分还没有达到自动化和数字化，尚处在工业 2.0 阶段（电气化），部分达到 3.0 水平（信息化）。但在物流领域，以菜鸟等为代表的国内电商平台企业和以传化股份、怡亚通等为代表的物流企业却已经扎扎实实地走在了智能化（4.0 阶段）的道路上。虽然能达到这个水平的企业目前还不是很多，更多企业依然还处在信息化甚至电气化阶段，但是部分优秀物流企业在智能化之路上不懈追求，已为全行业的发展树立了标杆。随着互联网、物联网的快速发展，物流将全面进入 4.0 时代，也就是智慧物流时代，即实现智能化、透明化、标准化、集约化。

1. 智慧物流的概念

智慧物流是基于互联网通信，通过物联网、人工智能和自动化技术的集成，使现代物流系统模仿人类智能，具备感知、学习、推理判断的能力和自主解决物流配送各环节产生的若干问题的能力。智慧物流通过数据处理和网络通信，综合应用条形码、RFID、传感器、全球定位系统、移动通信等技术于包装、配送、运输、装卸、仓储等环节，实现货物配送及管理的可视化、可控化、网络化、信息化、自动化。

2. 智慧物流的作用

发展智慧物流有利于降低物流成本、提高企业利润；有利于加速物流业的发展、推进现代信息技术在物流行业中的应用；有利于促进企业生产、采购和销售系统的一体化智能融合；有利于提高物流行业的生产效率；有利于提高国家及地方的经济实力和综合竞争力。

（1）能大大降低制造业、物流业等行业的成本，切实提高企业的利润。生产商、批发商、零售商三方通过智慧物流相互协作、信息共享，物流企业便能节省更多成本。其关键技术诸如物体标识及标识追踪、无线定位等新型信息技术的应用，能够有效实现物流的智能调度管理、整合物流核心业务流程，加强物流管理的合理化，降低物流消耗，从而降低物流成本，减少流通费用、增加利润。

（2）加速物流产业的发展，成为物流业的信息技术支撑。智慧物流集仓储、运输、配送、信息服务等多功能于一体，打破行业限制，协调部门利益，实现集约化高效经营，优化社会物流资源配置。智慧物流概念的提出对现实中局部的、零散的物流智能网络技术应用有了一种系统的提升，契合了现代物流的智能化、自动化、网络化、可视化、实时化的发展趋势，对物流业的影响是全方位的。

（3）为企业生产、采购和销售系统的智能融合打下基础。RFID 技术和传感器网络的普及，物与物的互联互通，将给企业的物流系统、生产系统、采购系统与销售系统的智能融合打下基础，而网络的融合必将产生智慧生产与智慧供应链的融合。企业物流完全智慧地融入企业经营之中，打破工序、流程界限，打造智慧企业。

(4) 促进地方经济进一步发展，提升综合竞争力。智慧物流的建设，在物资辐射及集散能力上同邻近地区的现代化物流配送体系相衔接，全方位打开企业对外通道，以产业升级带动城市发展，推动当地经济的发展。物流中心的建设，将增加城市整体服务功能，提升城市服务水平，增强城市的竞争力，从而有利于商流、人流、资金流向物流中心所属地集中，形成良性互动，对当地社会经济的发展起到促进作用。

3. 智慧物流系统的体系架构

智慧物流系统的体系架构由三个层面组成，如图1-2所示。最上层是感知互动层，中间一层是网络传输层，最下层是应用服务层。

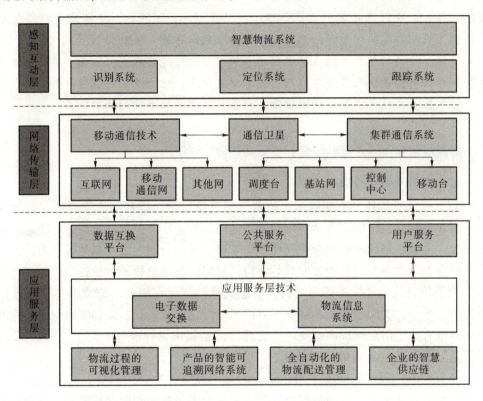

图1-2 智慧物流系统的体系架构

（1）感知互动层主要由识别系统、定位系统和跟踪系统组成，包括RFID设备、传感器与传感网等，主要完成物体信息的采集、融合处理，采用条码识别、RFID、智能图像识别、AIS、GPS导航系统、定位跟踪系统、车辆跟踪系统等多种技术对各类物流对象进行信息采集，这种采集具有实时、自动化、智能化、信息全面等特点。

（2）网络传输层是进行物流信息交换、传递数据的通路。包括各类接入网与核心网，除传统的因特网外，在物流领域应用较为广泛的有移动通信技术、集群通信技术等。

（3）应用服务层包括数据互换平台、公共服务平台和用户服务平台。物流领域中的应用服务层技术包括EDI、物流信息系统等。

> 案例

智慧物流的运用

某现代物流公司在每辆运输工具上安装 GPS 卫星定位系统，每件货物通过 RFID 芯片储存信息，物流公司以及客户可以通过网络客户端了解 RFID 货品当前的具体位置以及环境信息。同时，在运输过程中，客户的要求可能也会变化，物流公司可以对货物的运送储存方式进行相应调整，全程管控货物，货物丢失、误送也可以避免。物流公司可以按照实际情况调度车辆、规划路线，比如规避前方拥堵路段、维修路段等，从而最大限度地缩短运送时间，减少可能的损失，及时满足客户需求。通过货物上的 RFID 芯片，货物装载时经过扫描设备，自动录入物品信息；卸货检验后，经过读取 RFID 通道，将物品放置到可读取 RFID 芯片信息的货架，物品信息就自动存储在信息系统中。这样能精确定位物品，缩短物流作业时间，提高工作效率，减少人工成本。利用智慧物流管理，此物流公司在整个物流过程中，能够完全实时掌控货品情况，有效调配资源，为客户提供高效准确的物流服务。

二、我国智慧物流行业发展面临的主要问题及应对策略

1. 我国智慧物流行业发展面临的主要问题

（1）智慧物流管理体制不够健全，运营机制有待完善。智慧物流管理涉及发展与改革委员会、交通运输部、工信部等众多行政管理部门，智慧物流业务涉及商务、交通、信息技术等众多行业领域。当前，物流行业存在多头管理、条块分割、信息孤岛等现象，行业资源浪费较为严重，亟须设立智慧物流发展行业协调组织，为智慧物流建设提供体制机制保障。

（2）物流信息化标准体系尚未完善，信息交换共享存在障碍。物流信息化标准涉及物流信息技术、服务、编码、安全和管理等方面的标准化、统一化，而物流运营过程中的信息衔接及交换也有赖于信息化标准的支持。智慧物流相关国家标准尚不健全，信息共享不畅，降低了行业管理和运行的效率。

（3）智慧物流建设地区间不平衡，企业间差距较大，企业内部智慧化程度偏低。长三角、珠三角初步建立了地区层面的行业标准，普遍采用了基于物联网技术的智慧物流管理及运营平台，但中西部地区的智慧物流建设刚刚起步，有的地区物流运营还限于传统的半人工模式。部分大型物流企业如顺丰、京东等虽构建了自己的智慧物流系统，但地区间布点不平衡、管理措施不到位；大部分中小型物流企业受限于自身条件或当地的基础设施建设水平，信息化、智能化步伐缓慢。

（4）物流信息平台建设不完备，信息技术应用率较低，物流信息应用网络化水平低。物流公共信息平台包括物流电子政务、物流电子商务和电子物流 3 个子平台，分别实现政府监管和服务、供应链一体化网络商业活动、物流运输全过程实时监控管理的功能。

当前，东部地区主要省市的三大平台已投入运营，但东西部物流信息平台建设大部分处在规划起步阶段；由于没有连接制造商、零售商、客户的国家级信息集成平台，导致物流产业链过长，国际物流信息交换不畅，跨境物流效率低下。

另外，以物联网等为代表的现代信息技术在物流行业的应用率较低，智慧物流的现代技术手段尚未在全行业普及，智慧物流云平台、大数据平台、移动定位技术和移动服务终端使用率偏低。

（5）专业人才培养工作滞后，物流人才供需的结构性矛盾突出。当前，国内物流人才缺口在 30 万人至 50 万人，人才供需的结构性矛盾明显，兼有物流管理、计算机技术、网络通信技术、物联网架构等相关知识并熟悉现代物流信息化运作流程的高端复合人才"一人难求"。据统计，物流专业高端人才和一线技能人才缺口近 80%，高级物流管理人才满足企业实际需求的不足 10%。高等院校输出人才的数量和质量难以满足企业发展的真实需求，行业人才供需结构性矛盾突出。

2. 发展智慧物流的主要策略

物流行业当前发展呈现信息化、智能化、国际化、服务优质化、产业协同化的基本趋势，应遵循"创新驱动、主抓重点、有力保障"的基本原则，积极推进全国范围内的智慧物流建设进程，同时应从以下几个方面落实物流智能化建设的各项举措。

（1）创新驱动，推进物流企业的信息化和智能化建设。物流行业要创新发展，必须加快现代信息技术在整个物流产业链中的研发应用，提升物流企业的信息化和智能化水平，同时要积极创新管理运营模式，提高供应链管理和物流服务水平，形成物流业与制造业、商贸业、金融业协同发展的新优势。物流创新驱动，应积极整合物流设施与技术、信息平台、金融服务等要素资源，推进行业的规模化和协同化发展。

物流信息化是智慧物流建设的基础和核心。物流信息化的首要任务是公共物流信息平台的建设。公共物流信息平台是指为物流行业各主体提供物流信息服务的公共商业平台，其功能是为国际物流生产提供信息化手段的支持和保障。加速推进国家、地区及企业内部的公共物流信息平台建设，实现物流系统对物流信息及数据的快速反应及迅疾处理能力，是节能降耗，提高物流行业效率的有效途径。

物流智能化是物流自动化及信息化的综合运用。现代人工智能理论和技术如专家系统、机器人等为物流作业过程中大量的运筹和决策问题提供了关键支撑，如库存水平、运输路线、自动导向车的运行轨迹和作业控制、自动分拣机的运行、物流配送的决策等问题，都可以借助人工智能技术顺利解决。此外，无人搬运、机器堆码、无人叉车、自动分拣、无纸化办公、虚拟供应链管理等技术应用，都是物流企业智能化建设的内容。

（2）整合资源，加强智慧物流基础设施建设和信息资源共享建设。如组建以国内铁路干线（京沪和京广等）、欧亚陆路交通（中欧铁路大通道等）以及国际国内黄金水道（长江水运等）为主干的跨区域物流大通道，重点打造面向亚洲的物流枢纽及面向东盟的陆海空联运节点。

加强云计算、大数据、物联网、移动通信、卫星导航及定位等现代信息技术在物流领域的研发应用；以物流公共信息平台建设为支撑促进物流信息与公共服务信息的便捷对接；加快特种、专业物流装备的研发工作；加强物流企业与制造企业的战略合作，提高物流配送的规模化和协同化水平，推动海陆空联运建设和物流企业的兼并重组。

（3）着力推进重点工程建设。推进"物流标准化工程、物流信息平台工程、物流新技术开发应用工程"等软件基础设施建设；落实"多式联运工程、物流园区工程、应急物流工程、再生资源回收物流工程"等硬件基础设施工程建设；推动"农产品物流工程、城乡物流配送工程、电子商务物流工程"等民生物流工程建设；协调"资源型产品物流工程、制造业物流与供应链管理工程"等工业物流工程建设。

（4）**培养智慧物流管理和运营的专业人才**。物流专业人才培养应与行业发展同步，积极借鉴国外物流专业人才的培养机制，核心管理和技术研发岗位的复合型人才学历教育与培训工作应同步开展；加大高端人才引进力度，促进物联网、云计算、信息技术服务等领域的高级人才向智慧物流管理和运营方面转型；完善人才服务的市场机制，促进人才的合理流动与优化配置。

★思考：

如果说发展现代物流是提高宏观经济与微观经济效益的重要保证，大家可能难以理解，但如果与我们的生活联系起来，可能会感受更深，比如，以前国人买奢侈品要去国外，现在我们有自贸区，不出国门就能买到减税的奢侈品。自贸区成了一条物流通道，让贸易顺畅起来。"一带一路"倡议的实施，更是构筑与世界互联与互通的通道。

关于物流对生活的影响，你还能举一些具体实例吗？

知识扩展

2015年7月，商务部办公厅下发《关于智慧物流配送体系建设的实施意见》（以下简称《意见》），《意见》明确智慧物流配送体系是一种以互联网、物联网、云计算、大数据等先进信息技术为支撑，在物流的仓储、配送、流通加工、信息服务等各个环节实现系统感知、全面分析、及时处理和自我调整功能的现代综合性物流系统，具有自动化、智能化、可视化、网络化、柔性化等特点。《意见》要求，智慧物流配送体系建设要以"互联网+"理念为指导，将满足生产和消费需求作为出发点，把握互联网、物联网背景下物流业发展规律，以信息化、智能化设备为载体，加强技术创新和商业模式创新，优化供应链管理和资源配置，推动物流业与制造业、商贸业的融合，物流与商流、信息流、资金流的融合，互联网、移动互联网、物联网与车联网的融合，促进提高效率、降低成本，提升物流业综合服务能力和整体发展水平。《意见》在制度上和标准规范上进一步明确了物流体系信息化的发展方向。

第三节　物流岗位认识

一、物流产业

1. 物流产业的概念

物流产业是指以物流活动或各种物流支援活动为经营内容的营利性事业。

物流产业不等同于物流活动或是物流业务。物流产业是专业化与社会化的物流活动或物流业务，物流产业的事业内容是组织与组织之间的有关物流或者各种物流支援活动的交易活动,而不是组织内部的物流活动或物流业务。例如,不论是生产企业还是流通企业,都存在大量的物流活动或物流业务,但是这些物流活动或物流业务本身不是物流产业。只有将这些物流活动或物流业务独立化、社会化为一种经营业务,才能称其为物流产业。

物流企业是以物流活动或物流支援活动为事业内容的经营个体,也是物流产业的主体,而物流产业是物流企业的集合,即一组物流企业群;物流企业是微观概念,物流产业是宏观概念。

我国 2001 年 4 月 17 日颁布的《物流术语》国家标准定义:物流是"物品从供应地向接收地的实体流动过程,根据实际需要,将运输、储存、搬运、包装、流通加工、配送、信息处理等基本功能实施有机结合"。可见,物流活动提供的是一种以运输、储存为主的,多种功能相结合的服务活动。因此,物流产业属于广义的服务业范畴。根据三次产业分类法,可以将物流产业归为第三产业范围。这一划分方式得到了广泛认同。

2. 物流产业的形成

我国物流产业的形成主要经历了三个阶段。

第一个阶段,企业内部资源整合和一体化,形成了以企业为核心的物流系统,物流管理也随之成为企业内一个独立的部门和职能领域。

第二个阶段,物流资源整合和一体化转移到与之相联系、分工协作的整个产业链条上,形成了以供应链管理为核心的、社会化的物流系统,物流活动逐步从生产、交易和消费过程中分化出来,成为一种专业化的、由独立的经济组织承担的新型经济活动。

第三个阶段,出现为工商企业和消费者提供专业化物流服务的企业,即"第三方物流"企业。

3. 物流产业的构成

根据我国物流产业的现状,物流产业主要由以下领域构成。

(1) 物流基础业。物流基础业主要包括铁路、公路、水运、空运、仓储等部门,这些部门的运力如何合理布局,如何有效连接,是整个物流产业发展的基础。如何整合物流运力资源、合理设置物流设施、发挥整体合力、避免存量资源闲置和增量资源浪费,是其重要的设计原则。

(2) 物流装备制造业。物流装备制造业是用高新技术改造传统制造业,提高整个物流系统装备现代化水平的重要产业,大体可以划分为集装设备、货运汽车、铁道货车、货船、货运航空器、仓库设备、装卸机具、输送设备、分拣与理货设备、物流工具生产等行业。

(3) 物流信息业。物流信息业主要由生产物流系统软件、硬件,提供系统管理服务等的企业组成,通过信息传输与客户、制造商、供应商实现资源共享,对物流各环节进行实时跟踪、有效控制与全程管理。物流信息商品化、数据库化、代码化、物流信息处理电子化和计算机化、物流信息传递标准化、物流信息存储规范化等,都是物流信息业要着重发展的内容。

二、物流行业

随着世界经济的高速发展和全球化趋势的日益突出,现代物流理论和技术得到了空前的应用和发展,并产生了巨大的经济效益和社会效益。过去商品从生产到销售经过好几个批发商运输、管理、仓储。从一级批发商到二级、三级批发商层层剥皮。现在，通过物流公司配货，能大大减少中间环节，降低企业成本。因此，物流行业被业界称为"第三利润源"、被媒体称为"21世纪最大的行业"、被老百姓称为"金饭碗"。2009年2月25日，物流行业成为国务院常务会议审议并原则通过的十大产业振兴规划中的第十个产业。

1. 物流行业的特征

（1）物流行业是一个复合型产业。物流行业是物流资源产业化而形成的一种复合型或聚合型产业，物流资源包括运输、仓储、装卸、搬运、包装、流通加工、配送、信息平台等，其中运输又包括铁路、公路、水运、航空、管道等。这些资源产业化就形成了运输业、仓储业、装卸业、包装业、加工配送业、物流信息业等。这些资源分散在多个领域，包括制造业、农业、流通业等。把产业化的物流资源加以整合，就形成了一种新的物流服务业。这是一种复合型产业，也可以叫聚合型产业，因为所有产业的物流资源不是简单的叠加，而是通过优化整合，可以起到 1+1>2 的功效。

（2）物流行业是生产性服务业。生产性服务业是指为第一、二、三产业的实物生产和服务生产提供服务的产业。我们可以把生产区分为农业生产、工业生产和服务业生产，农业生产产出农产品，工业生产产出工业品，服务业生产产出服务产品。无论是农业生产、工业生产还是服务业生产，都需要外购服务作为生产要素投入本企业的生产过程，这些外购服务就构成服务性生产资料。在国际上，一般把50%以上产品用于生产的服务部门称为生产性服务业，50%以上产品用于消费的服务部门称为消费性服务业。在发达国家，生产性服务业在整个服务业中所占的比重超过60%，其发展速度也明显快于消费性服务业，特别是金融、物流、运输、信息、商务服务发展最快。

2. 物流行业的构成

物流行业主要由四大行业构成。

（1）交通运输业。交通运输业不但包括各种不同运输形式的小行业，而且实际还包含为主体交通运输起支撑、保证、衔接作用的许多行业，交通运输业本身便是一种综合若干小行业的大行业，这是物流业的主体行业。

（2）储运业。储运业是以储存为主体，兼有多种职能，包含若干小行业及某些和储存联系密切的运输业。从规模上看，我国储运业规模远小于交通运输业的规模。

（3）通运业。通运业是国外物流业中的一个主要行业，已达到了较大规模，在我国仍处于发展初期，还没有达到一定规模，是物流中发展较快的一个行业。通运业是货主和运输业之外的第三者从事托运和货运委托人的行业，各种运输业除了直接办理承运手续以外，都由通运业从事委托、承办、代办等实现货主的运输要求。

（4）配送业。配送业是以配送为主体的各类行业，这个行业主要从事大量商流活动，是商流、物流一体化的行业。

三、物流岗位

不同的物流企业为了满足不同顾客的需求，所设置的物流岗位会有所不同。下面就六个典型物流企业岗位设置为例。

1. 市场拓展部
(1) 市场拓展经理的工作内容
- 市场调研管理
- 市场分析与策划
- 销售管理
- 客店管理
- 部门管理与团队建设

(2) 市场主管的工作内容
- 市场调研管理
- 市场策划
- 组织实施市场推广活动

(3) 业务主管的工作内容
- 销售计划管理
- 销售业务管理
- 组织执行客户订单
- 销售信息管理
- 业务人员管理

(4) 市调专员的工作内容
- 市场调查
- 市场调查结果处理
- 市场信息管理

(5) 策划专员的工作内容
- 市场开发建议
- 广告发布与监测
- 市场推广活动的实施

(6) 业务专员的工作内容
- 客户开发
- 客户服务
- 客户资料管理

2. 仓储部
(1) 仓储经理的工作内容
- 仓库储位规划及规范建设
- 货物流通管理
- 货物在库管理
- 仓库账务管理
- 库存量控制
- 仓库安全管理
- 部门管理

(2) 仓库主管的工作内容
- 货物入库管理
- 货物在库管理
- 货物出库管理
- 与装卸组的配合

(3) 装卸主管的工作内容
- 组织货物的装卸、搬运
- 货物分拣
- 装卸搬运工作的管理和优化
- 装卸搬运设备管理
- 下属人员管理

(4) 仓库管理员的工作内容
- 办理货物入库手续
- 办理货物出库手续
- 仓库的日常维护

(5) 货物保管员的工作内容
- 货物在库管理
- 货物出库管理
- 叉车司机工作内容
- 货物装卸搬移
- 叉车的维护保养

(6) 装卸工人的工作内容
- 货物装卸与搬运
- 货物保管
- 相关协助工作

3. 配送部

(1) 配送经理的工作内容
- 配送作业计划管理
- 进货管理
- 理货、包装、配货
- 送货管理
- 货物运输管理
- 运输部门关系维护
- 部门人员管理

(2) 调度主管的工作内容
- 配送货物调度
- 自有车辆调度
- 配送单据管理
- 驾驶员管理

(3) 理货主管的工作内容
- 货物检查与核对
- 货物的分拣包装
- 货物分类与发运

(4) 货运主管的工作内容
- 运输路线规划
- 运输商选择
- 突发问题处理
- 货物交接手续办理

(5) 调度员的工作内容
- 下达《派车单》
- 车辆在途跟踪
- 配送单据管理

(6) 驾驶员的工作内容
- 货物提取与配送
- 车辆的维护与保养

(7) 送货员的工作内容
- 运输前工作
- 货到交付
- 送货途中管理

4. 客户服务部

(1) 客户服务部经理的工作内容
- 制订客户服务规范
- 客户服务
- 客户关系管理
- 处理客户投诉事件
- 客户满意度调查
- 部门管理

(2) 客户服务部主管的工作内容
- 客户服务
- 客户关系维护

- 处理客户投诉
- 客户满意度调查

(3) 客户部服务专员的工作内容
- 客户服务与关系维护
- 客户信息调查管理
- 受理客户投诉

5. 国际货代部

(1) 国际货代部经理的工作内容
- 国际货代业务开拓
- 国际货物运输管理
- 业务合作关系开拓与维护
- 部门内部管理
- 货物通关业务管理

(2) 国际货代业务主管的工作内容
- 客户开发
- 客户服务
- 货代事务处理
- 处理客户反馈意见

(3) 海运出口操作员工的工作内容
- 系统下单操作
- 后续跟踪工作
- 货物出口工作

(4) 报检员的工作内容
- 货物报检
- 办理货物签证

(5) 报关员的工作内容
- 货物批文报批工作
- 通关后续工作
- 办理报关手续
- 报关资料管理

6. 信息管理部

(1) 信息管理部经理的工作内容
- 企业信息化进程管理
- 物流信息统计管理主管工作
- 物流信息系统开发与维护
- 物流数据收集及数据处理
- 物流信息系统应用
- 信息系统开发与管理
- 部门内部管理
- 物流信息分析

(2) 物流规划师的工作内容
- 物流规划与设计
- 物流信息系统建设

(3) 系统工程师的工作内容
- 信息系统开发与维护
- 系统推广与技术支持
- 网络订单处理

第四节　物流职业规划

在社会未迈入工业化以前，职业的种类较少，工作内涵也极为简单，通常的职业都是父母传授给子女，或由学徒直接向师傅学习，因此并不会产生择业的种种问题。产业革命之后，工业科技日渐发达，生产过程也日渐复杂，产品的种类及生产量急剧增加，行业种类与职业更趋复杂与专业。对年轻人而言，职业选择是否适当，将影响其将来事业的成败以及一生的幸福；对社会而言，个人择业是否适当，能决定社会人力供需是否平衡。

作为一名大学生，提前开展自身的职业生涯规划，犹如人生的航船有了方向，同学们应如何来规划自己的职业生涯呢？职业生涯规划是根据自身的兴趣、特点，找到最能发挥自己长处的定位，选择最适合自己的事业。

一、物流人才认知

1. 物流人才的知识结构

在网络经济和知识经济时代下，为了满足企业对现代物流人才的需要，一个合格的物流人才应该具备以下六个方面的基础知识，并在实际中根据需要不断学习、完善知识结构。

（1）国际贸易和通关知识。国际贸易包括国际采购、国际结算等。物流是商流的载体，物流活动是贸易活动的货物交付过程。随着国内市场和国际市场的融合程度日益紧密，外资企业"请进来"和国内企业"走出去"将越来越多，而这一类企业又大都是跨国的大型企业，其业务散布于不同国家不同地区，为了降低生产成本和经营风险，其采购和营销方式向即时化、网络化、零库存的方式转移。因此，提供综合性物流服务的企业就成为采购和供给双方的货物交接和结算点，多家供货商通过物流企业向采购方供货，并通过物流企业向采购方结算。因此，物流企业的从业人员也需要掌握相关的国际贸易、国际结算知识，同时还应了解国家对外汇管理的有关法律法规政策。

通关方面，国际贸易活动必然要涉及通关作业，通关环节的相关政策和法规对物流方案的设计和物流流程的制订具有重要的影响。如贸易性质是一般贸易下的出口还是进口，是来料加工还是进料加工，是否涉及退税，报关方式是进口保税、出口监管还是转关运输，以及在通关环节可能要产生的各种费用等。物流从业人员如果对相关政策和法规没有清楚的了解，就不可能制订出合理的、可行的物流方案和有效的成本预算，在作业过程中必将发生异常事故，不仅影响物流作业的有效执行，同时给物流企业和货物的买卖双方造成重大的经济损失和信誉影响。

（2）仓储运输专业知识。综合性物流企业所从事的业务通常要涉及多种运输方式和手段，多式联运的执行水平也是衡量企业综合能力的指标之一，在一单业务中，可能要涉及海运、空运、铁路和公路运输等环节。业务人员在与客户洽谈和进行物流方案设计以及任务执行的时候，只有在熟练地掌握了多种交通工具使用知识的情况下，才有可能设计出切实可行、安全快速、经济有效的运输方案，才能为客户提供恰当的物流服务。在仓储管理方面，随着物流服务需求的个性化和信息技术的发展，仓储管理已不再局限于货物进出仓、堆码摆放等简单活动，还涉及库存控制、自动化控制、包装、加工、检验、维修等作业。一个合格的仓库保管员，不仅能够履行收发、保管货物的职能，同时能够担负作业流程优化、硬件设施设备有效利用、库存合理控制以及其他增值服务职能。

（3）财务成本管理知识。物流服务往往涉及多个作业环节，发生各种不同的费用类型，有些是物流企业的成本，有些是外部发生的费用，如在运输作业过程中出现的费用类型有：停车费、路桥费、保险费、报送费、检验检疫费、海关查车费、订仓费、提货费等。在物流服务营销的过程中，业务人员不仅要了解作业费用发生的原因、种类和数量等情况，而且要具有进行作业成本分析的能力。只有通过细致的成本核算和分析，才能向客户提出有针对性和说服力、客户易于接受的合理的解决方案。对于一个物流方案来说，成本分析包括分析企业需要外包的业务类型、业务量，向分包方支付项目、支付数额，企业内部需要投入的资源，执行该项物流服务资源的消耗和占用状况，资产的折旧和运作成本等。

（4）外语知识。随着商流活动区域的国际化，英语也被广泛应用在物流活动的各个领域，如商务谈判、合同签订、日常沟通、单据书写等。如果物流企业要加入以跨国公司为主导的供应链或以大型物流企业为主导的战略联盟，或者要实施国际化发展战略，就应该适应全程物流活动对信息传递的要求，提高从业人员的英语水平，使其不但能够熟练使用英语与客户进行口头和书面的准确沟通，还要具有草拟和设计英文合同的能力。目前，多数涉外物流企业在招聘作业人员时都设置了英语考试的项目，因此，无论是学校还是企业，在对物流从业人员进行业务培训时都应加强对英语的培训力度。

（5）安全管理知识。一般情况下，物流企业既不是买方，也不是卖方，而是买方或者卖方委托的物流服务提供者，接受买方或者卖方的委托，按照托方的要求执行物流作业。在作业过程中，安全隐患无时不在。由于物流企业处于供应链的中间环节，事故的影响将蔓延到企业的上下游各个环节，引起交货延迟、船期航班延误、人员加班、生产线停产等一连串的问题，一个看似很小的事故最终造成的损失将无法估量。

（6）法律知识及其他。物流业是一个服务行业，物流企业的运作不单是企业内部的行为，而且是涉及多个企业之间的经济行为，任何一种物流服务都是一种用合同形式表现出来的承诺。物流服务供求双方的合同通常是以书面形式明确双方权利和义务的法律文书，是受国家法律保护和约束的。物流从业人员，特别是物流市场拓展人员必须具备一定的法律知识，了解国家涉及物流行业的法律法规，如经济法、海关法、合同法、公司法以及国际法等，并在签订合同的时候灵活准确地运用这些知识。其他如保险、环保等知识，物流从业人员也应有所了解和掌握。

2. 物流人才的基本素质和能力

（1）严谨周密的思维能力。物流服务是一个动态的、连续的服务，服务质量的持续提高是企业生存和发展的基础。要保证货物在规定的时间内以约定的方式送到指运地，过程的设计必须是严谨的、科学的、合规合法的。一体化物流过程中存在多个环节，任何一个环节出现问题，轻则可能增加企业不必要的费用支出，造成企业的经济损失，重则可能导致物流服务中断，造成客户更大的损失，引起法律纠纷和大数额的索赔。所以，在这个链状的服务中，从业人员在设计物流方案的时候，不但要有全面的综合性知识，而且要有周密的思维能力。

（2）团队合作和奉献精神。物流作业的物理特征性表现为一种网状的结构，在这个网中存在着多条线，每条线上又存在着多个作业点，任何一个作业点出现问题，而又没有得到及时妥善的解决时，就有可能造成网络的瘫痪。所以物流从业人员应具备一种强烈的团队合作和奉献精神，在作业过程中，不仅能够做好本职工作，同时能够为周边相关岗位多想一点、多做一点，以便使上下游协调一致。如果没有这种团队协作和奉献精神，就不可能将整个线上的作业点有机地结合在一起，就无法实现物流目标系统化和业务操作无缝化的目的，就不可能有效准确地完成复杂程度较高的物流服务。

（3）现代信息技术的学习和应用能力。现代物流企业核心竞争力的提高在很大程度上取决于信息技术的开发和应用。物流过程同时也是一个信息流的过程，在这个过程中，货物的供需双方要随时发出各种货物供需信息，及时了解货物在途状态、在库状态，时时监控物流作业的执行情况，而提供服务的物流企业，也必定要有这种准确及时地处理各种信息和提供各种信息服务的能力。目前，信息技术已受到物流企业的广泛重视，并被应用在订单处理、仓库管理、货物跟踪等各个环节。作为一名合格的物流从业人员，必须熟悉现代信息技术在物流作业中的应用状况，能够综合使用这一技术提高劳动效率，并且能够在使用的过程中提出建设性的意见和建议。

（4）组织管理和协调能力。现代企业的竞争表现为对人才的竞争，具体表现为企业经营管理理念的竞争。一个成功的企业不仅要有高素质的专业人才，也要有良好的经营管理理念和执行管理理念。物流的灵魂在于系统化方案设计、系统化资源整合和系统化组织管理，包括客户资源、信息资源和能力资源的整合和管理。在目前物流行业没有形成统一标准的情况下，物流从业人员更需要具备较强的组织管理能力，在整合资源的前提下有效地贯彻企业的经营理念，充分利用设备、技术和人力等企业内部资源来满足外部客户的需求。物流服务的特点之一是消费者参与到服务产品的生产、销售和使用的过程中，从业人员在工作过程中，需要时时与客户沟通协商，与上下游环节协调合作，需要运用不同的工具进行各种信息的传递和反馈。因此，物流从业人员不但要有相当丰富的知识储备，同时应具有相当强的沟通、协调能力和技巧。

（5）异常事故的处理能力。异常事故的处理能力是衡量物流从业人员综合素质的重要指标之一。在市场瞬息万变的情况下，市场对物流服务的需求呈现出一定的波动性，物流企业作为供需双方的服务提供者，对信息的采集又有相对的滞后性，同时，物流作业环节多、程序杂、缺乏行业标准，异常事故时有发生。在可利用资源有限的情况下，既能保证常规作业的执行，又能从容面对突发事件的处理和突如其来的附加任务，这就需要从业人员具备较高的处理异常事故的能力，具备随时准备应急作业的意识以及对资源、时间的合理分配和充分使用的能力。

（6）物流质量的持续改进能力。一个企业的生命力主要取决于其创新能力，一个从业人员是否能够确保其业务能力不断提高、服务水平连续稳定，主要体现在其对作业质量和效率持续改进的能力。由于科技的发展、社会的进步，市场对物流服务水平的期望将会越来越高，这就要求各级从业人员有能力不断发现潜在问题，及时采取措施，优化作业流程，持续改进作业方式，提高作业效率和服务水平。企业需要的物流人才不是仅仅会管理仓库或者懂得某种运输方式的、知识结构较为单一的人才，而是需要具有较为全面的物流操作和管理知识的，可以同时胜任多个岗位的，能够对所执行作业进行全方位监控、优化和提升的，并能够随着企业的发展而快速成长的复合型物流技术和管理人才。

二、物流从业人员职业道德规范认知

1. 爱岗敬业、忠于职守

爱岗就是热爱自己的工作岗位，热爱本职工作，敬业就是要用一种恭敬严肃的态度对待自己的工作，敬业可分为两个层次，即功利的层次和道德的层次。爱岗敬业作为最基本的职业道德规范，是对人们工作态度的一种普遍要求。爱岗敬业、忠于职守是物流从业人员职业道德所倡导的首要规范，是对人们工作态度的一种普遍要求，是职业道德的基本精神。物流业的产品是服务，物流生产不可能在封闭式场所进行，爱岗敬业、忠于职守，在物流界就更为重要。

2. 遵纪守法、服从指令

遵纪守法指的是每个从业人员都要遵守纪律和法律，尤其要遵守职业纪律和与职业活动相关的法律法规。服从指令就是要求每个员工都必须严格按照管理系统的指挥调度，不得自以为是、自作主张、各行其是，要真正做到令行禁止。这就要求物流从业人员能及时了解物流行业相关法律法规，遵纪守法。

3. 勤学苦练、钻研业务

勤学苦练、钻研业务要求从业人员勤奋刻苦钻研自己所从事的专业，认真学习科学技术、文化知识，孜孜不倦、锲而不舍，打好职业基础，勤学苦练，不断攀登科学技术高峰。业务技能是物流从业人员从事职业活动所必须具备的知识和经验，应用这些知识和经验解决实际问题，既是改善和提高工作质量和工作效率的关键，也是实现自身价值和服务社会的前提。

4. 诚实礼貌、周到服务

物流服务的对象是客户，只有真诚待客，礼貌待客，尊重客户，时时刻刻为客户着想，急客户所急，忧客户所忧，在工作中始终"围着客户转"，为客户提供无微不至的服务，物流企业才能获得更高的顾客满意度。

5. 团结协作、讲求效率

团结协作是物流服务的内在要求，指在复杂的物流供应链中，各个环节、工序、岗位应该在各自分工的基础上相互配合、协作工作。效益源于效率，物流业是资源密集型行业，又是一个微利的行业，其服务要得到客户的接受和社会的认同，必须既要有完美的服务，还要有低廉的费用。对于物流企业来说，没有效率就没有效益。

三、职业生涯规划

1. 职业生涯规划

职业生涯规划是根据自身的兴趣、特点，将自己定位在一个最能发挥自己长处的位置，选择最适合自己的事业。职业定位是决定职业生涯成败最关键的一步，同时也

物流从业人员职业生涯规划

是职业生涯规划的起点。影响职业生涯规划的因素是多方面的，有个人素质等主观方面的原因，也有社会环境、机遇等客观方面的原因，它们相互关联、相互依靠。一般而言，影响职业生涯规划的因素主要包括：身心状况、受教育程度、家庭环境、性别因素、社会环境、机遇影响等。

2. 职业生涯规划操作指南

（1）职业生涯规划应注意的问题。首先，根据社会需求规划职业生涯。同学们在规划职业生涯时，应积极把握社会人才需求的动向，把社会需要作为出发点和归宿，以社会对个人的需求为准绳，既要看到眼前的利益，又要考虑长远的发展；既要考虑个人的因素，也要自觉服从社会需要。其次，要根据所学专业设计职业生涯。学生经过一定的专业训练，能掌握某一专业的知识和技能，这是优势所在。不同专业都有一定的培养目标和就业方向，这是学生进行职业生涯规划的基本依据。最后，根据个人兴趣与能力特长设计职业生涯。职业生涯规划要与自己个人性格、气质、兴趣、能力特长等方面相结合，充分发挥自己的优势，扬长避短，体现人尽其才、才尽其用的要求。同学们设计职业生涯时应适当考虑自己的兴趣与爱好，同时按照自己的能力特长进行职业生涯规划。不同职业有不同的能力要求，能力特长对职业的选择起着筛选作用，是求职择业以及事业成功的重要保证。

（2）进行职业生涯规划的基本步骤。

①确立目标。目标是追求成功的驱动力。学生在进行职业生涯规划时，首先要确立志向、确定目标，这是制订职业生涯规划的关键，也是职业生涯设计中最重要的一点。

②自我评估。自我评估的目的是认识自己、了解自己。只有认识了自己，才能对自己的职业作出正确的选择，才能选定适合自己发展的职业生涯路线，才能对自己的职业生涯目标作出最佳选择。自我评估包括对自己的性格、兴趣、特长、学识、技能、思维、道德水准等的认知。

③环境评估。环境评估主要是评估各种环境因素对自己职业生涯发展的影响。在制订个人的职业生涯规划时，要分析环境条件的特点、环境的发展变化情况、自己在这个环境中的地位、环境对自己提出的要求以及环境对自己的有利因素和不利因素等。只有对这些环境因素充分了解，才能在复杂的环境中趋利避害，使职业生涯设计具有实际意义。

④职业选择。职业选择正确与否，直接关系到人生事业的成败。在职业选择时，学生应明确自己的职业定位。美国麻省理工学院的一位教授指出，职业定位可以分为五类。

技术型。持有这类职业定位的人出于自身个性与爱好考虑，往往并不愿意从事管理工作，而是愿意在自己所处的专业技术领域发展。

管理型。这类人有强烈的愿望去管理人员，同时经验也告诉他们自己有能力达到高层领导职位，因此，他们将职业目标定位于有相当大职责的管理岗位。成为高层经理需要的能力包括三方面：一是分析能力；二是人际能力；三是情绪控制能力。

创造型。这类人需要建立完全属于自己的东西，例如，以自己名字命名的产品或工艺、自己的公司，或是能反映个人成就的私人财产。

自由独立型。有些人更喜欢独来独往。许多有这种职业定位的人同时也有相当高的技术型职业定位。但是他们不同于那些简单技术型定位的人。他们并不愿意在组织中发展，而是宁愿做一名咨询人员，或是独立从业者，或是与他人合伙创业。

安全型。有些人最关心的是职业的长期稳定性与安全性，他们为了安定的工作、可观的收入、优越的福利等付出努力。

⑤职业生涯策略。职业生涯策略是指为实现职业生涯目标而设定的行动计划，一般都是具体的、可行性较强的。在确定具体的职业目标后，行动成了关键环节。没有达成目标的行动，目标就难以实现，也就谈不上事业的成功。职业生涯策略首先要确定职业生涯目标和路线，在分析市场上相关职业情况后，要确定自己的职业目标，即将来从事的工作或向哪一行业发展，这是职业生涯规划的核心。在确定职业目标后，就开始制订实现该目标的职业通路和行动计划，分析自己是否需要通过一定时间的实习以获取职业经验，寻找能提供培训、知识与技能、经验的渠道，并进行时间安排。其次，制订行动计划，行动计划是落实目标的具体措施，主要包括教育、学习、训练、工作轮岗等。

⑥评估与反馈。成功的职业生涯设计需要时时审视内外环境的变化，不断对自己的设计进行评估和修订，并调整自己的前进步伐。要使职业生涯设计行之有效，就必须不断对其进行修订。其修订内容包括职业的重新选择、人生目标的修正、职业生涯路线的选择、实施措施与计划的变更等。

基本训练

一、选择题：

1. 物流的基本要素是（　　）。
   A. 物料　　　　　　B. 物　　　　　　C. 物资　　　　　　D. 流
2. 传统储运企业开始向综合物流业务的现代物流企业转型，是物流在中国的（　　）发生的。
   A. 第一阶段　　　　B. 第二阶段　　　C. 第三阶段　　　　D. 现在
3. 物流是（　　）从供应地向接收地的实体流动过程。
   A. 物品　　　　　　B. 产品　　　　　C. 包装物　　　　　D. 实体
4. 物流活动由运输、仓储、包装、装卸搬运、配送、流通加工、信息等项工作构成，上述构成也常被称为（　　）。
   A. 物流要素　　　　　　　　　　　　B. 物流活动的基本功能
   C. 物流作业活动　　　　　　　　　　D. 物流价值构成
5. 物流产业由（　　）构成。
   A. 物流基础业　　　　　　　　　　　B. 物流信息业
   C. 物流装备制造业　　　　　　　　　D. 技术业
6. 以下不属于物流从业人员的职业道德的是（　　）。
   A. 诚实守信、热忱服务　　　　　　　B. 爱岗敬业、尽职尽责
   C. 遵章守法、服从指令　　　　　　　D. 廉洁为政、依法办事
7. 进行职业生涯规划的第一步是（　　）。
   A. 自我评估　　　　B. 自我选择　　　C. 确立目标　　　　D. 环境评估

8. （　　）是为人处世的根本。
   A. 诚实守信　　　B. 热情服务　　　C. 团结协作　　　D. 爱岗敬业
9. （　　）直接关系到人生事业的成败。
   A. 职业道德素养　　　　　　　　B. 职业选择正确与否
   C. 是否会制订职业生涯规划　　　D. 能否登上物流业的高端职位
10. 物流服务的内在要求是（　　）。
    A. 勤学苦练　　　　　　　　　B. 爱岗敬业
    C. 服从指令　　　　　　　　　D. 团结合作
11. 物流人才需要具备（　　）。
    A. 国际货运与通关知识　　　　B. 运输与仓储管理知识
    C. 安全管理知识　　　　　　　D. 法律知识
12. 职业生涯规划应注意的问题是（　　）。
    A. 根据社会需求规划职业生涯
    B. 根据所学专业设计职业生涯
    C. 根据个人兴趣与能力特长设计职业生涯
    D. 根据大多数同学的职业取向规划职业生涯
13. 下列属于物流业职位的有（　　）。
    A. 单证员　　　　　　　　　　B. 报关员
    C. 快递员　　　　　　　　　　D. 调度员
14. 物流人才应当具备的素质（　　）。
    A. 良好的心理素质　　　　　　B. 团队合作能力
    C. 组织管理和协调能力　　　　D. 创新与前瞻能力

二、简答题

1. 物流的要素包括哪些？
2. 简述物流概念引入中国的几个阶段。
3. 简述物流产业的构成。
4. 物流行业的特点有哪些？
5. 物流人才的知识结构包括哪些方面？
6. 如何制订职业生涯规划？
7. 物流从业人员需具备的职业道德有哪些？

技能演练

1. 以小组为单位调查我国物流企业的经营现状。具体要求：
   （1）自选一类企业进行调查。
   （2）形成调查报告。
   （3）以小组为单位进行介绍性陈述。
2. 试为自己制订职业生涯规划。

专业能力测评

在下列表格○中打✓　　A 理解　　B 基本理解　　C 未理解

专业能力	评价指标	自测结果
物流概述	1. 什么是物流 2. 物流的概念 3. 物流的基本功能及地位 4. 基本理论 5. 物流的分类	○A　○B　○C ○A　○B　○C ○A　○B　○C ○A　○B　○C ○A　○B　○C
智慧物流认识	1. 智慧物流概述 2. 我国智慧物流行业发展面临的主要问题及应对策略	○A　○B　○C ○A　○B　○C
物流岗位认知	1. 物流产业 2. 物流行业 3. 物流岗位	○A　○B　○C ○A　○B　○C ○A　○B　○C
物流职业规划	1. 物流人才认知 2. 物流从业人员职业道德规范认知 3. 职业生涯规划	○A　○B　○C ○A　○B　○C ○A　○B　○C

第二章

运输认知

学习目标

知识目标
- 了解运输的基本概念、基本内涵;
- 理解运输在物流中的地位和作用;
- 熟悉运输工具和运输路线;
- 理解五大运输方式、作用以及实践应用;
- 熟悉运输单据的格式和内容。

技能目标
- 能制订运输方案;
- 能够填写运输单据。

导入案例

案例一

请为物流公司制订一个合理的运输方案

某物流公司有两批货物需要运往异地,一批货物是少量精密仪器,客户要求两天内由北京运到昆明;另一批货物是电风扇,由北京运往山东某缺乏河流和铁路线的并不发达的山区。由于情况特殊,两批货物均不考虑运费,你能为该物流公司制订一个合理的运输方案吗?

案例二

你认为环保电动车在实际使用中需要解决什么问题?

2016年6月30日,京东首批新能源货车已在北京、上海两地上路运营,这也是国内快递货运车辆中首批环保电动车。从低碳角度来看，推行环保电动车具有积极意义。在当前情况下，你认为环保电动车在实际使用中需要解决什么问题？

第一节　常见的运输作业

物流的动脉
——货物运输

一、运输概述

1. 运输的概念

运输是用车、船、飞机等交通工具把旅客、货物等从一个地方运到另一个地方。《现代物流实用词典》的基本解释为：用设备和工具，将物品从一地点向另一地点运送的物流活动。我国国家标准《物流术语》对运输的定义是：用专用运输设备将物品从一个地点向另一地点运送。

运输是实现人和物空间位置变化的活动，与人类的生产生活息息相关。可以说运输的历史和人类的历史同样悠久。

运输包括干线运输和支线运输，如图 2-1 所示。

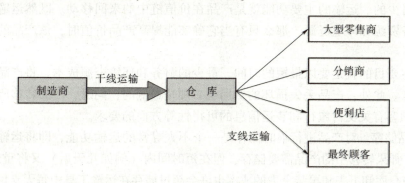

图 2-1　干线运输和支线运输

2. 运输的作用

（1）运输是物流的主要功能要素之一。根据物流的概念，物流是"物"的物理性运动，这种运动不但改变了物的时间状态，也改变了物的空间状态。而运输承担了改变空间状态的主要任务，运输是改变空间状态的主要手段，运输再配以搬运、配送等活动，就能圆满完成改变空间状态的全部任务。运输在整个物流系统中占有很重要的地位，其总成本占物流总成本的 35%～50%，占商品价格的 4%～10%。运输对物流总成本的节约具有举足轻重的作用。

（2）运输是社会物质生产的必要条件之一。运输是生产过程在流通领域内的继续，生产与生产、市场与市场、生产与消费都需要运输来维系，这样社会生产才能延续，它是加速社会再生产和促进社会再生产连续不断进行的前提条件。如山西省地下埋藏有上千亿吨的煤炭资源，过去很多煤炭开采出来运不出去，而沿海许多城市因为缺煤，工厂不能全部开工。现在，因修建了专门运煤的大秦铁路，山西的大量煤炭可以运出去了。运输虽然只能改变物品的位置,不会产生新的物质,也不能创造使用价值,但是却可以实现商品的价值。电视机生产出来后,不运到消费者需要的地方,生产也没有意义。所以不管是生产领域内部,还是生产与生活领域之间,都必须靠运输连接。

(3) 运输可以创造"场所效用"。场所效用的含义是:同种"物"由于空间场所不同,其使用价值的实现程度则不同,其效益的实现也不同。由于改变场所而最大限度发挥使用价值,最大限度提高了投入产出比,这就被称之为"场所效用"。通过运输,将"物"运到场所效用最高的地方,就能发挥"物"的潜力,实现资源的优化配置。从这个意义来讲,也相当于通过运输提高了物的使用价值。

(4) 运输是"第三利润源"的主要源泉,是企业降低成本的宝库。运输费用占物流总费用的30%~50%,企业可以通过选择合理的运输方式,规划合理的运输路线来节约运输费用,从而降低物流成本。

3. 运输的功能

运输是物流作业中最直观的要素之一。运输提供两大功能:产品转移和产品储存。

(1) 产品转移。无论产品处于哪种形式,是材料、零部件、装配件、在制品,还是制成品,也不管是在制造过程中,或将被转移到下一阶段,还是实际上更接近最终的顾客,运输都是必不可少的。运输的主要功能就是产品在价值链中的来回移动。既然运输利用的是时间资源、财务资源和环境资源,那么只有当它确实能提高产品价值时,该产品的移动才是重要的。

运输的主要目的就是要以最短的时间、最少的财务和环境资源成本,将产品从原产地转移到规定地点。此外,产品丢失损坏的费用也必须是最低的;同时,产品转移所采用的方式必须能满足顾客有关交付履行和装运信息的可得性等方面的要求。

(2) 产品储存。对产品进行临时储存是一个不太寻常的运输功能,即将运输车辆临时作为储存设施。如果转移中的产品需要储存,但在短时间内(例如几天后)又将重新转移的话,那么,产品在仓库卸下来和再装上去的成本也许会超过储存在运输工具中每天支付的费用。

在仓库空间有限的情况下,利用运输车辆储存也不失为一种可行的选择。企业可将产品装到运输车辆上去,然后采用迂回线路或间接线路将其运往其目的地。从本质来说,运输车辆成了一种储存设施,但它是移动的,而不是处于闲置状态的。

4. 现代化运输要素

要实现现代化运输,必须具备以下四要素,如图2-2所示。

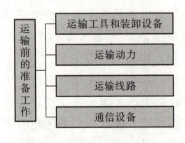

图2-2 现代化运输四要素

(1) 运输工具和装卸设备。车、船等运输工具是装载货物并实现货物位移的主要手段,而装卸设备是实现运输高效化的重要保证。随着科技水平和管理水平的不断提高,运输工具日益先进、高效,主要体现在运输工具和装卸设备的大型化、高效化、专业化和自动化上。

(2) 运输动力。运输工具的动力是实现快速运送和体现运输现代化的主要手段,节能、环保、高效是对运输动力的发展要求。

（3）运输线路。运输线路是运输工具借以运行的媒介，如河流、湖泊、海洋、铁路、公路、空间、管道等，与土地等资源的利用紧密相关。运输工具只有与运输线路相配合，才能发挥效用。

（4）通信设备。通信设备是运输现代化的主要手段，现代运输迫切需要通信设备进行数据交换、信息传递和消息公布，以此来实现高效率、大范围的运输。运输工具只有与通信设备相互配合，才能充分有效地发挥其效率与功能。

★思考：
运输的基本特征有哪些？
1. 运输不产生新的实物形态产品——不增加社会产品实物总量。
2. 运输的服务性——它对物资实物不具有所有权，运输是社会生产过程在流通领域内的继续。
3. 运输生产和运输消费是同一过程，运输业的产品不能储存，不能调配，不能修复。
4. 运输具有"网络型产业"特征。
5. 运输生产具有"网状"特征，它的场所遍及广阔空间。
6. 运输的资本结构有其特殊性，固定资本比重大，流动资本比重小，资本的周转速度相对较慢。

二、运输方式

货物运输方式主要有五种，分别是铁路运输、公路运输、水路运输、航空运输以及管道运输。

1. 铁路运输

铁路运输是指在铁路上以车辆编组成列车载运货物、由机车牵引的一种运输方式。铁路运输系统技术基础设备由线路、机车、车辆、信号设备、车站四部分组成。铁路是我国经济发展的大动脉和基础，在综合运输体系中起重要的作用。铁路运输主要承担长距离、大数量的货运。在没有水运条件的地区，几乎所有大批量货物都是依靠铁路运输来完成的，铁路运输是在干线运输中起主力作用的一种运输方式。

（1）铁路运输的特点。
优点：
①运输能力大，这使得它适合大批量低值产品的长距离运输。
②单车装载量大，加上有多种类型的车辆，使它几乎能承运任何商品，几乎可以不受重量和容积的限制。
③车速较高，平均车速在五种基本运输方式中排在第二位，仅次于航空运输。
④铁路运输受气候和自然条件影响较小，在运输的经常性方面占优势。
⑤可以方便地实现驮背运输、集装箱运输及多式联运。
缺点：
①铁路线路是专用的，固定成本很高，原始投资较大，建设周期较长。

②铁路按列车组织运行，在运输过程中需要有列车的编组、解体和中转改编等作业环节，这些环节占用时间较长，因而增加了货物在途中的时间。

③铁路运输中的货损率较高，由于装卸次数多，货物损毁或丢失事故通常比其他运输方式多。

④不能实现"门对门"的运输，通常要依靠其他运输方式配合，才能完成运输任务，除非托运人和收货人均有铁路支线。

（2）铁路运输的作用。

①铁路运输的货物一般是距离长、运量大的原材料。目前，在铁路承运的货物中，能源、原材料、建材等大宗物资占有相当大的比重，仅钢、煤、木、油四大类能源、原材料物资就占铁路货运总量的3/4。其中，煤炭运输一直占铁路运量的40%以上，全国煤炭产量的60%以上由铁路调动。

②铁路也承担着价值低的制成品的运输，多数情况下至少运输一整车皮的批量货物。

③铁路服务还向托运人提供从散货运输到需要特殊设备的冷冻产品和新汽车的运输。

④铁路是港口集疏运系统的骨干。铁路作为港口集疏运的重要方式，比公路、水运、管道等其他运输方式有更突出的优势，不仅可深入内陆广大腹地，而且具有运量大、速度快、全天候、成本低等优势，与港口吞吐的大宗散货、集装箱等主要货类相匹配，铁路成为港口集疏运系统的骨干理所当然。

⑤铁路运输还提供其他运输服务，如保证一定时间内运到的快递服务、各种中途装卸服务、上门取货和送货服务、变更卸货地和再托运服务等。

（3）铁路运输的应用。铁路货物运输办理种类有三种，分别是整车运输、零担运输以及集装箱运输。

①整车运输。所谓整车运输是指托运一个批次货物至少用一节货车车皮进行的铁路运输。一批货物的重量、体积、形状或性质需要以一辆车或者一辆以上的货车装运的，应按整车方式办理运输。

②零担运输。所谓零担运输是指一张货物运单（一批）托运的货物重量不够装一节货车车皮的运输（不够整车运输条件），比如，当托运一批次货物数量较少时，装不满一节货车车皮，这时进行运输在经济上不合算，此时可统一由运输部门安排和其他托运货物拼装后再进行运输，这就是零担运输，如图2-3所示。一批货物的重量、体积、形状或者性质不需要单独使用一辆货车装运的，而且允许和其他货物配装的货物，可以按零担方

图2-3 零担运输

式办理运输。零担货物一件体积不得小于0.02立方米。但一件货物重量在10千克以上时，

则不受此最小体积限制。零担货物每批件数不超过300件。

③集装箱运输。所谓集装箱运输，是指使用集装单元器具或利用捆扎方法，把裸状物品、散装物品、体积较小的成件物品，组合成一定规格的单元进行运输的方式，如图2-4所示。集装箱运输是一种先进的现代化运输方式，是交通运输现代化的产物和重要标志，是杂货运输的发展方向，是运输领域的重要变革，因此，集装箱运输也被称为20世纪的"运输革命"。集装箱的种类很多，按不同标准可以分为不同类型。

按所装货物种类：有杂货集装箱、散货集装箱、液体货集装箱、冷藏箱集装箱等。

按制造材料：有木集装箱、钢集装箱、铝合金集装箱、玻璃钢集装箱、不锈钢集装箱等。

按结构：有折叠式集装箱、固定式集装箱等，在固定式集装箱中还可分密闭集装箱、开顶集装箱、板架集装箱等。

按总重：有30吨集装箱、20吨集装箱、10吨集装箱、5吨集装箱、2.5吨集装箱等。

按制箱材料：有铝合金集装箱、钢板集装箱、纤维板集装箱、玻璃钢集装箱。

按用途：有干集装箱、冷冻集装箱、挂衣集装箱、开顶集装箱、框架集装箱、罐式集装箱等。

（a）

（b）

图2-4　集装箱运输

铁路集装箱运输所用集装箱按所有人：铁路集装箱、自备集装箱。铁路集装箱运输适用于装运贵重、易碎和怕湿的货物，比如家电、仪器、仪表、小型机械、玻璃陶器、建材、工艺品、文化体育用品、医药、卷烟、酒、食品、日用品、化工产品、针纺织品、小五金和其他适合集装箱运输的货物。自备集装箱是托运人配置或租用的集装箱。用于国内铁路运输的自备集装箱应符合《自备集装箱编号和标记涂刷规定》；用于国际间进出口运输的国际集装箱应根据国际有关条约和协议的规定，经有关机构鉴定或认可，在箱体上有相应的标志，不符合规定的，不能按集装箱办理运输。

★想一想：

集装箱运输的特点有哪些？

由于集装箱运输是以集装箱作为运输单位进行货物运输的一种先进的运输方式，与传统的货物运输方式相比较，集装箱运输具有以下特点。

1. 提高装卸效率，减轻劳动强度。

2. 减少货损货差,提高货物运输的安全与质量。
3. 缩短货物在途时间,加快车船周转。
4. 节省货物运输包装及检验手续。
5. 减少运营费用。
6. 有利于组织多式联运。

★小提示:

目前,虽然我国集装箱铁路发送量已稳定提升,但其在全国铁路总货运发送量中的比率还不到5%;与国外港口集疏运中集装箱海铁运运量占20%的比率相比,我国海铁集装箱联运运量占港口集疏运量2%的比率显得微不足道。可以看出,我国海铁集装箱联运的发展与发达国家仍存在明显的差距,这也说明我国海铁集装箱联运发展潜力很大。

2. 公路运输

公路运输是主要使用汽车,也使用其他车辆(如人、畜力车)在公路上进行运输的一种方式,如图2-5所示。公路货物运输主要承担铁路运输与水运运输优势难以发挥的近距离、小批量的货运以及水路运输、铁路运输难以到达地区的长途大批量运输。由于公路运输有很强的灵活性,近年来,在有铁路、水运的地区,长途的大批量运输也开始使用公路运输。

图2-5 公路运输

(1) 公路运输的特点。

优点:

①机动灵活,适应性强。
②可实现"门到门"直达运输。
③在中、短途运输中,运送速度较快。
④原始投资少,资金周转快。
⑤掌握车辆驾驶技术较易。

缺点:

①运量较小,运输成本高。

②运行持续性较差。
③安全性较低，污染环境较大。
（2）公路运输的作用。
①公路货物运输可满足短途运输的需要。它可以将两种或者多种运输方式衔接起来，实现多种运输方式联合运输，做到货物运输的"门到门"服务。
②公路货物运输在综合运输体系中发挥着"微血管"和"大动脉"的双重作用。公路货物运输具有覆盖广、通达深的优势，其触角可以伸延至社会各个角落，恰似综合运输体系中的"微血管"。随着高速公路以及国道干线网中高等级公路不断增加，公路货物运输在综合运输体系中的功能将不断提升，通过高速公路，公路货物运输还将担负起城市间、区划间的大规模直达运输，形成新的运输"大动脉"。
（3）公路运输的应用。在市场经济条件下，公路运输的组织形式一般有以下几个类别。
①自营运输。自营运输是指工厂、企业、机关自置汽车，专门运送自己的物资和产品，一般不对外营业。自营运输相对于企业自身来说，成本更低，自己对商品的理货要求要更清楚，运送时出错少，服务更方便，运作绩效更好。其缺点是企业在财务上缺乏灵活性，必须投入大量资金购买运输设备和装卸设备。
②契约运输。契约运输是指按照承托双方签订的运输契约运送货物。与运输商签订契约的一般都是一些大的工矿企业，常年运量比较大而且又比较稳定。契约期限一般都比较长，短的有半年、一年，长的可达数年。按契约规定，托运人保证提供一定的货运量，承运人保证提供所需的运力。
③公共运输。公共运输是指运输商专业经营汽车货物运输业务并以整个社会为服务对象。其经营方式有三种。a. 定期定线。不论货载多少，在固定路线上按时间表行驶。b. 定线不定期。在固定路线上视货载情况，派车行驶。c. 定区不定期。在固定的区域内根据货载需要派车行驶。
④汽车货运代理。汽车货运代理是指企业本身既不掌握货源也不掌握运输工具，他们以中间人身份一面向货主揽货，一面向运输公司托运，借此收取手续费或佣金。有的汽车货运代理专门从事向货主揽取零星货载，之后加以归纳集中成为整车货物，然后自己以托运人名义向运输公司托运，赚取零担和整车货物运费之间的差额。

★想一想：
公路运输的适宜对象是什么？
1. 适宜在短途内运输整车及零担货物。
2. 适宜进行配送运输及鲜活易腐货物的运输。
3. 适宜与铁路、水路、航空联运，为铁路、港口集疏运物资。
4. 可以深入山区及偏僻的农村进行货物运输。
5. 可以在远离铁路的区域从事干线运输。

3. 水路运输
水路运输是传统的运输方式，是利用船舶和其他浮运工具在江河、湖泊、水库等天然或人工水道和海洋上运送旅客和货物的一种运输方式。水路运输系统主要由船舶、港口和航道三部分组成。

（1）水路运输的特点。水路运输具备运量大、运距长、成本低，对环境污染小等优点。缺点是速度慢，受港口、气候等因素影响大。

（2）水路运输的作用。

①水运基础为江河湖海等天然航道，投资少、省能耗、条件便利、通航能力限制小。以内河运输为例，其成本仅为公路运输的1/3。

②水运可以实现长程、巨量运输，非常适合大宗货物的运输。

③水运在国际贸易中具有不可替代的作用。从古至今，水运都是沿海国家经济往来的主要载体。一些国家水路运输的货物周转量占各种运输方式总货物周转量的10%~20%，个别国家超过50%。

（3）水路运输的主要形式。

①沿海运输。这是使用船舶通过大陆附近沿海航道运送货物的一种方式，一般使用中、小型船舶。

②近海运输。这是使用船舶通过大陆邻近国家海上航道运送货的一种运输形式，视航程可使用中型船舶，也可使用小型船舶。

③远洋运输。这是使用船舶跨大洋的长途运输形式，主要依靠运量大的大型船舶。目前，远洋运输主要以集装箱船舶运输、大型散货船舶运输和大型油轮运输为主。

④内河运输。这是使用船舶在陆地内的江、河、湖、川等水道进行运输的一种方式，主要使用中、小型船舶。内河运输常见的运输形式主要有拖船运输和单船运输。拖船是指自身有动力装置、用于拖带其他船只或浮体的船，在国内习惯称拖轮。

> 案例

物流方案选择

某公司首次承揽到三个装箱运输业务，时间较紧，从上海到大连，铁路1 200千米，公路1 500千米，水路1 000千米。该公司自有10辆10吨普通卡车和一个自动化立体仓库。附近一家联运公司虽无集装箱卡车，但却有专业人才和货代经验，只是要价比较高。至于零星集装箱安排落实车皮和船舱，该公司实在心中无底。你认为该公司采取什么措施比较妥当？

（1）自己购买若干辆集装箱卡车，然后组织运输。

（2）想办法让铁路部门安排运输。

（3）水路路程最短，请水运公司来解决运输。

（4）联运公司虽无集装箱卡车，但可向其租车完成此项运输。

（5）没有合适的运输工具，拒绝该项业务。

4. 航空运输

航空运输是利用飞机或其他航空器在空中进行货物运输的运输方式，如图2-6所示。

航空运输系统由航空港、航空线网和机群三部分组成。

图 2-6　航空运输

（1）航空运输的特点。航空运输具有速度极快，运输范围广，不受地形限制，货物比较安全的优点。同时，航空运输运量小，成本极高，站点密度小，需要公路运输等方式配合，受气候因素影响较大。

（2）航空运输的作用。

①航空货物运输比其他运输方式更快捷。它可以使进出口货物能够尽快进入市场，卖出好价钱，增强商品的竞争能力，对国际贸易的发展起到了很大的推动作用。

②航空运输适合于鲜活易腐和季节性强的货物运输。这些货物对时间的要求极为敏感，如果运输时间过长，则可能使商品变为废品，无法供应市场；季节性强的商品和应急物品的运送必须争取时间，否则变为滞销商品，滞存仓库，积压资金，同时还要负担仓储费。采用航空运输，有利于为这类商品开辟远距离的市场，这是其他运输方式无法相比的。

③航空运输是国际多式联运的重要组成部分。为了充分发挥航空运输的特长，在航空运输不能直达的地方，也可以采用联合运输的方式，如常用的陆空联运、海空联运、陆空陆联运，甚至陆海空联运等，与其他运输方式配合，使各种运输方式各显其长，相得益彰。

（3）航空运输的应用有如下几种方式。

①班机运输方式。班机是指定期开航的、定航线、定始发站、定目的港、定途经站的飞机。

②包机运输方式。包机运输可分为整架包机和部分包机两种。整架包机是指航空公司或包机代理公司，按照与租机人双方事先约定的条件和运价，将整架飞机租给租机人，从一个或几个航空站装运货物至指定目的地的运输方式。部分包机是指几家航空货运代理公司（或发货人）联合包租一架飞机，或者由包机公司把一架飞机的舱位分别卖给几家航空货运代理公司。

③集中托运方式。集中托运方式是指航空货运代理公司把若干批单独发运的货物组成一整批，向航空公司办理托运，采用一份总运单集中发运到同一到站，或者运到某一预定的到站，由航空货运代理公司在目的地指定的代理收货，然后再报关并分拨给各实际收货人的运输方式。

航空公司按不同重量标准制订多种运费费率，而且采用递减原则。这就使得航空货运代理公司可以把从不同的发货人那里收集的小件货物集中起来，使用航空公司最便宜的运价，从而赚取运价的差额。

④联合运输方式。联合运输方式是指采用包括空运在内的两种及以上运输方式的联合运输。具体的做法有陆空联运、陆空陆联运等。

⑤航空快件传送。航空快件传送是目前国际航空运输中最快捷的运输方式。具体做法是派专人以最快的速度在货主、机场、用户之间运输和交接货物。航空快件传送业务主要有以下三种形式：从机场到机场；门到门；派专人送货，即由速递公司专人随机送货。

5. 管道运输

管道运输是指由钢管、泵站和加压设备等组成的利用管道加压输送运送气体、液体、粉状固体的运输方式，如图 2-7 所示。管道运输系统由管线和管线上的各个站点组成。

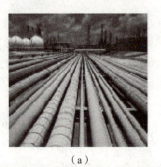
（a）

（b）

图 2-7　管道运输

现代管道运输始于 19 世纪中叶，1865 年美国宾夕法尼亚州建成第一条原油输送管道。然而它的进一步发展则是从 20 世纪开始的。随着第二次世界大战后石油工业的发展，管道的建设进入了一个新的阶段，各产油国竞相开始兴建大量石油及油气管道。从 20 世纪 60 年代开始，管道运输逐渐建成成品油输送的管网系统。同时，开始了管道输送煤浆的尝试。全球的管道运输承担着很大比例的能源物资运输，包括原油、成品油、天然气、油田伴生气、煤浆等，其完成的运量常常高于人们的想象（如在美国接近于汽车运输的运量）。近年来管道运输也被进一步研究用于解决散状物料、成件货物、集装物料的运输，以及发展容器式管道输送系统。

管道运输是国际货物运输方式之一，是随着石油生产的发展而产生的一种特殊运输方式，具有运量大、不受气候和地面其他因素限制、可连续作业以及成本低等优点。随着石油、天然气生产和消费速度的增长，管道运输发展步伐不断加快。管道运输业是中国新兴运输行业，是继铁路、公路、水运、航空运输之后的第五大运输业，它在国民经济和社会发展中起着十分重要的作用。

（1）管道运输的特点。管道运输的主要优点是运量大、运费低、能耗少、较安全可靠、一般不受气候环境影响、劳动生产率高、货物零损耗和不污染环境。管道运输的缺点是只适用于输送原油、天然气、煤浆等货物，通用性差。

（2）管道运输的作用。

①利于环境保护。采用天然气作为清洁能源已经成为今后一段时期的发展趋势，西油东运、西气东输是我国油气能源运输的发展重点。

②运输量大。国外一条直径720毫米的输煤管道，一年即可输送煤炭2 000万吨，其运输能力几乎相当于一条单线铁路的单方向的输送能力。

（3）管道运输的应用。管道运输按货物种类可分为原油管道、成品油管道、天然气管道、煤浆和矿浆管道等。

①原油管道。世界上的原油总运量中有85%～95%是用管道运输的。我国原油管道始建于1958年，即新疆克拉玛依油田开发的由克拉玛依油田到独山子炼油厂的管道，全长147.2千米。原油管道的大规模建设是于20世纪70年代随着石油工业的开发而相应发展的。

②成品油管道。它可以运送一种油品，也可以运送多种油品，主要由炼油厂通往化工厂、电厂、化肥厂、商业成品油库及其他用户。我国成品油管道大部分都是管径小、距离近、输送油品单一的管道。

③天然气管道。它是输送气田天然气和油田伴生气的输气管道，由开采地或处理厂输送到城市配送中心，是陆地上大量运输天然气的唯一方式。我国目前天然气主要产于四川，全国现在天然气管道约7 000千米，其中近5 000千米在四川；伴生气主要产于辽河、中原等东部油田，管道约有2 000千米。

④煤浆和矿浆管道。它是将原煤或矿石粉碎后加水成浆状通过管道进行运输。世界上第一条煤浆管道于1970年在美国建成投入使用，年输送能力为450万吨。

第二节　多式联运作业

随着运输技术的发展，传统、单一、互不连贯的运输方式已不能适应社会经济发展的需求，于是多式联运应运而生。多式联运是变通运输的一个组成部分，它衔接协调各种运输方式，推动运输横向联合，组织发挥各种运输方式的特点和优势，提高综合运输效率。

一、多式联运概念

多式联运是指联运经营人根据单一的联运合同，通过一次托运、一次计费、一张单证、一次保险、使用两种或两种以上的运输方式，将货物从指定地点运至交付地的运输。如果将多式联运用于国际货物运输中，则可称其为国际多式联运。

一般来讲，构成多式联运应具备以下几个主要条件。

①必须具有一份多式联运合同。

②必须使用一份全程的多式联运单据（多式联运提单、多式联运运单等）。

③全程运输过程中必须至少使用两种不同的运输方式，而且是两种以上运输方式的连续运输。

④必须使用全程单一费率。

⑤必须有一个多式联运经营人对货物的运输全程负责。

⑥如果是国际多式联运，则多式联运经营人接收货物的地点与交付货物的地点必须属于两个国家。

二、多式联运的组织形式

1. 海陆联运

海陆联运是国际多式联运的主要组织形式，也是东亚、欧洲多式联运的主要组织形式之一。目前组织和经营东亚、欧洲海陆联运业务的主要有班轮公会的三联集团、北荷、冠航和丹麦的马士基等国际航运公司，以及非班轮公会的中国远洋运输公司、中国台湾长荣航运公司和德国那亚航运公司等。这种联运组织形式以航运公司为主体，签发联运提单，与航线两端的内陆运输部门开展联运业务，与大陆桥运输展开竞争。

2. 陆桥运输

在国际多式联运中，陆桥运输起着非常重要的作用。它是东亚、欧洲国际多式联运的主要形式。所谓陆桥运输是指采用集装箱专用列车或卡车，把横贯大陆的铁路或公路作为中间"桥梁"，使大陆两端的集装箱海运航线与专用列车或卡车连接起来的一种连贯运输方式。严格地讲，陆桥运输也是一种海陆联运形式，只是因为其在国际多式联运中的独特地位，故在此将其单独列为一种运输组织形式。目前，东亚、欧洲的陆桥运输线路有西伯利亚大陆桥和北美大陆桥。

3. 海空联运

海空联运又被称为空桥运输。在运输组织方式上，空桥运输与陆桥运输有所不同：陆桥运输在整个货运过程中使用的是同一个集装箱，不用换装，而空桥运输的货物通常要在航空港换入航空集装箱。不过，两者的目标是一致的，即以低费率提供快捷、可靠的运输服务。

三、多式联运的分类

根据不同的原则，多式联运可以有多种分类形式。但就其组织方式和体制来说，基本上可分为协作式多式联运和衔接式多式联运两大类。

1. 协作式多式联运

协作式多式联运是指两种或两种以上运输方式的运输企业，按照统一的规章或商定的协议，共同将货物从接管货物的地点运到指定交付货物的地点的运输。

协作式多式联运是目前国内货物联运的基本形式。在协作式多式联运下，参与联运的承运人均可受理托运人的托运申请，接收货物，签署全程运输单据，并负责自己区段的运输生产；后续承运人除负责自己区段的运输生产外，还需要承担运输衔接工作；而最后的承运人则需要承担货物交付以及受理收货人的货损货差的索赔。在这种体制下，参与联运的每个承运人均具有双重身份。对外而言，他们是共同承运人，其中一个承运人（或代表所有承运人的联运机构）与发货人订立的运输合同，对其他承运人均有约束力，即视为每个承运人均与货方存在运输合同关系；对内而言，每个承运人不但有义务完成自己区段的实际运输和有关的货运组织工作，还应根据规章或约定协议，承担风险，分配利益。

2. 衔接式多式联运

衔接式多式联运是指由一个多式联运企业（以下称多式联运经营人）综合组织两种或两种以上运输方式的运输企业，将货物从接管货物的地点运到指定交付货物的地点的运输。在实践中，多式联运经营人既可能由不拥有任何运输工具的国际货运代理、场站经营人、仓储经营人担任，也可能由从事某一区段的实际承运人担任。但无论如何，他都必须持有国家有关主管部门核准的许可证书，才能独立承担责任。

在衔接式多式联运下，运输组织工作与实际运输生产实现了分离。多式联运经营人负责全程运输组织工作，各区段的实际承运人负责实际运输生产。在这种体制下，多式联运经营人也具有双重身份。对于货方而言，他是全程承运人，与货方订立全程运输合同，向货方收取全程运费及其他费用，并承担承运人的义务；对于各区段实际承运人而言，他是托运人，他与各区段实际承运人订立分运合同，向实际承运人支付运费及其他必要的费用。很明显，这种运输组织与运输生产相互分离的形式，符合分工专业化的原则，由多式联运经营人"一手托两家"，不但方便了货主和实际承运人，也有利于运输的衔接工作，因此，衔接式多式联运是联运的主要形式。在国内联运中，衔接式多式联运通常称为联合运输，多式联运经营人则称为联运公司。我国在《合同法》颁布之前，仅对包括海上运输方式在内的国际多式联运经营人的权利与义务，在《海商法》和《国际集装箱多式联运规则》中做了相应的规定，对于其他形式下国际多式联运经营人和国内多式联运经营人的法律地位与责任，并未做出明确的法律规定。《合同法》颁布后，无论是国内多式联运还是国际多式联运，均应符合该多式联运合同中的规定，这无疑有利于我国多式联运业的发展壮大。

★议一议：

多式联运的优越性体现在哪？

1. 简化托运、结算及理赔手续，节省人力、物力和有关费用。
2. 缩短货物运输时间，减少库存，降低货损货差事故，提高货运质量。
3. 降低运输成本，节省各种支出。
4. 提高运输管理水平。
5. 其他作用（如有利于加强政府部门对整个货物运输链的监督与管理等）。

第三节 运输方案优化

> 案例

家乐福中国及其物流运输策略

企业参与运输决策对于物流成本的控制、运输效率的高低都有重要的影响，有效的运输决策往往能提高企业效益，也能在最短时间内满足客户的需要。因此，各类企业都极其注重对物流系统的运输决策，从最终效益的角度来说，"节流"与"开源"具有同样的意义，因正确决策节省的物流成本不见得比产品本身获利要少。而一个企业物流系统运输决策是否正确往往通过运输网络设计、运输方式选择、装卸及配送水平高低等方面来体现。以下通过流通企业里的家乐福中国物流系统运输决策的案例来具体分析运输决策的各个方面。

成立于1959年的法国家乐福集团是大型超级市场概念的创始者,是目前欧洲第一、全球第二的跨国零售企业,也是全球国际化程度最高的零售企业。家乐福于1995年进入中国市场,最早在北京和上海开设了当时规模最大的大卖场。目前,家乐福在中国31个城市相继开设了86家商店,拥有员工4万多人。家乐福中国公司经营的商品95%来自本地,因此家乐福的供货很及时,这也是家乐福在中国经营很成功的原因之一。

家乐福实行的是"店长责任制",即给予各店长极大的权力。店长能灵活决定所管理的店内的货物来源和销售模式等。各生产商通过交入场费的形式入驻家乐福,商品主要由各零售商自己配送,家乐福中国总公司本身调配干涉力度不大,所以各分店能根据具体情况灵活决定货物配送,事实证明这种策略目前取得了成功。

家乐福中国在运输网络设计方面主要体现为运输网络分散度高。一般流通企业都是自己建立仓库及配送中心,而家乐福的供应商直送模式决定了它的大量仓库及配送中心事实上都是由供应商自己解决的,由家乐福集中配送的货物占极少数。这样的经营模式不但可以节省大量的建设仓库费用和管理费用,商品运送也较集中配送来说更方便,而且能及时供应商品或下架滞销商品。这不仅利于家乐福的销售,对供货商了解商品销售情况也是极有利的。

在运输方式上,除了较少数需要进口或长途运送的货物使用集装箱挂车及大型货运卡车外,由于家乐福大量商品来自本地生产商,故较多采用送货车。这些送货车中有一部分是家乐福租的车,而绝大部分则是供应商自己长期为家乐福各店送货的车,家乐福自身需要车的数量不多,所以它并没有自己的运输车队,省去了大量的运输费用,间接提高了效益。

配送方面,在供应商直送的模式下,商品来自多条线路,而无论各供应商还是家乐福自己的车辆都采用了"轻重配载"的策略,有效利用了车辆的各级空间,使单位货物的运输成本得以降低,进而在价格上取得主动地位。而先进的信息管理系统也能让供应商在最短时间内掌握货架上销售的各种商品的货物数量以及每天的销售情况,补货和退货因此而变得方便。供应商与家乐福之间相互信任,建立了长期的合作关系。

一、运输合理化概念

由于运输是物流中最重要的功能要素之一,物流合理化在很大程度上依赖于运输合理化。

运输合理化是指从物流系统的总体目标出发,按照货物流通规律,运用系统理论和系统工程原理和方法,合理利用各种运输方式,选择合理的运输路线和运输工具,以最短的路径、最少的环节、最快的速度和最少的劳动消耗,组织好货物的运输与配送。

二、运输合理化作用

运输合理化的重要作用可归结如下。

(1) 合理组织货物运输,有利于加速社会再生产的进程,促进国民经济持续、稳定、协调地发展。按照市场经济的基本要求，组织货物的合理运输，可以使物质产品迅速地从生产地向消费地转移，加速资金的周转，促进社会再生产过程的顺利进行，保持国民经济稳定、健康地发展。

（2）货物的合理运输，能节约运输费用，降低物流成本。运输费用是构成物流费用（成本）的主要部分。物流过程的合理运输，就是通过运输方式、运输工具和运输路线的选择，进行运输方案的优化，实现运输合理化。运输合理化必然会缩短运输里程，也会提高运输工具的运用效率，也就达到了节约运输费用、降低物流成本的目的。

（3）合理的运输，缩短了运输时间，加快了物流速度。货物运输时间是决定物流速度的重要因素。合理组织运输活动，可使被运输的货物在途时间尽可能缩短，实现到货及时的目的，因而可以降低库存商品的数量，实现加快物流速度的目标。从宏观角度讲，物流速度加快，减少了商品的库存量，节约了资金占用，相应地提高了社会物质产品的使用效率，同时也利于促进社会化再生产过程。

（4）运输合理化，不仅可以节约运力，缓解运力紧张的状况，还能节约能源。运输合理化克服了许多不合理的运输现象，从而节约了运力，提高了货物的通过能力，起到了合理利用运输能力的作用。同时，由于货物运输的合理性，降低了运输中的能源消耗，提高了能源利用率，这些对于缓解我国目前运输和能源紧张情况具有重要意义。

三、不合理的运输形式

（1）远程或起程空驶。空车或无货载行驶，可以说是不合理运输的最严重形式。在实际运输组织中，有时候必须调运空车，从管理上不能将其看成不合理运输。但是，由于调运不当、货源计划不周而形成的空驶，是不合理运输的表现。

（2）对流。对流运输又称为"相向运输""交叉运输"。指同一品种、同一规格或可以互相代替的物资，在同一线路或两条平行运输线路上的相向运输。对流运输有两种类型：一种是明显的对流运输，即在同一路线上的对流运输；另一种是隐蔽的对流运输，即同一种货物在违反近产近销的情况下，沿着两条平行的路线朝相对方向的运输，由于它不易被发现，故称为隐蔽的对流运输。

（3）迂回。不经由最短路径的绕道运输。一般是由于自然灾害或其他事故的阻碍、线路或航道通过能力的限制、交通法令的限制或货物性质的特殊要求等原因造成的。如果是运输部门计划、组织工作不当或物资部门选择运输路径不合理所引起的迂回运输，则是一种不合理运输。尽管有些迂回运输有其必要性，但终究会引起运输能力的浪费、运输费用的增加和货物在途时间的延长，故应尽量避免。

（4）重复。重复运输是指一种货物本可直达目的地，但由于批发机构或商业仓库设置不当或计划不周而在中途停卸重复装运的不合理运输现象。重复运输，一般虽未延长里程，但增加中间装卸环节，延长货物在途时间，增加装卸搬运费用，而且降低车、船使用效率，也会影响其他货物运输。

（5）过远。过远运输是指舍近求远的货物运输现象。即销地完全有可能由距离较近的供应地购进所需要的相同质量的物美价廉的货物，却超出货物合理流向的范围，从远距离的地区运进来；或两个生产地生产同一种货物，它们不是就近供应邻近的消费地，而是调给较远的其他消费地。

（6）倒流。倒流运输是指货物从销地或中转地向产地或起运地回流的一种不合理运输现象。这种现象也常常表现为对流运输或迂回运输。其不合理程度要甚于对流运输，原因在于往返两程的运输都是不必要的，形成了双程的浪费。倒流运输也可以看成是隐蔽对流运输的一种特殊形式。

（7）运力选择不当。未考虑各种运输工具优势而不正确地利用运输工具造成的不合理现象，常见的有弃水走陆，铁路、水路大型船舶的过近运输，运输工具承载能力选择不当等造成成本增加。

（8）托运方式选择不当。对货主而言，可以选择最好托运方式而未选择，造成运力浪费及费用支出加大的一种不合理运输。

（9）超限运输。超过规定的长度、宽度、高度或质量，这种运输方式容易引起货损、车辆损坏及公路路面与公路设施的损坏，还会造成严重的安全事故。超限运输是当前出现最多的不合理运输。

四、运输合理化的有效措施

1. 合理选择运输方式

每种运输方式都有着各自的适用范围和不同的技术经济特征，选择时应进行综合分析和比较。首先要考虑运输成本的高低和运行速度的快慢；其次应考虑货物的性质、数量的大小、运距的远近和货主需要的缓急程度。

2. 合理选择运输工具

根据不同商品的性质、数量及对温度、湿度等的要求，选择不同类型、吨位的车辆。

3. 正确选择运输路线

运输路线的选择，一般应尽量安排直达、快速运输，尽可能缩短运输时间。按照货物的合理流向，选择最短路径，避免迂回、倒流等不合理运输现象发生。提高里程利用率，从而达到节省运输费用、节约运力的目的。

4. 提高货物包装质量并改进配送中的包装方法

货物运输线路的长短，装卸操作次数的多少都会影响到货物的包装是否完好，所以应合理地选择包装物料，以提高包装质量。另外，有些商品的运输线路较短，且要采取特殊放置方法，如烫好的衣服须垂挂运输，此时应改变相应的包装。货物包装的改进，对减少货物损失、降低运费支出、降低商品成本有明显的效果。

5. 开展中短距离铁路公路分流，"以公代铁"的运输

这一措施的要点，是在公路运输经济里程范围内，或者经过论证，超出通常平均经济里程范围，也尽量利用公路。这种运输合理化的表现主要有两点：一是对于比较紧张的铁路运输，用公路分流后，可以得到一定程度的缓解，从而加大这一区段的运输通过能力；二是充

分利用公路从门到门和在中途运输中速度快且灵活机动的优势,实现铁路运输服务难以达到的水平。

6. 尽量发展直达运输

直达运输是追求运输合理化的重要形式,其对合理化的追求是通过减少中转过载换载,从而提高运输速度,省却装卸费用,降低中转货损来实现的。直达运输的优势,尤其是在一次运输批量和用户一次需求量达到了一整车时表现最为突出。此外,在生产资料、生活资料运输中,通过直达运输,建立稳定的产销关系和运输系统,也有利于提高运输的计划水平,考虑用最有效的技术来实现这种稳定运输,从而大大提高运输效率。

7. 配载运输

配载运输是充分利用运输工具载重量和容积,采用先进的装载方法,合理安排货物的一种运输方式,也是提高运输工具实载率的一种有效形式。配载运输往往是轻重商品的混合配载,在以重质货物运输为主的情况下,同时搭载一些轻泡货物,如海运矿石、黄沙等重质货物,在上面捎运木材、毛竹等,铁路运矿石、钢材等重物上面搭运农副产品等,在基本不增加运力投入情况下,在基本不减少重质货物运输情况下,解决了轻泡货的搭运,因而效果显著。

8. 发展特殊运输技术和运输工具

依靠科技进步是运输合理化的重要途径。例如,专用散装及罐车,解决了粉状、液状物运输损耗大、安全性差等问题;袋鼠式车皮、大型半挂车解决了大型设备整体运输问题;滚装船解决了车载货的运输问题;集装箱船比一般船能容纳箱体;集装箱高速直达车船加快了运输速度等,都是通过采用先进的科学技术使运输实现合理化。

知识拓展

集装箱运输的注意事项

(1) 各型集装箱在相同箱型的集装箱办理站办理运输。自备集装箱除可在相同箱型的办理站办理运输外,还可在经铁路局批准的专用线办理运输。集装箱办理站的名称在《铁路货物运价里程表》中公布。

(2) 下列货物不能使用铁路通用集装箱装运。

①易于污染和腐蚀箱体的货物,如水泥、炭黑、化肥、盐、油脂等。

②易于损坏箱体的货物,如生铁块,废钢铁、无包装的铸件和金属块等。

③鲜活货物。

④危险货物。

(3) 托运的集装箱总质量不得超过该集装箱的标记总重量。20英尺(1英尺=0.304 8米)集装箱总质量不得超过到站最大起重能力。

(4) 集装箱不办理军事运输。部队或军工企业办理集装箱运输的,按商运办理。军事运输使用自备集装箱的,不再按集装箱运输条件办理。

"四就"直拨运输

"就厂直拨,就车站、码头直拨,就仓库直拨,就车、船过载直拨"等,简称为"四就"直拨。"四就"直拨运输是指在流通过程组织货物调运时,对当地生产或外地到达的货物,不运进流通批发仓库,而采取直拨的办法,把货物直接分拨给市内基层批发、零售店或用户,从而减少一道中间环节。

1. 就厂直拨

物流部门从工厂收购产品,在经工厂验收后,不经过中间仓库和不必要的转运环节,直接调拨给销售部门或直接送到车站码头运往目标地的方式。主要分为厂际直拨、厂店直拨、厂批直拨和用工厂专用线。

2. 就车站、码头直拨

物流部门对外地达到车站或码头的货物,在交通运输部门允许占用货位的时间内,经交接验收后,直接分拨或运给各销售部门、直接运往市内各销售点和直接运往外地要货单位。

3. 就仓库直拨

在货物发货时超出逐级的层层调拨,省略不必要的中间环节,直接从仓库拨给销售部门,需要对储存保管的货物就仓库直拨;对需要更新库存地货物就仓库直拨;对常年生产常年销售货物就仓库直拨;对季节生产常年销售货物就仓库直拨。

4. 就车、船过载直拨

对外地用车、船运入的货物,经交接验收后,不在车站或码头停放,不进库保管,而是直接更换运输工具,运至销售部门。比如,把火车运入的货物直接装上汽车;把轮船运入的货物直接装上火车或汽车;把大船运入的货物直接过驳到小船。

应用直拨的措施,可把货物直接分拨给基层批发、零售中间环节。这种方式可以减少一道中间环节,在时间与各方面收到双重的经济效益。在实际的物流工作中,物流经理可以依据不同的情形,采用就厂直拨、就车站直拨、就仓库直拨、就车船直拨等具体运作方式。

基本训练

一、选择题

1. 运输通过创造( )来提高货物价值。
   A. 形质效用   B. 空间效用和时间效用
   C. 时间效用   D. 空间效用

2. ( )是起连接不同运输方式的作用,承担货物的集散、运输业务的办理、运输工具的保养和维修。
   A. 运输线路   B. 运输结点   C. 运输通道   D. 运输网络

3. ( )是指由货主与掌握运输工具的运输企业直接发生托运与承运关系的运输业务组织体制。
   A. 货主直接托运制   B. 货主直接运送制
   C. 运输承包发运制   D. 运输承包托运制

4. 现代运输手段的要素是（   ）。
   A. 运输工具和装卸设备　　　　　　B. 运输节点
   C. 运输动力　　　　　　　　　　　D. 运输线路
   E. 通信设备
5. 多式联运应具备以下条件（   ）。
   A. 必须具有一个以上的多式联运合同
   B. 全程运输过程必须使用两种不同的运输方式，而且是两种以上运输方式的连续运输
   C. 必须使用全程单一费率
   D. 必须有一个多式联运经营人对货物的运输全程负责
   E. 如果是国际多式联运，则多式联运经营人接收货物与交付货物的地点必须属于两个国家
6. 企业采取直达运输方式需要考虑的因素有（   ）。
   A. 货物的特性　　B. 运距　　　　C. 货运量　　　　D. 运输成本
   E. 送达时间
7. 管道运输的优点有（   ）。
   A. 灵活性好　　　　　　　　　　　B. 能耗小，成本低
   C. 运量大　　　　　　　　　　　　D. 通用性好
   E. 不受天气状况影响
8. 公路运输的特点是（   ）。
   A. 远距离、大批量　　　　　　　　B. 近距离、大批量
   C. 近距离、小批量　　　　　　　　D. 远距离、小批量
9. 下列运输方式中，速度较快、比较灵活、自然条件限制较小的是（   ）。
   A. 公路运输　　　B. 水路运输　　　C. 铁路运输　　　D. 航空运输

二、简答题

1. 简述运输的特点。
2. 简述运输在物流中的作用。
3. 简述运输合理化的意义。
4. 什么是多式联运？
5. 造成空驶的不合理运输主要有哪些因素？
6. 运输合理化的途径有哪些？

技能演练

　　1. 到企业调研，收集该企业的运输方案，并判断其是否合理。
　　2. 将全体同学分组，每组同学分别赋予不同的角色：调度、计算机操作员、提送货员、仓管员，模拟零担货物发运过程，填写相应的运输票据。

专业能力测评

在下列表格○中打✓　　A 理解　　B 基本理解　　C 未理解

专业能力	评价指标	自测结果
常见的运输作业	1. 运输概述 2. 运输方式	○A　○B　○C ○A　○B　○C
运输方式	1. 铁路运输 2. 公路运输 3. 水路运输 4. 航空运输 5. 管道运输 6. 国际多式联运	○A　○B　○C ○A　○B　○C ○A　○B　○C ○A　○B　○C ○A　○B　○C ○A　○B　○C
多式联运作业	1. 多式联运概念 2. 多式联运的组织形式 3. 多式联运的分类	○A　○B　○C ○A　○B　○C ○A　○B　○C
运输方案优化	1. 运输合理化概念 2. 运输合理化作用 3. 不合理的运输形式 4. 运输合理化的有效措施	○A　○B　○C ○A　○B　○C ○A　○B　○C ○A　○B　○C

第三章

仓 储 认 知

学习目标

知识目标
- 了解仓库的类型有哪些;
- 理解仓储在物流中的作用;
- 熟悉货物堆码的几种形式;
- 掌握仓储作业内容;
- 掌握库存管理方法。

技能目标
- 能进行入库、出库操作;
- 能进行货物堆码操作;
- 能采用相应的策略控制库存。

导入案例

案例一

混合仓储管理模式的成功案例

美国某药品和杂货零售商成功实现并购计划之后销售额急剧上升,需要扩大分拨系统以满足需要。由于公司既往的物流战略是全部使用自有仓库和车辆为各分店提供高水平的服务,因此公司计划投入 700 万美元新建一个仓库,用来缓解仓储不足的问题。新仓库配置最先进的搬运、存储设备,通过流程控制降低成本。管理层已经同意了这一战略,且已经开始寻找修建新仓库的地点。

然而,公司同时进行的一项网络设计研究表明,新仓库并不能完全解决仓储能力不足的问题。这时,有人建议采用混合战略——除使用自建仓库外,部分地区利用营业型租赁仓库,这样做的总成本比全部使用自建仓库的总成本要低。于是企业将部分产品转移至营业型仓库，然后安装新设备，腾出足够的自有空间以满足可预见的需求。新设备的成本为20万美元。这样，企业成功地通过混合战略避免了单一仓储模式下可能导致的700万美元的巨额投资。

案例二

请解决下面的问题

小王家附近有一冷库，主要用来储存周围菜农种的大白菜。由于冷库规模不大，且设施设备陈旧落后，该冷库工作效率低下，效益不好。小王是某高校物流管理专业大一新生，他认为通过有效的管理，该冷库的状况是可以改变的。如果你是小王，你将怎么做？请以团队形式完成任务。

案例三

如何解决下面的问题

2018年4月，某物流公司新建的零担仓库的工作人员正在货棚理货。这时有一发货人拿来了4件药品，准备发货。此时，仓库的洒水工人正在给库区通关洒水，以免随即出库发运开始后灰尘太大。随着洒水工人的通过，药品的包装被打湿了。发货人跟仓库的理货人员吵了起来，并要求发运价位降低。双方僵持不下，理货人员只好叫来了仓储主管。假如你是仓储主管，你会怎么处理这件事？对此案例，你有何感想？

第一节　仓储概述

物流科学自产生以来就显示出强大的生命力，现已成为当代最活跃、最有影响的新科学之一，而储存作为物流非常重要的基本功能之一，被越来越多的企业经营者尤其是物流管理者重视。无论是制造业还是流通业都有储存管理的需求，甚至物流服务业也推出了储存代管的增值服务。因此，储存管理就成为物流行业的核心功能，也成为直接影响物流企业的作业效率和经营效益的重要因素。掌握合理的仓储管理和库存控制，是物流管理专业学生必须具备的能力。

一、仓储

1. 仓储的含义

我国国家标准《物流术语》对仓储的定义是：利用仓库及相关设施设备进行物品的入库、存储、出库的活动。仓储是物流的两大基本活动之一。"仓"也称为仓库，为存放、保管、储存货物的建筑物和场地的总称，具有存放和保护货物的功能；"储"也称为储存，表示将储存对象收存以备使用，具有收存、保护、管理、贮藏货物并交付使用的作用。"仓储"则为利用仓库存放、储存和管理未及时使用的货物的行为。仓储具有静态和动态两种：当产品不能被及时消耗掉、需要专门场所存放时，产生了静态的仓储；而将货物存入仓库并进行保管、控制以及提供使用等管理活动时，就成了动态的仓储。

2. 仓储在物流管理中的作用

（1）运输整合。运输整合指通过多种货物配载充分利用运输空间的一种运输方法，如图3-1所示。由于运输的费用率随着运量的增大而减少，因此，尽可能大批量地运输是节省运费的有效手段。将连续不断产出的产品集中成大批量提交运输，或者将众多供货商所提供的产品整合成单一的一票运输等运输整合，就需要通过仓储来进行。通过整合不仅能实现大批量提交运输，还可以通过比重整合、轻重搭配，实现运输工具空间的充分利用。整合服务还可以由多个厂商合并使用，以减少仓储和运输成本。在运输整合中还可以对商品进行成组、托盘化等作业，使运输作业效率提高。

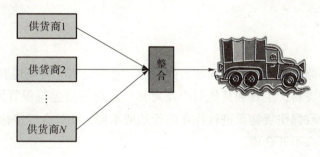

图3-1 运输整合

（2）平衡生产。平衡生产是指通过仓储的时间调整来满足生产与销售的平衡需要。众多的产品具有季节性销售的特性，在销售高峰前再组织大批生产显然不经济也不可能。只有通过一定时间持续的经济生产，将产品通过仓储的方式储存，在销售旺季集中向市场供货，并通过仓储点的合理分布才能实现及时向所有市场供货。同样，也有部分集中生产而常年销售的产品，也需要通过仓储的方式稳定持续地向市场供货。对于一般商品来说，将生产原材料适量地进行安全储备是保证生产稳定进行和促进销售的重要手段，也是对抗偶发事件，如交通堵塞、发生不可抗力、意外事故等对物流产生破坏等的重要应急手段。

（3）存货控制。存货控制就是对仓储中的商品存量按市场规律进行控制。仓储存货控制包括存量控制、仓储点的安排、补充控制、出货安排等工作。除了在现场装配的大型设备、建筑外，绝大多数通用产品的现代生产很难做到完全无存货，有存货就意味着资金运转停滞、资金成本增加、保管费用的增加，并会产生耗损、浪费等风险，对于存货的控制以至降低成本是物流管理的重要内容之一。

3. 仓储的类型

（1）集中仓储。以一定的较大批量集中于一个场所之中的仓储活动，被称为集中仓储。集中仓储是一种大规模储存的方式，有利于采用机械化、自动化，有利于先进科学技术的应用。集中仓储从储存的调节作用来看，有比较强的调节能力及对需求的更大的保证能力，集中仓储的单位费用较低，经济效果较好。

（2）分散仓储。分散仓储是较小规模的储存方式，往往和生产企业、消费者、流通企业相结合，不是面向社会而是面向某一企业的仓储活动，因此，其仓储量取决于企业生产或消费要求的经营规模。分散仓储的主要特点是容易和需求直接密切结合，仓储位置需求地很近，但是由于数量有限，保证供应的能力一般较小。同样的供应保证能力，集中仓储产生的问题远少于分散仓储，集中仓储的周转速度高于分散仓储，资金占用量低于分散仓储。

（3）零库存。零库存指某一领域不再保有库存，以无库存（或很低库存）作为生产或供应保障的一种系统方式。

★ 想一想：
你知道与仓储相关的其他概念有哪些吗？储存和保管是同样的含义吗？库存在不同的语境中其含义有何变化？

二、仓库

1. 仓库的含义

仓库是保管、存储物品的建筑物和场所的总称。仓库的概念可以理解为是用来存放货物的，包括商品、生产资料、工具和其他财产及对其数量和价值进行保管的场所或建筑物等，还包括用于防止减少或损伤货物而进行作业的土地或水面。从社会经济活动看，无论生产领域还是流通领域，都离不开仓库。

2. 仓库的分类

（1）根据保管形态分类。

①普通仓库。用于储存无特殊保管要求的物品的仓库。这类仓库具有一般商品的储存空间、普通的装卸、搬运堆码、养护等技术设施。普通仓库实用性强，应用广泛，利用率高，在我国仓库中占很大的比例。

②专用仓库。具有专门设施，用于储存某种或某类要求特殊储存条件商品的仓库。这类仓库是根据某种商品的特殊保管养护要求设计的，如茶叶、粮食、化肥、蔬菜、水产品等，由于性能比较特殊，故需单独存放，以保证质量。在仓库技术设施上，根据要求配备不同设备，如保温仓库设有专门的采暖设备；冷藏仓库，则须保持一定低温，用于存放要求冷藏的蔬菜、食品等。

③特种仓库。通常指用于存放易燃、易爆、有毒、有腐蚀或有辐射性的物品。这类仓库对建筑特点、库房建筑、库房内部布局都有严格的规定和要求。

（2）根据仓库的构造分类。

①单层仓库。单层仓库是最常见的，也是使用最广泛的一种仓库建筑类型，它的特点主要有：设计简单，所需投资较少；由于仓库只有一层，因此在仓库内搬运、装卸货物比较方便；各种附属设备的安装、使用和维护都比较方便；由于只有一层，仓库全部的地面承压能力都比较强。

②多层仓库。它一般占地面积较小，建在人口稠密、土地使用价格较高的地区。其主要

特点有：多层仓库可适用于各种不同的使用要求，例如，可以将办公室和库房分处两层，整个仓库在布局方面比较灵活；分层结构将库房和其他部门进行自然隔离，有利于库房的安全和防火；多层仓库作业需要的运输重物技术日趋成熟；多层仓库一般建在靠近市区的地方，因为它的占地面积较小，建筑成本可以控制在有效范围内，所以，多层仓库一般用来储存城市日常用的高附加值的小型商品。

③立体仓库。立体仓库是由高层货架、巷道堆垛超重机、入出库输送机系统、自动化控制系统、计算机仓库管理系统及其周边设备组成，可对集装单元物品实现机械化自动存取和控制作业的仓库。立体仓库又称高架仓库。它也是一种单层仓库，但同一般的单层仓库不同的是它利用高层货架来储存货物，而不是简单地将货物堆积在库房地面上。在立体仓库中，由于货架一般比较高，所以货物的存取需要采用与之配套的机械化、自动化设备。在存取设备自动化程度较高时也将这样的仓库称为自动化仓库。

④筒仓。是用于存放散装的小颗粒或粉状货物的封闭式仓库，经常用来存储粮食、水泥和化肥等。

⑤露天堆场。露天堆场是用于露天堆放货物的场所，一般堆放大宗原材料或者不怕受潮的货物。

（3）根据仓库功能分类。

①周转仓库。周转仓库的主要功能是物资周转，主要用于暂时存放待加工、待销售、待运输的物资，包括生产仓库、中转仓库、集配仓库、加工仓库等。这种仓库储存货物时间短，主要追求周转效益，为生产、流通或运输服务。

②储备仓库。储备仓库主要指专门长期存放各种储备物资，以保证完成各项储备任务的仓库，如战略物资储备、季节物资储备、流通调节储备等。其功能是实现货物较长时间的储存保管。

★思考：

你知道战略物资储备、季节物资储备、流通调节储备之间的区别吗？

三、货物堆码

货物堆码是指根据货物的包装、外形、性质、特点、种类和数量，结合季节和气候情况，以及储存时间的长短，将物品按一定的规律码成各种形状的货垛。

货物堆码

堆码的主要目的是便于对货物进行维护、查点等管理和提高仓库利用率。货物堆码操作要达到合理、牢固、定量、整齐、节约的要求。一般的堆码方式有八种。

1. 重叠式

逐件逐层向上重叠码高而成货垛，此垛形是机械化作业的主要垛形之一，适用于硬质整齐的物资包装，如集装箱、钢板等的存放，如图3-2（a）所示。

2. 纵横交错式

将长短一致，宽度排列可以和长度相等的物资一层横放，一层纵放，交错堆码，形成方形垛，如图3-2（b）所示。

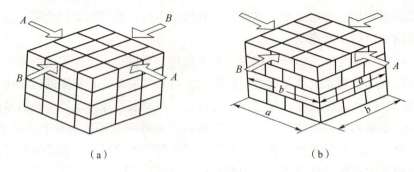

图3-2 货物堆码方式
(a) 重叠式；(b) 纵横交错式

3. 压缝式

将垛底底层排列成正方形或长方形，上层起压缝堆码，即每件物品都压住下层的两件物品，适用于缸、建筑陶瓷、阀门等物品的堆码，如图3-3所示。

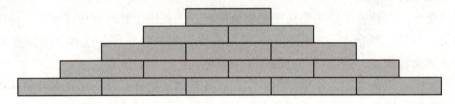

图3-3 压缝式

4. 仰伏相间式

对于角钢、槽钢、钢轨等物品，可以一层仰放、一层伏放，两层相扣，使货垛稳定。如果露天存放，要注意一头稍高，以便排水，如图3-4所示。

图3-4 仰伏相间式

5. 通风式

与压缝式相似。压缝式是在两件物品上压缝上码,通风式是在四件物品的中心上放上码,逐层缩小,如图 3-5 所示。

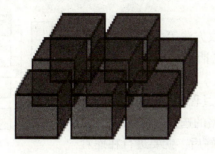

图 3-5 通风式

6. 栽柱式

在货垛两旁栽放钢柱,每层或隔层用铁丝与货物拉紧,以防倒塌,多用于金属的长方材料,如圆钢等,如图 3-6 所示。

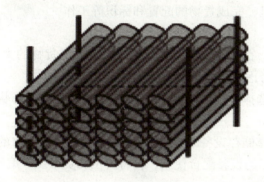

图 3-6 栽柱式

7. 衬垫式

码垛时,隔层或隔几层铺放衬垫物,衬垫物平整牢靠后,再往上码。

8. 五五化堆码

堆码成各种总数为五的倍数的货垛,使货物"五五成行、五五成方、五五成包、五五成堆、五五成层"。这种堆码方式,过目知数,便于清点,收发快,效率高,适于按件计数的商品。

第二节　仓储基本作业内容

一、仓储作业构成要素

仓储作业主要由以下四部分要素构成,如图 3-7 所示。

1. 储存空间

储存空间是指仓库的保持空间。在规划储存空间时，要重点考虑空间大小、仓库柱子的排列、横梁高度、仓库走道设计、设备回转半径等因素。

2. 货物

储存系统要解决货物的特征、货物摆放方法等关键问题。

（1）货物的特征。货物的特征主要包括货物的供应商、货物数量、货物进货规定、货物品种等方面。

（2）货物摆放方法。在完成货物入库的过程中，货物的空间摆放要注意这些参考因素：货位单位、摆放策略的选择、货位的特性、补货的方便性、订货的频率等。当货物摆放好后，就要进行在库管理，及时了解货物品种、数量、位置、出入库状况等信息。

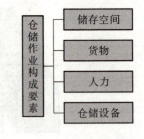

图3-7 仓储作业四要素

3. 人力

仓库人力分工较细，主要有仓管人员、装卸搬运人员、理货人员、拣货人员和补货人员等。为了提高其工作效率，工作人员应遵守工作制度和作业流程，选择合适的补货时机，完成货物的配置和标识等工作。

4. 仓储设备

（1）装卸搬运设备。在选择装卸搬运设备时，需考虑货物的大小、货物的特性、容器、托盘等因素，同时还要考虑设备的成本。

（2）输送设备。在选择输送设备时，需考虑整个作业流程与状况、货物空间的配置等因素。

（3）储存设备。选择储存设备时也要考虑货物的特性、货物的单位、容器、托盘等基本条件，然后再选择适当的设备配合使用，再将货位和货架统一编码。

二、物品入库

入库作业是在接到商品入库通知单后，经过一系列作业环节的工作过程。入库作业是仓库管理工作的开始。入库作业直接影响后续在库作业以及物流客户服务。入库作业的基本流程，如图3-8所示。

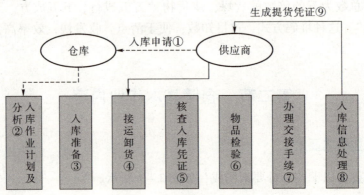

图3-8 入库作业的基本流程

1. 入库申请

入库申请是存货人对仓储服务产生需求,并向仓储企业发出需求通知。入库申请是生成入库作业计划的基础和依据,见表 3 – 1。

表 3 – 1 入库申请表

编号:_____ 申请日期:_____

交易商品名称		席位代码		联系人	
联系电话		入库方式		预计入库日期	
拟交货仓库			件数( )		重量( )
商品代码		商品品种		规 格	牌 号
产 地		品 牌		品 级	
出厂日期		生产厂家		执行标准	
声 明					
备 注				交易商单位:(公章)	

2. 入库作业计划及分析

入库作业计划是存货人发货和仓库部门进行入库前准备的依据。入库作业计划主要包括到货时间、接运方式、包装单元与状态、存储时间及物品的名称、品种、规格、数量、单件体积与质量、物理、化学、生物特性等详细信息。

物流公司仓库部门对入库作业计划的内容要进行分析,并根据物品在库的时间,物理、化学、生物的特性,单品体积、质量、包装物等的情况,合理安排货位。仓库部门对入库作业计划做出测评与分析之后,即可进行物品入库前的准备工作。

3. 入库准备

仓储部门根据入库作业计划,合理安排货位、苫垫材料、验收、装卸搬运器械以及人员单证等,以方便货物的入库。

4. 接运装卸

接运装卸是指及时而又准确地从运输部门提取货物。接运货物时必须认真检查,分清责任,取得必要的证件,避免将一些运输过程中损坏的货物带入仓库。货物的接运可在车站、码头、仓库或专用线进行,因而可以简单地分为到货和提货两种形式。到货形式下,仓库不需要组织库外运输。提货形式下,仓库要组织库外运输,需要确定运输工具和运输路线,并注意运输安全。

5. 核查入库凭证

入库前必须对这些凭证进行核查:入库通知单和订货合同副本,这是仓库接收物品的凭证;供货单位提供的材质证明书、装箱单、磅码单、发货明细表等;物品承运单位提供的运单,若物品在入库前发现残损情况,还要有承运部门提供的货运记录或普通记录,以作为向责任方交涉的依据。

6. 物品检验

物品检验是审核入库凭证与实物是否相符的过程，包括验收准备和检验两个作业环节。检验重点是物品的数量和质量，如发现单证不齐、数量短缺、质量不符合要求等问题，应区别不同情况，及时进行处理。

7. 办理交接手续

交接手续是指仓库对收到的物品向送货人进行的确认，表示已经接收物品。办理完交接手续，也就意味着划分清楚了运输、送货部门和仓库的责任。完整的交接手续包括：

（1）接收物品。仓库通过理货、查验物品，将不良物品剔除、退回、明确责任，确定收到物品的确切数量、物品表面状态完好。

（2）接收文件。接收送货人送交的物品资料，运输的货运记录等，如图纸、准运证等。

（3）签署单证明。仓库与送货人或承运人共同在送货人交来的送货单上签字，并留存相应单证。

8. 处理入库信息

处理入库信息是将货物相关信息录入的过程，主要包括登账、立卡、建档等环节。

9. 生成提货凭证（仓单）

物流公司仓库在接收物品后，根据合同的约定或者存货人的要求，及时向存货人签发仓单，并作为提货时的有效凭证，见表3-2。存储期满后，根据仓单的记载向仓单持有人交付物品，并承担仓单所明确的责任。仓储经营人准备好仓单簿。仓单簿一式两联，第一联为仓单，在签发后交给存货人；第二联为存根，由保管人保存，以便今后核对仓单。

仓单

表3-2 提货凭证

某公司商品提货凭证

某某仓储中心：

我单位同意将存放于＿＿＿＿仓库的＿＿＿＿千克商品提出所存放仓库，有关明细如下：

单位名称		交易商编号			
地　　址		电　　话			
商品名称		商　　标		批　　号	
牌　　号		产　　地		净重（千克）	
箱　　号		生产日期		备　　注	
仓库名称					
仓库地址				电　　话	

特此证明

（公司盖章）

年　月　日

三、物品养护

物品养护是指物品在储存过程中所进行的保养和维护。储存在仓库里的货物种类繁多,并且不同商品具有不同的商品特性,表面看来这些货物是静止不变的,但实际上它们每时每刻都在发生变化。在一段时间里,货物发生的轻微变化单凭人的感官是觉察不出来的,只有在其发展到一定时期,发展到一定程度后才会被发现。物品养护的任务就是要在认识和掌握各种在库货物的变化规律后,采取相应的组织管理和技术管理措施,有效地抑制外界因素的影响,创造适宜的环境,提供良好的条件,以求最大限度地避免和减少物品损失,降低保管损耗。物品在养护的过程中,应该遵循的原则是"以防为主,防治结合"。要做到及早发现、及早治理,提高对变质货物处理的响应时间。常见的物品保管技术有以下几种。

1. 仓库温湿度控制法

温湿度是影响物品质量变化的主要因素。物品在储存保管期间,都要求有一个适宜的温湿度。如果仓库的温湿度超出了一定的限度,物品的性质就会发生变化。搞好仓库的温湿度管理与调节,是物品保管技术中的一项重要内容。控制与调节库房温湿度的一般方法有通风、密封、除湿等。

(1) 通风。通风是根据大气自然流动的规律,有目的地组织库内外空气的对流与交换,以此来调节库内温湿度,净化库内空气,达到库内商品对温湿度所要求的范围。

(2) 密封。密封是使用密封材料,尽可能将储存物资密封起来,使之与周围大气隔绝,防止或减弱外界自然因素对物资的不良影响。密封除了具有防潮作用外,还能起到防霉、防锈蚀、防干化和防虫害等多种作用。按照密封体内充满物料间隙的介质不同,密封可分为大气密封、干燥密封、充氮密封、去氧密封。

(3) 除湿。空气除湿是利用物理或化学方法,将空气中的水分除去,以降低空气湿度的一种方法。物资仓库主要采用机械除湿或使用固体吸湿剂除湿。

> **案例**

库存茶叶的保管保养措施

首先,茶叶必须储存在干燥、阴凉、通风良好,无日光照射,具备防潮、避光、隔热、防尘、防污染等防护措施的库房内,并要求密封。

其次,茶叶应专库储存,不得与其他物品混存,尤其严禁与药品、化妆品等有异味、有毒、有粉尘和含水量大的物品混存。库房周围也要求无异味。

最后,一般库房温度应保持在15 ℃以下,相对湿度不超过65%。

库存啤酒的质量控制措施

首先,啤酒入库验收时外包装要求完好无损、封口严密、商标清晰;啤酒的色泽清亮,不能有沉淀物;内瓶壁无附着物;抽样检查具有正常的酒花香气,无酸、霉等异味。

其次,鲜啤酒适宜的储存温度为0 ℃~15 ℃,熟啤酒适宜的储存温度为5 ℃~25 ℃,高级啤酒适宜的储存温度为10 ℃~25 ℃,库房相对湿度要求在80%以下。

再次,瓶装酒堆码高度为5~7层,不同出厂日期的啤酒不能混合堆码,且严禁倒置。

最后,严禁阳光曝晒,冬季还应采取相应的防冻措施。

2. 仓储物资的霉腐防治法

霉腐防治法的基本原理是使微生物菌体蛋白凝固、沉淀、变性，或破坏酶系统使酶失去活性，从而影响细胞呼吸和代谢；或改变细胞膜的通透性，使细胞破裂。霉腐防治法主要包括控制自然条件防霉腐、化学方法防霉腐和物理方法防霉腐等。

3. 金属物资的防锈除锈处理

防止金属锈蚀是金属材料和金属制品保管的一项重要任务。金属锈蚀的种类很多，如大气锈蚀、土壤锈蚀、海水锈蚀、接触锈蚀等。产生这些锈蚀的根本原因是化学锈蚀和电化锈蚀，其中电化锈蚀最为普遍、最为严重。金属材料和金属制品的保养技术分为两大类：一类是除锈；另一类是防锈。

（1）除锈。除锈主要有人工除锈、机械除锈、化学除锈三种。人工除锈是用简单的工具，如布、刷、砂纸、刻刀等并用手工进行的除锈；机械除锈，是利用机械摩擦的方法，清除金属表面上的锈蚀，常用抛光机械和钢（铜）丝轮除锈；化学除锈是采取化学方法作用于被锈蚀的金属材料或其制品，达到除锈的目的，使用化学除锈方法除锈，主要使用除锈剂。

（2）防锈。金属材料和金属制品的防锈方法很多，有些在生产过程中就予以考虑。在仓储保管中所能采取的防锈方法主要有：防止金属表面形成水膜，特别要防止形成有电解液性质的水膜；按不同物品的物理化学性质，选择适合其保管条件的储存场所，加强通风降温；采取行之有效的防锈措施，如垛位的上遮下垫、封垛、除湿、降温等；采取涂油保护措施，根据不同金属制品的不同要求，选择适合金属材料和金属制品使用条件的防锈油，如硬膜防锈油、软膜防锈油等。

4. 虫害的防治法

针对仓库中出现的虫害、鼠害、蚁害，采取有效的预防方法，如使用驱虫剂、灭鼠药等，或采用诱杀的方法，在虫害发生的地方放置诱饵，或采用物理化学方法引诱其出动，集中消灭。

四、物品盘点

物品盘点是检查账、卡、物是否相符，对库存物数量和质量进行检查。

1. 物品盘点作业的目的

（1）确定现存量。盘点可以确定现有的库存商品的实际数量，并通过盈亏调整使库存账面数量与实际库存数量一致。多记、误记、漏记会使库存资料记录不实。商品损坏、丢失、验收与出货时清点有误、盘点方法不当会产生误盘、重盘、漏盘等现象。为此，必须定期盘点确定库存现有的实际数量，发现问题应查明原因，及时进行调整。

（2）确认企业资产的损益。库存商品总金额直接反映企业流动资产的使用情况，库存量过高，流动资金的正常运转将受到威胁，而库存金额又与库存量及其单价成正比，因此为了能准确地计算出企业实际损益，必须进行盘点。

（3）核实商品管理成效。盘点可以发现作业与管理中存在的问题，通过解决问题、改善作业流程和作业方式，可提高人员素质和企业管理水平。

2. 物品盘点作业的内容

物品盘点作业的内容，如图3-9所示。

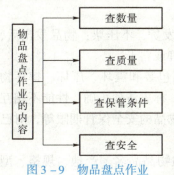

图3-9 物品盘点作业

（1）查数量。查明商品在库的实际数量，核对库存账面资料与实际库存数量是否一致。

（2）查质量。检查在库商品质量有无变化，有无超过有效期或保质期，有无长期积压等现象，必要时还需要对商品进行技术检查。

（3）查保管条件。检查保管条件是否与各种商品的保管要求相符合。如堆码是否合理稳固，库内温湿度是否符合要求，各类计量器具是否准确等。

（4）查安全。检查各种安全措施和消防设备、器材是否符合安全要求，建筑物和设备是否处于安全状态。

五、物品出库

物品出库作业是仓库根据业务部门或存货单位开出的货物出库凭证（提货单、商品调拨通知单），按其所列货物编号、名称、规格、型号、数量等项目，组织货物出库等一系列工作作业的总称。出库作业的主要任务是：所发放的货物必须准确、及时、保质保量地发给收货单位，包装必须完整、牢固、标记正确清楚，核对必须仔细。

1. 物品出库要求

物品的出库要做到"三不、三核、五检查"，如图3-10所示。三不：未接单据不翻账，未经审单不备货，未经复核不出库。三核：在发货时，要核对凭证、核对账卡、核对实物。五检查：对单据和实物要进行品名检查、规格检查、包装检查、数量检查、重量检查。物品在出库时工作人员要严格执行各项规章制度，杜绝差错事故，提高服务质量，让用户满意。

（1）按程序作业，手续必须完备。物品出库必须按规定程序进行，领料单、仓单等提货凭证必须符合要求。物品出库时必须有正式凭证，保管人员根据凭证所列品种和数量发货。

（2）坚持"先进先出"原则。在保证库存物品的价值和使用价值不变的前提下，坚持"先进先出"的原则。同时，要做到有保管期限的先出，保管条件差的先出，容易变质的先出，近失效期的先出，包装简易的先出，回收复用的先出。其目的在于避免物品因库存时间过长而发生变质或影响其价值和使用价值。

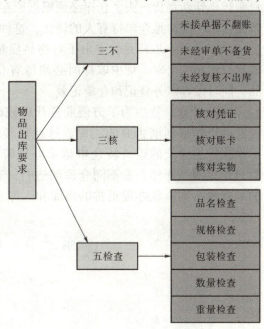

图3-10 物品出库要求

（3）做好发货准备。为使物品及时流通，合理使用，保管员必须快速、及时、准确地发货。为此，必须做好发货的各种准备工作，如"化整为零"、集装单元化、备好包装、复印资料、组织搬运人力、准备好出库的各种设施设备及工具等。

（4）发货和记账要及时。保管员接到发货凭证后，应及时发货，不压票；物品发出后，应立即在物品保管账上核销，并保存好发货凭证，同时调整垛牌或料卡。

（5）保证安全。物品出库作业要注意安全操作，防止损坏包装和震坏、压坏、摔坏物品。同时，还要保证运输安全，做到物品包装完整，捆扎牢固，标志清楚正确，性能不相互抵触和影响，保障物品质量安全。仓库作业人员必须经常注意物品的安全保管期限等，对已变质、已过期失效、已失去原使用价值的物品不允许出库。

（6）无差错。保管人员发货时，应按照发货凭证上列明的物品品名、产地、规格、型号、价格、数量、质量准确发货，当面点清数量和检验质量，确保出库物品数量准确、质量完好、包装牢固、标志正确、发运及时安全，避免发生运输差错和损坏物品的事故。

2. 物品出库的形式

物品出库有五种形式，分别是送货、收货人自提、过户、取样和转仓。

（1）送货。仓库根据货主预先送来的出库通知或出库请求，通过发货作业，把应发物品交由运输部门送达收货人，这种发货形式通常称为送货制。仓库实行送货，要划清交接责任。

（2）收货人自提。这种发货形式是由收货人或其代理人持仓单直接到仓库提取物品，仓库凭单发货，这种发货形式通常称为提货制。它具有"提单到库，随到随发，自提自运"的特点。

（3）过户。过户是一种就地划拨的出库形式，物品虽未出库，但是所有权已从原存货户头转移到新存货户头。仓库必须根据原存货人开出的正式过户凭证才能办理过户手续。日常操作时，往往是仓单持有人的转让，这种转让要经过合法手续完成。

（4）取样。取样是货主出于对物品质量检验、样品陈列等需要，到仓库提取货样而形成部分物品的出库。货主取样时必须持有仓单，仓库也必须根据正式取样凭证才能发给样品，同时做好账务登记和仓单记载。

（5）转仓。货主为了方便业务开展或改变储存条件，需要将某批库存物品自某仓储企业的甲库移到该企业的乙库，这就是转仓的发货形式。转仓时货主必须出示仓单，仓库根据货主递交的正式转仓申请单办理转仓手续，同时在仓单上注明有关信息资料。转仓只是在同一仓储企业不同仓库间进行。若需要从 A 企业的某仓库将物品转移到 B 企业的某仓库，则应该办理正常的出库和入库手续。

第三节 库存控制管理

一、库存概述

1. 库存的概念

库存、储备、仓储是物流中经常会提到的几个概念，这几个概念经常被混淆。

库存有两个方面的含义，其一是指仓库中暂时处于停滞状态的物资，其二是指库存物资数量的多少。储备是指储存，准备，备货。仓储是保护、管理、储藏物资。仓储是在一定的时期和场所，以适当的方式维持物资质量和数量等的储存活动。它是包含库存和储备在内的一种广泛的经济现象。不论任何原因形成停滞的物资，也不论是什么种类的物资，在没有进入生产加工、消费和运输等活动之前或在这些活动结束之后，总是要存放起来，这就是储存。

2. 库存的作用

（1）维持销售的稳定。

（2）维持生产的稳定。

（3）平衡企业物流。

（4）平衡企业流动资金的占用。

3. 库存的弊端

（1）占用企业大量资金。通常情况下，库存占企业总资产的比重大约为20%～40%，库存管理不当会形成大量资金的沉淀。

（2）增加了企业的商品成本与管理成本。库存材料的成本增加直接增加了商品成本，而相关库存设备、管理人员的增加也加大了企业的管理成本。

（3）掩盖了企业众多管理问题，如计划不周、采购不力、生产不均衡、商品质量不稳定及市场销售不力、工人不熟练等情况。

4. 库存的类型

（1）周期库存。补货过程中产生的库存。周期库存用来满足确定条件下的需求，其生成的前提是企业能够正确地预测需求和补货时间。

（2）在途库存。从一个地方到另一个地方处于运输路线中的物品。在没有到达目的地之前，可以将在途库存看作是周期库存的一部分。需要注意的是，在进行库存持有成本的计算时，应将在途库存看作是运输出发地的库存。因为在途的物品还不能使用、销售或随时发货。

（3）安全库存。由于生产需求存在着不确定性，企业需要持有周期库存以外的安全库存或缓冲库存。持有这个观点的人普遍认为企业的平均库存水平应等于订货批量的一半加上安全库存。

（4）投资库存。持有投资库存不是为了满足目前的需求，而是出于其他原因，如由于价格上涨、物料短缺或是为了预防罢工等囤积的库存。

（5）季节性库存。季节性库存是投资库存的一种形式，指的是生产季节开始之前累积的库存，目的在于保证稳定的劳动力和稳定的生产运转。

（6）闲置库存。指在某些具体的时间内不存在需求的库存。

★思考：

2019年1月10号，某物流公司总监陪同公司领导参观考察公司三号仓库。在参观的过程中，有的领导会询问三号仓库的仓库主管一些问题，比如，那边的库存是什么、库存有多少等。

这里两个"库存"所指的含义相同吗？

5. 与库存有关的费用

（1）随库存量增加而上升的费用。

①资金成本。库存资源本身有价值，占用了资金，这些资金本可以用于其他活动来创造

新的价值，而库存使这部分资金闲置起来，造成机会损失。

②仓储空间费用。要维持库存必须建造仓库、配备设备，还有供暖、照明、修理、保管等的开支，这些都是维持仓储空间的费用。

③物品变质和陈旧。在闲置过程中，物品会发生变质，会变陈旧，如金属生锈、药品过时、油漆褪色、鲜货变质等。

④税收和保险。税收和保险的费用会随着库存数量的增大而增大。

(2) 随库存量增加而下降的费用。

①订货费。订货费与发出订单活动和收货活动有关，包括评判要价、谈判、准备订单、通信、收货检查等，它一般与订货次数有关，而与一次订多少无关。

②调整准备费。加工零件一般需要准备图纸、工艺和工具，需要调整机床、安装工艺装备。如果花费一次调整准备费，能够多加工一些零件，则分摊在每个零件上的调整准备费就少，但扩大加工批量会增加库存。

③购买费和加工费。采购或加工的批量大，可能会有价格折扣。

④生产管理费。加工批量大，为每批工件做出安排的工作量就会少。

⑤缺货损失费。批量大则发生缺货的情况就少，缺货损失就少。

(3) 库存总费用。计算库存总费用一般以年为时间单位，年库存费用包括以下4项。

①年维持库存费（Holding Cost），以 CH 表示。顾名思义，它是维持库存所必需的费用。包括资金成本、仓库及设备折旧、税收、保险、陈旧化损失等。这部分费用与物品价值和平均库存量有关。

②年补充订货费（Reorder Cost），以 CR 表示。与全年发生的订货次数有关，一般与一次订多少无关。

③年购买费（加工费）（Purchasing Cost），以 CP 表示。与价格和订货数量有关。

④年缺货损失费（Shortage Cost），以 CS 表示。它反映失去销售机会带来的损失、信誉损失以及影响生产造成的损失。它与缺货多少、缺货次数有关。

若以 CT（Total Cost）表示年库存总费用，则 $CT = CH + CR + CP + CS$。对库存进行优化的目标就是要使 CT 最小。

二、库存管理

1. 库存管理的控制目标

库存管理就是对于库存物品的管理，它包括对库存业务的管理、库存物品品种数量管理、库存成本管理和库存量的控制管理，其重点是对库存量的控制管理。库存控制应实现以下目标。

(1) 保障生产供应。库存的基本功能是保证生产活动的正常进行，保证企业经常维持适度的库存，避免因供应不足而出现非计划性的生产间断。这是传统库存控制的主要目标之一。现代的库存控制理论虽然对此提出了一些不同的看法，但保障生产供应仍然是库存控制的主要任务。

(2) 控制生产系统的工作状态。任何一个精心设计的生产系统，均存在一个正常的工作状态，生产按部就班地有序进行，生产系统中的库存情况，特别是在制品的数量，与该系统所设定的在制品数量相近。反之,如果一个生产系统的库存失控,该生产系统也很难处于正常的工作状态。因此,现代库存管理理论将库存控制与生产控制结合为一体,通过对库存情况的监控,达到对生产系统整体目标的控制。

(3) 降低生产成本。控制生产成本是生产管理的重要任务之一。无论是生产过程中的物资消耗,还是生产过程中的流动资金占用,均与生产系统的库存控制有关。在工业生产中,库存资金占企业流动资金的 60% ~ 80%,物资的消耗占产品总成本的 50% ~ 70%。因此,必须通过有效的库存控制方法,使企业在保障生产的同时,减少库存量,提高物资的周转率。

2. 存货分类方法

要对存货进行有效的管理和控制,首先要对存货进行分类。常用的存货分类方法有 ABC 分类法和 CVA 分类法。

(1) ABC 分类法。ABC 分类法又称为重点分类法或 ABC 分析法。它是一种从名目众多、错综复杂的客观事物或经济现象中,通过分析,找出主次,分类排队,并根据其不同情况分别加以管理的方法。该方法是根据巴雷特曲线所揭示的"关键的少数和次要的多数"的规律在管理中的应用。通常是将手头上的库存按年度货币占用量分为三类。

A 类是年度货币量最高的库存,这些品种可能只占仓库库存总数的 15%,但是用于它们的库存成本却占到总数的 70% ~ 80%。

B 类是年度货币量中等的库存,这些品种占全部库存的 30%,占总价值的 15% ~ 25%。

C 类是年度货币量较低的库存,它们只占全部年度货币量的 5%,却占库存总数的 55%。

除货币量指标外,企业还可以按照销售量、销售额、订购提前期、缺货成本等指标将库存进行分类。通过分类,管理者就能为每一类的库存品种制订不同的管理策略,实施不同的控制。

建立在 ABC 分类基础上的库存管理策略,见表 3-3。

ABC 分类法

表 3-3 建立在 ABC 分类基础上的库存管理策略

库存类型	特点(按价格比例)	管理方法
A	品种数约占库存总数的 15%,成本占 70% ~ 80%	进行重点管理。现场管理要更加严格,应放在更安全的地方,为了保持库存记录的准确要经常进行检查和盘点,预测时要更加仔细
B	品种数约占库存总数的 30%,成本占 15% ~ 25%	进行次重点管理。现场管理不必投入比 A 类更多的精力,库存检查和盘点的周期可以比 A 类长一些
C	品种数约占库存总数的 55%,成本约占 5%	只进行一般管理。现场管理可以更粗放一些,但是由于品种多,出现差错的可能性也比较大,因此也必须定期进行库存检查和盘点,周期可以比 B 类长一些

利用 ABC 分类法可以使企业更好地进行预测和现场控制,以及减少安全库存和库存投

资。ABC 分类法并不局限于分成 3 类，可以增加。但经验表明，最多不要超过 5 类，过多的种类反而会增加控制成本。

(2) CVA 分类法。ABC 分类法也有不足之处，通常表现为 C 类商品得不到应有的重视，而 C 类商品往往也会导致整个装配线的停工。因此，有些企业在库存管理中引入了关键因素分析法（Critical Value Analysis, CVA）。

CVA 的基本思想是把存货按照关键性分成 3 ~ 5 类，按 CVA 库存分类法所划分的库存种类及其管理策略见表 3 – 4。

表 3 – 4 按 CVA 库存分类法所划分的库存种类及其管理策略

库存类型	特　点	管理措施
最高优先级	经营管理中的关键物品，或 A 类重点客户的存货	不允许缺货
较高优先级	生产经营中的基础性物品，或 B 类客户的存货	允许偶尔缺货
中等优先级	生产经营中比较重要的物品，或 C 类客户的存货	允许合理范围内缺货
较低优先级	生产经营中需要，但可替代的物品	允许缺货

CVA 分类法比 ABC 分类法有着更强的目的性，但使用中要注意，人们往往倾向于制订高的优先级，结果高优先级的商品种类很多，最终哪种商品也得不到应有的重视。将 CVA 分类法和 ABC 分类法结合使用，可以达到分清主次、抓住关键环节的目的。在对成千上万种商品进行优先级分类时，仍不得不借用 ABC 分类法进行归类。

三、常见的库存控制技术

企业当然可以保持很多的库存，从而任何可预见的需求都可以保证满足。但是，保持库存会导致费用支出和效率损失。如何让库存保持在一个合理的水平，即配送中心需要补什么货，补充量是多少，什么时间补货？通常使用的库存控制系统有三种类型：定量订货系统（固定订货数量，可变订货间隔），定期订货系统（固定订货间隔，可变订货数量），需求驱动精益订货系统（按生产需求的准确数量及时间订货）。

1. 定量订货法库存控制原理

定量库存控制也称订购点控制，是指库存量下降到一定水平（订购点）时，按固定的订购数量进行订购的方式。该方法的关键在于计算出订购点时的库存量和订购批量，对于某种商品来说，当订购点和订购量确定后，就可以利用永续盘存点法实现库存的自动管理。

(1) 订购点的确定。订购点，即配送中心（或库房）进行补货时的库存量，订购点的确定取决于交货期或订货提前期的需要量和安全库存量，即：订购点 = 平均需求速度交货期 + 安全库存量。

订购点（ROL）的数学表达式为：$ROL = (R_d \times L) + S$

式中，R_d——需求或使用速度（月/天/周）；L——交货期（月/天/周）；S——安全库存量。

例如：当需求或使用速度为每周 100 件，交货期为 3 周，安全库存为 200 件时，$ROL = (100 \times 3) + 200 = 500$（件）

图 3－11 是基本的再订货水平模型。它显示了一种理想的情况，即库存以不变的速度被减少，而下一次到货正好发生于安全库存水平。

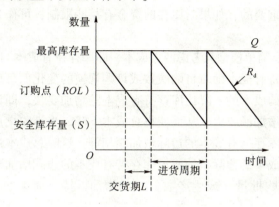

图 3－11　再订货水平模型

（2）订货量的确定。关于库存量的确定，前面已经给出了一个基本的思路，即以总成本最低作为依据。订货量也是一样。但是到底订货量是多少，才能使总成本最低呢？

库存总成本最小的订购量称为经济订购批量，简称订货量。经济订购批量如图 3－11 所示，该图描述了 3 个库存周期，每一个周期都以 1 个单位为开始，是固定订购批量。刚收到订购时，库存水准为 1 个单位，物品按斜率为负值的斜线表示的某一固定需求率 R_d 出库。当库存量将至再订货点时，就按单位发出一批新的订购，经过一个固定的交货期后，商品便到达入库。这是一个经济订购批量模型在确定性条件下应用的例子。

简单模型的基本假设如下：

A. 需求量确定并已知，整个周期内的需求是均衡的。

B. 供货周期固定并已知。

C. 集中到货，而不是陆续入库。

D. 不允许缺货，能满足所有需求。

E. 购买价格或运输费率等是固定的，并与订购的数量、时间无关。

F. 没有在途库存。

G. 只有一项商品库存。或虽有多种库存，但各不相关。

H. 资金可用性不限制。

前 4 条假设密切相关，是确定性条件成立的基本前提。在每一相关时间间隔（每天、每周或每月）需求是已知的，并与时间呈线性关系。库存消耗的速率是固定的，补充库存所需时间长度是已知的，换句话说，订购与收货之间的提前时间是固定的，这表明在原有库存用完之前所订商品刚好到达，因此无须考虑缺货情况及缺货损失。对于价格固定的假设表明没有价格折扣，而且价格相对稳定。无在途库存假设意味着商品以买方工厂交货价为基础购买（购买价格包含运费）并以卖方工厂交货价（买方负责运输）出售，这表明企业在购货时，直到收到所买商品才拥有所有权；在销货时，商品所有权在商品离开工厂或装运点时就转移了。如果做出这些假设，企业就不用负责在途商品，即没有在途存货储存成本。许多企业库存有多种商品，单项物品的假设并没有脱离现实，可以对每一项重要的库存商品单独做决策。但由于没有考虑各种商品之间的相互作用，所以和现实会有一定的差距。资金的可用性在一些情况下是非常重要的，如果对库存的资金有某些限制，可作为批量模型的一个约束条件。

在以上假设前提下，简单模型只考虑两类成本，即库存持有成本与订购成本。如图3-12所示，订购成本和库存持有成本随着订购次数或订购规模的变化而呈反方向变化。起初，随着订购批量的增加，订购成本的下降比库存持有成本的增加要快，即订购成本的边际节约额比库存持有成本的边际增加额要大，从而使得总成本下降。当订购批量增加到某一点时，订购成本的边际节约额与库存持有成本的边际增加额相等，这时总成本最小。此后，随着订购批量的不断增加，订购成本的边际节约额比库存持有成本的边际增加额要小，导致总成本不断增加。总之，随着订购批量（或生产数量）的增加，持有成本增加，而订购成本降低，总成本呈 U 形。

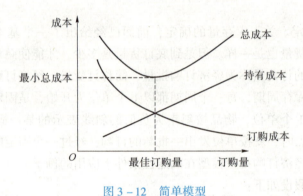

图 3 – 12　简单模型

因此，应权衡考虑两种成本，使总成本达到最小的订购批量即为最优订购批量。

2. 库存持有成本

库存持有成本是指为保持库存而发生的成本，它可以分为固定成本和变动成本。固定成本与库存数量的多少无关，如库存折旧、仓库职工的固定月工资等；变动成本与库存数量的多少有关，如库存占用资金的应计利息、破损和变质损失、安全费用等。变动成本主要包括4 项成本：资金占用成本、存储空间成本、库存服务成本和库存风险成本。

（1）资金占用成本。资金占用成本有时也称为利息成本或机会成本，是库存资本的隐含价值。资金占用成本失去了盈利能力。如果资金投入其他方面就会要求取得投资回报，因此资金占用成本就是这种未获得回报的费用。一般来说，资金占用成本是库存持有成本的一个最大组成部分，通常用持有库存的货币价值的百分比来表示。

（2）存储空间成本。这项成本包括与商品运入、运出仓库有关的搬运成本以及储存中发生的成本，如租赁、取暖、照明等。存储空间成本仅随库存水平的提高或降低而增加或减少。如果利用公共仓库，有关搬运及储存的所有成本将直接随库存的数量而变化。

（3）库存服务成本。这项成本主要指安全及税金。根据商品的价值和类型，商品丢失或损坏的风险高，就需要较高的风险金。另外，许多国家将库存列入应纳税的财产，高库存量会导致高税费。安全及税金随商品不同而有很大变化,但在计算库存持有成本时,必须要考虑它们。

(4) 库存风险成本。库存风险成本反映了由于企业无法控制的原因造成的库存贬值。由于库存持有成本中的固定成本是相对固定的,与库存数量无直接关系,它不影响库存控制的决策,所以可以通过以下步骤计算(单一品种库存)库存持有成本。

第一步,确定这种库存的价值,其中先进先出法、后进先出法或平均成本法是常用的方法。因为提高或降低库存水平与库存价值的变化成本相关,而与固定成本无关,因此,与库存策略最相关的商品价值是商品的买价。

第二步,估算每一项库存持有成本占商品价值的百分比,然后将各百分比数相加,得到库存持有总成本占商品价值的比例,这样库存持有成本就用库存价值的百分比来表示。

第三步,用库存持有总成本乘以商品价值,这样就估算出保管一定数量库存的年成本。

3. 订购成本

订购成本是指企业向外部的供应商发出采购订单的成本,是企业为了实现一次订购而进行的各种活动费用的总和。订购成本中有一部分与订购次数无关,如常设采购机构的基本开支等,称为订购的固定成本;另一部分与订购的次数有关,如差旅费、邮资等,称为订购的变动成本。具体来讲,订购成本包括与下列活动相关的费用。

(1) 检查存货水平。
(2) 编制并提出订购申请。
(3) 对多个供应商进行调查比较,选择最合适的供应商。
(4) 填写并发出订购单。
(5) 填写、核对收货单。
(6) 验收发来的商品。
(7) 筹备资金并进行付款。

这些成本很容易被忽视,但在考虑涉及订购、收货的全部活动时,这些成本很重要。

知识拓展

现场管理7S

"7S"是整理(Seiri)、整顿(Seiton)、清扫(Seiso)、清洁(Seikeetsu)、素养(Shitsuke)、安全(Safety)和速度/节约(Speed/Saving)这7个词的缩写。因为这7个词日语和英文中的第一个字母都是"S",所以简称为"7S"。开展以整理、整顿、清扫、清洁、素养、安全和节约为内容的活动,称为"7S"活动。"7S"活动起源于日本,并在日本企业中广泛推行。"7S"活动的对象是现场的"环境"。"7S"活动的核心和精髓是素养,如果没有职工队伍素养的相应提高,"7S"活动就难以开展和坚持下去。

1. 整理

整理就是将要与不要的东西彻底区分清楚,并将不要的东西加以处理,它是改善生产现场的第一步。需对"留之无用,弃之可惜"的观念予以突破,也必须挑战"好不容易才做出来的""丢了好浪费""可能以后还有机会用到"等传统观念。经常对"所有的东西都是要用的"观念加以检讨。

整理的目的是改善和增加作业面积；现场无杂物，行道通畅，提高工作效率；消除管理上的混放、混料等差错事故；有利于减少库存、节约资金。

2. 整顿

把经过整理出来的需要的人、事、物加以定量、定位，简而言之，整顿就是人和物放置方法的标准化。整顿的关键是要做到定位、定品、定量。

抓住了上述几个要点，就可以制作看板，做到目视管理，从而提炼出适合本企业的东西放置方法，进而使该方法标准化。

3. 清扫

清扫就是彻底地将自己的工作环境打扫干净，设备异常时马上维修，使之恢复正常。

清扫活动的重点是必须按照决定清扫对象、清扫人员、清扫方法、准备清扫器具，实施清扫的步骤实施，方能真正起到作用。

清扫活动应遵循的原则有以下几个。

（1）自己使用的物品如设备、工具等，要自己清扫而不要依赖他人，不增加专门的清扫工。

（2）对设备的清扫，着眼于对设备的维护保养，清扫设备要同设备的点检和保养结合起来。

（3）清扫的目的是为了改善，当清扫过程中发现有油水泄露等异常状况发生时，必须查明原因，并采取措施加以改进，而不能听之任之。

4. 清洁

清洁是指对整理、整顿、清扫之后的工作成果要认真维护，使现场保持完美和最佳状态。清洁，是对前三项活动的坚持和深入。清洁活动实施时，需要秉持三个观念。

（1）只有在"清洁的工作场所才能产生高效率、高品质的产品"。

（2）清洁是一种用心的行为，千万不要在表面下功夫。

（3）清洁是一种随时随地的工作，而不是上班前下班后的工作。

清洁的要点原则是坚持"三不要"。即不要放置不用的东西，不要弄乱，不要弄脏；不仅物品需要清洁，现场工人同样需要清洁；工人不仅要做到外表上的清洁，而且要做到精神的清洁。

5. 素养

要努力提高人员的素养，使其养成严格遵守规章制度的习惯和作风，素养是"7S"活动的核心，没有人员素质的提高，各项活动就不能顺利开展，即使开展了也坚持不下去。

6. 节约

节约就是对时间、空间、能源等方面合理利用，以发挥他们的最大效能，从而创造一个高效率的、物尽其用的工作场所。

节约是对整理工作的补充和指导，在企业中秉持勤俭节约的原则。

7. 安全

安全就是要维护人身与财产不受侵害,创造一个零故障,无意外事故发生的工作场所。实施的要点是:不要因小失大,应建立健全各项安全管理制度;对操作人员的操作技能进行训练;勿以善小而不为,勿以恶小而为之,全员参与,排除隐患,重视预防。

基本训练

一、选择题

1. 通过对储存物的保管保养,可以克服产品的生产与消费在时间上的差异,创造物资的( )。
   A. 时间效用　　　B. 增值效用　　　C. 空间效用　　　D. 附加效用

2. 下列( )经营业态的大量发展是仓储交易功能高度发展、仓储与商业密切结合的结果。
   A. 百货商店　　　B. 折扣商店　　　C. 仓储式商店　　D. 连锁商店

3. 仓储管理的基本原则包括( )。
   A. 效率的原则　　　　　　　　　B. 经济效益的原则
   C. 服务的原则　　　　　　　　　D. 增值的原则
   E. 科学的原则

4. 库存管理就是对于库存物品的管理,重点是对( )管理。
   A. 库存业务　　　　　　　　　　B. 库存物品品种数量
   C. 库存成本　　　　　　　　　　D. 库存量的控制

5. 下列不随库存量增加而上升的费用是( )。
   A. 资本成本　　　　　　　　　　B. 仓储空间费用
   C. 物品变质和陈旧　　　　　　　D. 缺货损失费

6. 茶叶和糖在储存过程中需共同注意的事项是( )。
   A. 防潮湿　　　　B. 防溶解　　　C. 防霉变　　　　D. 防氧化

7. 仓库管理的性质是( )。
   A. 仓储性　　　　B. 保管性　　　C. 生产性　　　　D. 非生产性

8. 将货物整齐、规则地摆放成货垛的作业是( )。
   A. 堆码作业　　　B. 装卸搬运作业　C. 流通加工作业　D. 运输作业

9. 对现场管理要更加严格,应放在更安全的地方,为了保持库存记录的准确要经常进行检查和盘点,预测时要更加仔细,这种库存物资是指( )。
   A. A 类库存　　　B. B 类库存　　　C. C 类库存　　　D. 经常库存

10. 仓库通常可以采取以下措施防治货物霉腐( )。
    A. 加强仓库温湿度管理,使霉菌不宜生长
    B. 合理堆码,下垫隔潮
    C. 做好日常的清洁卫生
    D. 商品堆垛应靠墙靠柱

二、简答题

1. 简述仓储活动和仓库的类型。
2. 货物堆码方式有哪些？
3. 如何做好入库工作？
4. 如何组织出库作业？
5. 简述仓库的存储。
6. 某仓库拟对去年库存物品的平均资金占用额进行分析，以了解哪些物品占用资金多，更便于实行重点管理。收集的数据如题1表所示。

题 1 表

货种	平均库存	单价/元	货种	平均库存	单价/元
A	200	200	D	490	120
B	1 300	5	E	500	40
C	750	50	F	500	250

请用 ABC 分类法对表中所列的物品进行分类，并制订出不同的存储策略。

技能演练

1. 在网上查询若干单位招聘仓库管理人员的要求条件，总结出共性的内容。
2. 参观某一仓库，记录该仓库某批物品入库的操作内容，写出评价报告。
3. 物品堆码作业。

物品堆码说明：

作业地点：1号库区，物流名称：凡度山庄红葡萄酒，数量：45 箱，物品（箱）规格：460×260×230（毫米×毫米×毫米），托盘规格：1 000×1 200×160（毫米×毫米×毫米），货位规格：2 300×900×1 230（毫米×毫米×毫米）双货位。

要求：使用纵横交错式堆垛方法，奇偶层压缝合理，货物包装物边缘不允许超出托盘边缘20毫米。

专业能力测评

在下列表格○中打 ✓　　A 理解　　B 基本理解　　C 未理解

专业能力	评价指标	自测结果
仓储概述	1. 仓储 2. 仓库 3. 货物堆码	○A　○B　○C ○A　○B　○C ○A　○B　○C

续表

专业能力	评价指标	自测结果
仓储基本作业内容	1. 物品入库 2. 物品养护 3. 物品盘点 4. 物品出库	○A ○B ○C ○A ○B ○C ○A ○B ○C ○A ○B ○C
库存控制管理	1. 库存概述 2. 库存管理	○A ○B ○C ○A ○B ○C

第四章

装卸搬运认知

学习目标

知识目标
- 了解装卸搬运作业的种类；
- 了解不合理装卸搬运现象；
- 熟悉装卸搬运设备；
- 掌握装卸搬运合理化措施。

技能目标
- 能制订装卸搬运计划；
- 能对装卸搬运作业提出合理化建议。

导入案例

案例一

为什么附近的冷库不引进叉车？

叉车已经成为一种非常普遍的装卸搬运设备，初学物流的小王对叉车并不陌生。第一次见到叉车作业时，爱思考的小王就分析过采用叉车搬运的好处，用叉车插取一托盘的货物，比利用人工搬运，效率要高得多。让小王不解的是，既然叉车作用这么大，他家附近的冷库为什么不引进叉车，而是靠传统人工搬运呢？冷库老板不可能不知道叉车，难道是因为引进叉车需要增加成本？小王百思不得其解。

案例二

云南双鹤物流案例

云南双鹤医药有限公司是北京双鹤这艘医药航母部署在西南地区的一艘战舰，是一个以市场为核心、现代医药科技为先导、金融支持为框架的新型公司，是西南地区经营药品品种较多、较全的医药专业公司。虽然云南双鹤已形成规模化的产品生产和网络化的市场销售，但其流通过程中物流管理严重滞后，造成物流成本居高不下，不能形成价格优势，成为公司业务发展的"瓶颈"。装卸搬运活动是衔接物流各环节活动正常进行的关键，而云南双鹤却忽视了这一点，它们搬运设备的现代化程度低，只有几个小型货架和手推车，大多数作业仍处于以人工作业为主的原始状态，工作效率低，且易损坏物品。另外仓库设计不合理，造成长距离的搬运。库内作业流程混乱，形成重复搬运，与此同时也产生了大约70%的无效搬运。搬运次数过多，不仅损坏了商品，也浪费了时间。

通过阅读以上案例，回答下列问题。
1. 分析装卸搬运环节对企业发展的影响。
2. 针对医药企业的特点，请对云南双鹤搬运系统的改造提出建议和方法。

第一节　装卸搬运概述

装卸搬运概念

一、装卸搬运的含义

1. 装卸搬运的概念

装卸是指物品在指定地点以人力或机械装入运输设备或卸下。搬运是指在同一场所内，对物品进行水平移动为主的物流作业。装卸、搬运通常合在一起使用。广义的装卸搬运活动是指在同一地域范围内进行的、以改变物的存放状态和空间位置为主要内容和目的的活动。具体包括装上、卸下、移送、拣选、分类、堆垛、入库、出库等活动。

2. 装卸搬运的作用

（1）连接作用。装卸搬运将物流的各阶段有机地连接成一个整体，在物流各阶段起到桥梁的作用。装卸搬运的合理化对加快物流速度、降低物流费用等都起着重要的作用。

（2）保障作用。装卸搬运贯穿物流各环节的始末，装卸搬运工作不到位，会使物流过程不通畅。合理的装卸搬运工作保障了物流系统的高效运作。

3. 装卸搬运具有的特点

（1）附属性、伴生性。装卸搬运是物流每一项活动开始及结束时必然发生的活动。例如，一般而言的"汽车运输"，就实际包含了相随的装卸搬运。仓库中泛指的保管活动，也含有装卸搬运活动。

（2）支持、保障性。装卸搬运的附属性不能理解成被动的，实际上，装卸搬运对其他物流活动有一定决定性。装卸搬运会影响其他物流活动的质量和速度，例如，装车不当，会造成运输过程中的损失；卸放不当，会造成货物下一步物流过程不通畅。许多物流活动在有效的装卸搬运支持下，才能实现高水平运作。

（3）衔接性。任何其他物流活动互相过渡时，都是以装卸搬运来衔接的，因而，装卸搬运往往成为整个物流的"瓶颈"，是物流各功能之间能否形成有机联系和紧密衔接的关键。物流系统是否有效，关键看这一衔接是否有效。比较先进的系统物流方式——联合运输方式就是为着力解决这种衔接而实现的。

★议一议：

搬运的"运"与运输的"运"，有何区别？

搬运的"运"与运输的"运"，区别之处在于，搬运是在同一地域的小范围内发生的，而运输则是在较大范围内发生的；装卸搬运是物流结点内的作业，运输则是物流结点之间的作业。

二、装卸搬运作业流程

装卸搬运作业流程，如图4-1所示。

图4-1 装卸搬运作业流程图

1. 装车

（1）装车前应仔细检查车厢整洁度及厢内其他货物的属性，避免弄脏或损坏产品。

（2）装车时应检查产品的包装是否打好包装带，以及各包装口是否有松动现象，监装人员及装卸人员应对货物进行数量清点并登记。

（3）装车时装运人员应按产品的属性指定堆放，做到上小下大，上轻下重，重不压轻，严禁在委托承运货物上站人、堆重货、刮损包装及产品。

2. 运输

（1）产品运输前，车厢应盖好篷布，锁好车厢门，做好防淋、防盗、防漏措施。

（2）产品运输时，承运车队应安排专人押送，并带齐交付单据。

（3）产品运输如在途发生意外，不能按时交货时，应及时向公司及客户汇报，解释其原因并说明到达时间。

（4）产品运送客户前，应与客户联系，告之具体到达时间、产品数量等信息，并与客户确定收货时间、地点。

（5）产品送往客户时，严禁收取托运费用以外的其他费用（如短途运费、装卸费等）。

3. 卸货

（1）承运司机向客户出具送货清单后，开始卸货工作。卸货时，承运司机应与客户当场点清产品数量，并检查包装的完整性。

（2）如包装在运输途中或卸车时发生破损、裂开等情况，应主动与收货人协商解决，如数量短缺应向客户开具书面报告，并及时向公司及客户汇报处理情况。

（3）卸完产品后，如无质量损坏及其他问题，应与客户办理交付手续，由指定的收货人在"顾客签收回单"上签名及加盖公章，并及时交回本公司。

三、常用到的装卸搬运设备

1. 两轮或四轮手推车

两轮或四轮手推车的优点是灵活，方便，容易操作，回转半径小，储放空间小，载荷可达300千克;缺点是人力推动,轴承易坏。它适合于短途搬运物料,是企业必备的工具。

2. 插腿式手动液压车

插腿式手动液压车属基本工具,应用广泛,可配合托盘使用,也可单独使用。它的特点是灵活,载荷可达3 000千克,可人力推动或者电动驱动行走,需要经常保养,是企业必备的工具。

3. 托盘

托盘是用于集装、堆放、搬运和运输的装置,作为单元负荷的货物和制品的水平平台装置,是使静态货物转变为动态货物的一种活动的载货平台,是单元化、标准化作业的关键设备,是现代物流的基础工具之一。

4. 叉车

叉车是工业搬运车辆,是指对成件托盘货物进行装卸、堆垛和短距离运输作业的各种轮式搬运车辆。国际标准化组织ISO/TC110称之为工业车辆。叉车广泛应用于港口、车站、机场、货场、工厂车间、仓库、流通中心和配送中心等,并可进入船舱、车厢和集装箱内进行托盘货物的装卸、搬运作业,是托盘运输、集装箱运输必不可少的设备。叉车在企业的物流系统中扮演着非常重要的角色,是物料搬运设备中的主力军,是机械化装卸、堆垛和短距离运输的高效设备。

5. 手动堆垛装货机

手动堆垛装货机灵活方便,人力操作,举升高度1.5米,配合托盘使用时单人就可将3 000千克的货物装上车;适合汽车配件或配货站的企业装卸搬运重物用。它工作效率高,成本低。

6. 起重机

起重机属于起重机械的一种,是一种工作循环、间歇运动的机械。一个工作循环包括:取物装置从取物地把物品提起,然后水平移动到指定地点降下物品,接着进行反向运动,使取物装置返回原位,以便进行下一次循环。

7. 输送机

输送机是在一定的线路上连续输送物料的物料搬运机械,又称连续输送机。输送机可进行水平、倾斜和垂直输送,也可组成空间输送线路,输送线路一般是固定的。输送机输送能力大,运距长,还可在输送过程中同时完成若干工艺操作,所以应用十分广泛。

输送机可以单台输送,也可多台组成或与其他输送设备组成水平或倾斜的输送系统,以满足不同布置形式的作业线需要。

8. 手推车

适合分拣理货时人员从高处取放货物。

四、常见的装卸搬运作业方式

按装卸搬运的机械及机械作业方式类型,可分成使用吊车的"吊上吊下"方式,使用叉车的"叉上叉下"方式,使用半挂车或叉车的"滚上滚下"方式、"移上移下"方式及"散装散卸"方式等,如图4-2所示。

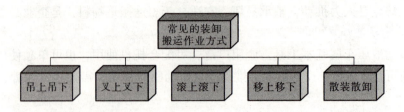

图4-2 常见的装卸搬运作业方式

1. 吊上吊下方式

采用各种起重机械从货物上部起吊，依靠起吊装置的垂直移动实现装卸，并在吊车运行的范围内或回转的范围内实现搬运或依靠搬运车辆实现搬运。由于吊起及放下属于垂直运动，这种装卸方式属垂直装卸。

2. 叉上叉下方式

采用叉车从货物底部托起货物，并依靠叉车的运动进行货物位移，搬运完全靠叉车本身，货物可不经中途落地直接放置到目的处。这种方式垂直运动不大，主要是水平运动，属水平装卸方式。

3. 滚上滚下方式

它是一种主要用于港口装卸的水平装卸方式。利用叉车或半挂车、汽车承载货物，连同车辆一起开上船，到达目的地后再从船上开下和利用叉车的滚上滚下方式在船上卸货后，叉车必须离船，利用半挂车、平车或汽车时，则托车将半挂车、平车拖拉至船上后，托车离船而载货车辆连同货物一起运到目的地，再原车开下船或拖车上船拖拉半挂车、平车或汽车。滚上滚下方式需要有专门的船舶，对码头也有不同要求，这种专门的船舶称为"滚装船"。

4. 移上移下方式

这种方式是在两车之间（如火车及汽车）进行靠接，然后利用各种方式，使货物从一辆车上水平移动到另一辆车上。移上移下方式需要使两种车辆水平靠接，因此，需对站台或车辆货台进行改造，并配合移动工具实现装卸。

5. 散装散卸方式

用于对散装物进行装卸。一般从装点直到卸点，中间不再落地，这是集装卸与搬运于一体的装卸方式。

第二节 装卸搬运作业应用

一、散装货物装卸搬运

1. 散装货物的装卸与搬运

散装货物由于其零散性，一种是使用泵、铲、传送带等或利用物体重力进行装卸；一种是泥浆喷射系统，即将固体材料粉碎成一定大小的颗粒，然后和水混合成液体的泥状物质，用泵使之通过输送管道，到达目的地后，再将水沥出，使水和固体颗粒分离。火车也可用来输送这种泥状物。另一种是干散货物的装卸系统。干散货物的装卸系统很大，因为它是为了适应特殊需求而设计和安装的。例如，运煤车装卸、港口矿石储存和装卸、谷物储存和装卸搬运等。有时，相同的货物中有一部分用袋装，另一部分散装。

2. 散装货物装卸搬运机械的应用

（1）谷物的装卸搬运。散装粮食饲料是装卸作业的传统货种，此外传统货种还包括大米、油菜籽、大豆、木薯干等。散装粮食主要采用汽车、火车、船舶运送。散运汽车类型多样。从实载量分，有三四十吨、二十多吨、十几吨和几吨多种车型。从性能上分，一是国家粮食管理部门推荐的车型，载重三四十吨，能跑长途；二是农用车改装型，载重从几吨到二十几吨不等，大部分为液压顶升自卸，少部分为两侧自流或机械动力卸粮；三是敞式货运车或农用车上加装箱体运粮；四是利用自卸汽车、翻斗车和普通货车，内衬垫片运散粮。

（2）煤炭的装卸搬运。来自煤矿坑口的原煤运出后经过洗选加工过程生成成品煤，然后通过各种运输方式流向用户。原煤一般含有较高的灰分和硫分，要满足用户需求必须经过原煤混合入洗、破碎、筛分、重选、浮选、脱介等一系列环节使之变成合格的精煤。集运站将分散的装载合并为整车装载，使之以规模化的批量进入煤炭物流主干网。煤炭换装码头、车站货场以及集散地物流中心主要采用大型装卸搬运设备和设施进行作业。

二、特种货物的装卸搬运作业

特种货物的装卸搬运作业，包括危险货物、长大货物、鲜活货物和贵重货物的装卸搬运作业等。特种货物物流的特点包括：货物本身的特殊性；载运工具的专业性；储运过程的安全性；监控过程的完整性；人员素质的综合性。

1. 超长、超限、集重货物的装卸搬运

所谓重大件，指的是超过150吨的设备。当代全球海运业界通常把重大件货物分为：600吨以下、600吨~1 000吨、1 000吨以上三种。目前能够装运600吨以上重型大件的运输船不多，能够装运1 000吨以上重型大件的专业运输船更少。

超长、超限、集重等货物在运送上对车辆及加固方法上都有特殊要求，需要进行专门研究来完成装卸搬运任务。

大件货物类型比较固定，主要有发电机定子、转子、锅炉汽包、水冷壁、除氧水箱、大板梁、上下机架、主轴、座环、导水机构、闸门启闭机、主变压器、化工反应器及一些常用军工设备等。

大件物流具有以下特点：大件运输的对象都具有超长、超大、超高、超重的特征，要运用牵引车、全挂平板车、低平板运输车、各类型平板门架、汽车吊等运输工具进行接驳转运直至目的地；运输前期工作复杂，运输过程对空间、技术要求高。大件物流市场竞争日趋激烈，对大件、重件、非标准件的运输装卸搬运提出了更高难度的挑战。大件运输的未来发展趋势将会呈现出多种运输方式并存的大件物流发展形式的特点。公路、铁路和水路三种大件运输方式联运也将成为一种选择。

2. 危险货物装卸搬运

危险货物是指列入国家标准 GB 12268—2012《危险货物品名表》和国际海事组织制定的《国际危险货物运输规定》，具有爆炸、易燃、毒害、腐蚀、放射性等特性，在水路运

输、港口装卸和储存等过程中容易造成人身伤亡和财产毁损而需要特别防护的货物。

危险货物物流问题主要表现为以下几点：危险货物物流效率低、事故多，社会关联影响大；多头管理、职能交叉、效能不足；危险货物物流企业规模较小，现代化水平低；从业人员素质低；事故应急机制落后。

危险货物物流发展对策主要有这几点：建立统一、规范的危险品物流行业标准；合理规划、设计危险品物流网络；用信息化推动危险品物流现代化；发展专业化危险品物流，提倡发展第三方物流；建立全国性的危险品物流管理信息平台。

3. 贵重货物装卸搬运

贵重货物指价值昂贵，在运输过程中承运人需要担负较大经济责任的货物，如货币、贵重金属、精密仪器、高档电器、珍贵艺术品、贵重药品药材、贵重皮毛、珍贵食品食材等。

收运贵重货物时，应严格遵守下列规定。

（1）包装贵重货物应用硬质木箱或铁箱包装，不得使用纸质包装，必要时外包装上应用"井"铁条加固，并使用铅封或火漆封志。

（2）标记与标签。贵重货物只能使用挂签；除识别标签和操作标签外，贵重货物不需要任何其他标签和额外粘贴物；货物的外包装上不可有任何对内装物做出提示的标记。

（3）价值。托运贵重货物，托运人自愿办理声明价值；每票货运单中货物的运输声明价值不得超过10万美元；每票货运单货物的声明价值超过10万美元时，应将货物分批交运，即分成两份或多份货运单，同时说明由此产生的运费差额或其他费用由托运人负担；如果货物不宜分开，必须经有关承运人同意后，方可收运；每次班机上所装载的贵重货物，价值不得超过100万美元。贵重货物的装卸搬运比较特别，一般采用专业设备和仪器，涉及安全问题的需要武警和保安武装押运。

4. 鲜活易腐货物装卸搬运

鲜活易腐货物是指在一般运输条件下易于死亡或变质腐烂的货物。如虾蟹类、肉类、花卉、水果、蔬菜类、沙蚕、活赤贝、鲜鱼类等；植物、树苗、蚕种、蛋种、乳制品、冰冻食品、药品、血清、疫苗等。此种货物，一般要求在运输和保管中采取特别的措施，如冷藏、保温等，以保持其鲜活或不变质。

鲜活易腐货物收运的条件是：鲜活易腐货物应具有必要的检验合格证明和卫生检疫证明，还应符合有关过站国家关于此种货物进出口和过境规定；托运人交运鲜活易腐货物时，应书面提出在运输中需要注意的事项及允许的最长运输时间；标签，除识别标签外，货物的外包装上还应拴挂"鲜活易腐"标签和"不可倒置"标签。运输鲜活易腐货物必须遵守有关国家对鲜活易腐货物进出口、转口的运输规定。比如，机场能否提供冷库、清关的时间范围等，确定无误后方可承运；鲜活易腐货物采用冷链运输，在运输中对外界高温或低温通常需要采取防护措施。

三、集装箱的装卸搬运作业

1. 集装箱进行装卸的前提条件

所谓集装箱，是指具有一定强度、刚度和规格，专供周转使用的大型装货容器。使用集装箱转运货物,可直接在发货人的仓库装货,运到收货人的仓库卸货,中途更换车、船时,无须将货物从箱内取出换装。所有集装箱装卸作业都应在以下条件下进行。

（1）装卸集装箱时所使用的工具均处于良好状态。

（2）集装箱上的箱门、盖板、锁件、可移动件、可折叠件、可拆卸件以及其他活动件等均应在作业前固定好。

（3）集装箱内所装货物均符合装载的规定,其重量不得超过最大的载重。

（4）集装箱内货物载荷应均布于箱底上,对于集中载荷,须用衬垫将载荷分散,不使集装箱的任何部分因受力过大而损坏箱体。

（5）集装箱的重心位置应符合装载规定的要求,对于低重心货物,为了保证装卸安全,应防止吊起时集装箱发生倾斜,也应防止装上车辆时使车辆失去稳定。

（6）起吊前必须清楚地区分空箱和重箱,如果无法判断,则必须按重箱处理。

2. 集装箱装卸搬运作业

集装箱在港口的装卸搬运方式按装卸工艺分为吊装和滚装两种,如图4-3所示。"吊上吊下"的作业方式称为"垂直作业方式",即采用起重机用吊上吊下的方式来装（卸）船上集装箱。"滚装方式"又称"水平作业方式",即采用牵引车拖带挂车（底盘车）或叉车等流动搬运机械,直接驶入滚装船内装卸集装箱。

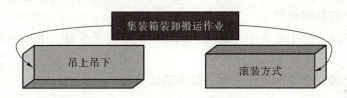

图4-3 集装箱装卸搬运作业

（1）吊上吊下。在专用集装箱码头前沿一般都配备岸边集装箱起重机械,进行船舶的集装箱装卸作业。集装箱吊装方式按货场上使用的机械类型可分为跨车方式、轮胎式龙门起重机方式、轨道式龙门起重机方式和底盘车方式。

（2）滚装方式。滚装方式是将集装箱放置在底盘车（挂车）上,由牵引车拖带挂车通过与船艏门、艉门或舷门铰接的跳板,进入船舱,牵引车与挂车脱钩卸货实现装船。或者将集装箱直接码放在船舱内,船舶到港后,采用叉车和牵引列车驶入船舱,用叉车把集装箱放在挂车上,牵引列车拖带到码头货场,或者仅用叉车通过跳板装卸集装箱。

第三节 装卸搬运合理化

一、不合理的装卸搬运现象

在装卸搬运作业中,必须避免由于不合理装卸搬运的出现而造成的损失。由于有时某些不合理现象是伴生的,要追求大的合理,就可能派生出小的不合理,所以,具体判别时要防止绝对化。不合理的装卸搬运形式概括起来有四种。

1. 过多的装卸搬运次数

在物流过程中，装卸搬运环节是发生货损的主要环节，而在整个物流过程中，装卸搬运又是反复进行的，过多的装卸搬运必然导致损失的增加。同时，每增加一次装卸搬运，就会相应地增加费用，还会大大减缓整个物流的速度。

2. 过大包装的装卸搬运

在装卸搬运作业中，包装过大过重，就会反复在包装上消耗较多的劳动。这一消耗不是必需的，会形成无效劳动。

3. 无效物流的装卸搬运

进入物流过程中的货物，有时混杂着没有价值或对用户来讲使用价值不符合其要求的各种掺杂物，如煤炭中的矸石、矿石中的水分、石灰中的未烧熟石灰及过烧石灰等。在反复装卸搬运时，这些无效物质会反复消耗劳动，形成无效劳动。无效装卸搬运增加了物流成本，增加了货物的损耗，降低了物流的速度。

4. 搬运路线不合理

搬运路线可以有以下几种形式。

直线型：物料到达目的地的距离最短。适用于短距离、大量存放的物料搬运。

轨道型：物料在预定路线上，从不同的地点向同一个终点移动。适用于中少量、中长距离、不规则分散存放的物料搬运。

中心型：物料向一个中心集中，最后送到终点。适合于少量、中长距离的搬运作业，要求管理水平要高。

搬运线路不合理，会增加物流成本，降低物流速度。

二、装卸搬运合理化操作

1. 防止和消除无效作业

所谓无效作业是指在装卸作业活动中超出必要的装卸、搬运量的作业。显然，防止和消除无效作业对装卸作业的经济效益有重要作用。为了有效地防止和消除无效作业，可从以下几个方面入手。

（1）尽量减少装卸次数。要使装卸次数降低到最少，避免没有物流效果的装卸作业。

（2）提高被装卸物料的纯度。物料的纯度，指物料中含有水分、杂质与物料本身使用无关的物质的多少。物料的纯度越高，则装卸作业的有效程度越高。反之，则无效作业就会增多。

（3）包装要适宜。包装是物流中不可缺少的辅助作业手段。包装的轻型化、简单化、实用化会不同程度地减少作用于包装上的无效劳动。

（4）缩短搬运作业的距离。物料在装卸、搬运当中，要实现水平和垂直两个方向的位移，选择最短的路线完成这一活动，就可避免超越这一最短路线的无效劳动。

2. 提高装卸搬运的灵活性

所谓装卸、搬运的灵活性是指在装卸作业中的物料进行装卸作业的难易程度。所以，在堆放货物时，事先要考虑到物料装卸作业的方便性。

装卸、搬运的灵活性，根据物料所处的状态，即物料装卸、搬运的难易程度，可分为不同的级别，如图4-4所示。

0级——物料杂乱地堆在地面上的状态。

1级——物料装箱或经捆扎后的状态。

2级——箱子或被捆扎后的物料下面放有枕木或其他衬垫，便于叉车或其他机械作业的状态。

3级——物料被放于台车上或用起重机吊钩钩住，可即刻移动的状态。

4级——被装卸、搬运的物料，已经被启动，处于直接作业的状态。

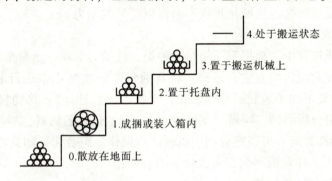

图4-4 装卸、搬运的灵活性等级图

3. 实现装卸作业的省力化

装卸搬运使物料发生垂直和水平位移，必须通过做功才能实现，要尽力实现装卸作业的省力化。

在装卸作业中应尽可能地消除重力的不利影响。在有条件的情况下利用重力进行装卸，可减轻劳动强度和能量的消耗。将设有动力的小型运输带（板）斜放在货车、卡车或站台上进行装卸，使物料在倾斜的输送带（板）上移动，这种装卸就是靠重力的水平分力完成的。在搬运作业中，不用手搬，而是把物资放在一台车上，由器具承担物体的重量，人们只要克服滚动阻力，使物料水平移动，这无疑是十分省力的。利用重力式移动货架也是一种利用重力省力的装卸方式之一。重力式货架的每层格均有一定的倾斜度，货箱或托盘可沿着倾斜的货架层板滑到输送机械上。为了使物料滑动的阻力减小，通常货架表面均处理得十分光滑，或者在货架层上装有滚轮，也有在货箱或托盘下装上滚轮的，这样将滑动摩擦变为滚动摩擦，物料移动时所受到的阻力会更小。

4. 合理组织装卸搬运设备，提高装卸搬运作业的机械化水平

物资装卸搬运设备的运用组织是以完成装卸任务为目的，并以提高装卸设备的生产率、装卸质量和降低装卸搬运作业成本为中心的技术组织活动。它包括下列内容。

（1）确定装卸任务量。根据物流计划、经济合同、装卸作业不均衡程度、装卸次数、装车和卸车时限等，来确定作业现场年度、季度、月、旬、日平均装卸任务量。装卸任务量有事先确定的因素，也有临时变动的可能。因此，要合理地运用装卸设备，就必须把计划任务量与实际装卸作业量两者之间的差距缩小到最低水平。同时，装卸作业组织工作还要对装

卸作业的物资对象的品种、数量、规格、质量指标以及搬运距离尽可能地做出详细的规划。

（2）根据装卸任务和装卸设备的生产率，确定装卸搬运设备需用的台数和技术特征。

（3）根据装卸任务、装卸设备生产率和需用台数，编制装卸作业进度计划。它通常包括装卸搬运设备的作业时间表、作业顺序、负荷情况等详细内容。

（4）下达装卸搬运进度计划，安排劳动力和作业班次。

（5）统计和分析装卸作业成果，评价装卸搬运作业的经济效益。

随着生产力的发展，装卸搬运的机械化程度定将不断提高。此外，由于装卸搬运的机械化能把工人从繁重的体力劳动中解放出来。尤其对于危险品的装卸作业，机械化能保证人和货物的安全，这也是装卸搬运机械化程度不断得以提高的动力。

5. 推广组合化装卸搬运

在装卸搬运作业过程中，根据不同物料的种类、性质、形状、重量来确定不同的装卸作业方式。处理物料装卸搬运的方法有三种：将普通包装的物料逐个进行装卸，叫做"分块处理"；将颗粒状物资不加小包装而原样装卸，叫做"散装处理"；将物料以托盘、集装箱、集装袋为单位进行组合后装卸，叫做"集装处理"。对于包装的物料，尽可能进行"集装处理"，实现单元化装卸搬运，可以充分利用机械进行操作。组合化装卸具有很多优点。

（1）装卸单位大、作业效率高，可大量节约装卸作业时间。

（2）能提高物料装卸搬运的灵活性。

（3）操作单元大小一致，易于实现标准化。

（4）不用手触及各种物料，可达到保护物料的效果。

6. 合理地规划装卸搬运方式和装卸搬运作业过程

合理地规划装卸搬运作业过程是指对整个装卸作业的连续性进行合理的安排，以减少运距和装卸次数。装卸搬运作业现场的平面布置是直接关系到装卸、搬运距离的关键因素，装卸搬运机械要与货场长度、货位面积等互相协调。要有足够的场地集结货场，并满足装卸搬运机械工作面的要求，场内的道路布置要为装卸搬运创造良好的条件，有利于加速货位的周转。使装卸搬运距离达到最小平面布置是减少装卸搬运距离最理想的方法。提高装卸搬运作业的连续性应做到：作业现场与装卸搬运机械合理衔接；不同的装卸搬运作业在相互联结使用时，力求使它们的装卸搬运速率相等或接近；充分发挥装卸搬运调度人员的作用，一旦发生装卸搬运作业受阻或陷入停滞状态，立即采取有力的措施补救。

知识拓展

现场"六不"改善法

在日本，为了提高商品装卸搬运的效率，提出了"六不"改善法。

不让等：要求通过合理的安排使得作业人员和作业机械闲置的时间为零，实现连续工作，发挥最大效用。

不让碰：通过机械化、自动化设备的利用，使得作业人员在进行各项物流作业时，不直接接触商品，减轻人员劳动强度。

不让动：通过优化仓库内物品摆放位置和自动化工具的应用，减少物品和作业人员移动的距离与次数。

不让想：通过对作业的分解和分析，实现作业的简单化、专业化和标准化，从而使作业过程更为简化，减少作业人员的思考时间，提高作业效率。

不让找：通过详细的规划，把作业现场管理的工具和物品摆放在最显眼的地方，使作业人员在需要利用设备时不用去寻找。

不让写：通过信息技术以及条形码技术的广泛应用，真正实现无纸化办公，降低作业成本，提高作业效率。

基本训练

一、选择题

1. 每个托盘的载重质量应小于或等于（　　）。
   A. 3 吨　　　　　B. 1 吨　　　　　C. 2 吨　　　　　D. 2.5 吨
2. 装卸搬运的特点有（　　）。
   A. 是附属性活动　　　　　　　　　B. 是支持、保障性活动
   C. 是衔接性活动　　　　　　　　　D. 是伴生性活动
3. 集装箱应具备的条件包括（　　）。
   A. 能长期反复使用，具有足够的强度
   B. 途中转运不用移动箱内货物，就可以直接换装
   C. 可以进行快速装卸，并可从一种运输工具直接方便地换装到另一种运输工具
   D. 便于装满和卸空货物
   E. 具有 1 立方米（即 35.32 立方英尺）或以上的容积
4. （　　）是用托盘、容器或包装小件或散装物品集成一定质量或体积的组合件，以便利用机械进行作业的装卸方法。
   A. 堆码　　　　　B. 集装箱作业　　　C. 装卸搬运　　　D. 单元装卸
5. 搬运是指以改变"物"的（　　）为目的的活动。
   A. 材料成本　　　B. 空间距离　　　C. 存放地点　　　D. 价值结构
6. 登高手推车适合分拣理货时人员从（　　）取放货物。
   A. 地面　　　　　B. 高处　　　　　C. 低处　　　　　D. 仓库
7. 集装箱在港口的装卸搬运方式按装卸工艺分为（　　）。
   A. 吊装　　　　　B. 滚装　　　　　C. 平装　　　　　D. 简装
8. 按装卸搬运的物流设施、设备对象，装卸搬运作业方式分为（　　）。
   A. 仓库装卸　　　B. 港口装卸　　　C. 管道装卸　　　D. 飞机装卸

二、简答题

1. 简述装卸搬运作业流程。
2. 如何做到装卸搬运的合理化？

3. 集装箱装卸操作时应注意哪些事项？
4. 以不同运输方式为例，简述主要的装卸方法。
5. 举例并简述装卸搬运机械在物流中的作用。

职场体验

请使用机械或人工（手动托车、平板手推车）将货架上的冷酸灵牙膏取出，然后运至理货区码放在纸板箱中，然后放入手动托盘车送至指定位置。

专业能力测评

在下列表格〇中打 ✓   A 理解   B 基本理解   C 未理解

专业能力	评价指标	自测结果
装卸搬运概述	1. 装卸搬运的含义 2. 装卸搬运作业流程 3. 常用到的装卸搬运设备 4. 常见的装卸搬运作业方式	〇A 〇B 〇C 〇A 〇B 〇C 〇A 〇B 〇C 〇A 〇B 〇C
装卸搬运作业应用	1. 散装货物装卸搬运 2. 特种货物的装卸搬运作业 3. 集装箱的装卸搬运作业	〇A 〇B 〇C 〇A 〇B 〇C 〇A 〇B 〇C
装卸搬运合理化	1. 不合理的装卸搬运现象 2. 装卸搬运合理化操作	〇A 〇B 〇C 〇A 〇B 〇C

第五章

配 送 认 知

学习目标

知识目标
- 了解配送的功能要素和作用;
- 了解配送作业计划编制;
- 理解配送作业流程;
- 掌握配送及配送中心的概念、类型;
- 熟悉配送作业合理化的判断标志。

技能目标
- 能分析配送作业流程;
- 能绘制配送作业任务流程图;
- 能编制配送作业计划;
- 能准确判断配送作业合理与否。

导入案例

案例一

分析什么是配送活动

初学物流的小王对"配送"这个词语感到陌生,但说起"快递"活动,小王又认为自己很了解。随着网购的发展,小王家及现就读学校附近有多家快递公司。简单来说,快递就是把消费者在网上买的东西送到消费者手中。小王想,将快递送到客户手中的活动应该就属于配送活动吧。那么配送就是简单地将货物送到目的地吗?请同学们以团队形式共同分析配送活动。

案例二

高效物流配送解密"戴尔现象"

在不到20年的时间，戴尔计算机公司的创始人迈克尔·戴尔，白手起家把公司发展到250亿美元的规模。面对美国经济目前的低迷情况，以及惠普等超大型竞争对手纷纷裁员减产的情况，戴尔仍以两位数的发展速度飞快前进。

该公司分管物流配送的副总裁迪克·亨特一语道破天机："我们只保存可供5天生产的存货，而我们的竞争对手则保存30天、45天，甚至90天的存货，这就是区别。"

物流配送专家詹姆斯·阿尔里德在其专著《无声的革命》中写道，主要通过提高物流配送打竞争战的时代已经悄悄来临。看清这点的企业和管理人员才是未来竞争激流中的弄潮者，否则，一个企业将可能在新的物流配送环境下苦苦挣扎，甚至被淘汰出局。

戴尔公司的亨特无疑是物流配送时代浪尖上的弄潮者。亨特在分析戴尔成功的诀窍时说："戴尔总支出的74%用在材料配件购买方面，2000年时这方面的总开支高达210亿美元，如果我们能在物流配送方面降低0.1%，就等于我们的生产效率提高了10%。"物流配送对企业的影响之大由此可见一斑。

信息时代，特别是在高科技领域，材料成本随着日趋激烈的竞争而迅速下降。以计算机工业为例，材料配件成本的下降速度为每周1%。从戴尔公司的经验来看，其材料库存量只有5天，当其竞争对手维持4周的库存时，就等于戴尔的材料配件开支与对手相比保持着3%的优势。当产品最终投放市场时，物流配送优势就可转变成2%~3%的产品优势，竞争力的优劣不言而喻。

在提高物流配送效率方面，戴尔和50家材料配件供应商保持着密切、忠实地联系，其所需材料配件的95%都由这50家供应商提供。戴尔与这些供应商每天都要通过网络进行协调沟通：戴尔监控每个零部件的发展情况，并把自己新的要求随时发布在网络上，供所有的供应商参考，提高信息透明度和信息流通效率，并刺激供应商之间的相互竞争；供应商则随时向戴尔通报自己的产品发展、价格变化、存量等方面信息。

几乎所有工厂都会出现过期、过剩零部件，而高效率的物流配送使戴尔的过期零部件比例保持在材料开支总额的0.05%~0.1%，2000年时戴尔全年在这方面的损失为2 100万美金。而这一比例在戴尔的对手企业都高达2%~3%，在其他工业部门更是高达4%~5%。

即使是面对如此高效的物流配送，戴尔的亨特副总裁仍不满意："有人问5天的库存量是否为戴尔的最佳物流配送极限，我的回答，当然不是，我们能把它缩短到2天。"

试分析：戴尔是如何实现高效率配送的？

第一节 配送作业

一、配送概述

1. 配送的概念

我国国家标准《物流术语》对配送的定义是：在经济合理区域范围内，根据客户需要，对物品进行拣选、加工、包装、分割、组配等作业，并按时送达指定地点的物流流动。

从物流来讲，配送几乎包括了所有的物流功能要素，是物流的一个缩影或是在某小范围中物流全部活动的体现。一般的配送集装卸、包装、保管、运输于一身，通过这一系列活动完成配送，将货物送达目的地。特殊的配送则还要以加工活动为支撑，所以包括的方面更广。但是，配送的主体活动与一般物流却有不同，一般物流是运输及保管，而配送则是运输及分拣配货，分拣配货是配送的独特要求，也是配送中有特点的活动，以送货为目的的运输则是最后实现配送的主要手段，从这一主要手段出发，常常将配送简化地看成运输中的一种。

从商流来讲，配送和物流的不同之处在于，物流是商物分离的产物，而配送则是商物合一的产物，配送本身就是一种商业形式。虽然配送具体实施时，也有以商物分离形式实现的，但从配送的发展趋势看，商流与物流越来越紧密的结合，是配送成功的重要保障。

2. 配送的功能要素

（1）集货。即将分散的或小批量的物品集中起来，以便进行运输、配送的作业。集货是配送的重要环节，为了满足特定客户的配送要求，有时需要把从几家甚至数十家供应商处预订的物品集中，并将要求的物品分配到指定容器和场所。集货是配送的准备工作或基础工作。配送的优势之一，就是可以集中客户的货物，形成一定的规模。

（2）分拣。分拣是将物品按品种、出入库先后顺序进行分门别类堆放的作业。分拣是配送不同于其他物流形式的功能要素，也是配送成败的一项重要支持性工作。它是完善送货、支持送货的准备性工作，是不同配送企业在送货时进行竞争和提高自身经济效益的必然延伸。可以说分拣是送货向高级形式发展的必然要求。有了分拣，就会大大提高送货服务水平。

（3）配货。配货是使用各种拣选设备和传输装置，将存放的物品按客户要求分拣出来，配备齐全，送入指定发货地点。

（4）配装。在单个客户配送数量不能达到车辆的有效运载负荷时，就存在如何集中不同客户的配送货物进行搭配装载以充分利用运能、运力的问题，这就需要配装。跟一般送货的不同之处在于，通过配装送货可以大大提高送货水平、降低送货成本，所以配装也是配送系统中有现代特点的功能要素，也是现代配送不同于以往送货的重要区别之一。

（5）配送运输。运输中的末端运输、支线运输和一般运输形态的主要区别在于：配送运输是较短距离、较小规模、较高额度的运输形式，一般使用汽车做运输工具。配送运输与干线运输的另一个区别是，配送运输的路线选择问题是一般干线运输所没有的，干线运输的干线是唯一的运输线，而配送运输由于配送客户多，一般城市交通路线又较复杂，如何组合成最佳路线，如何使配装和路线有效搭配等，需在配送运输之前做好规划，而这也是配送运输中难度较大的工作。

（6）送达服务。将配好的货物运输到客户还不算配送工作的结束，这是因为送达货和客户接货往往会出现不协调情况，使配送前功尽弃。因此，要圆满地实现货物的移交，并有效地、方便地处理相关手续并完成结算，还应讲究卸货地点、卸货方式等。送达服务也是配送独有的特点。

（7）配送加工。配送加工是按照配送客户的要求所进行的流通加工。

3. 配送的基本形式

（1）定时配送。定时配送是一种按固定的时间间隔进行配送的服务。配送的时间比较固定，比如每天仅是在上午8：30配送一次，或者是上午一次，下午一次。一般采用一天配送一次的比较多。比如上午10：00前接受订单，下午5：00前配送到位，下午5：00前接受订单，第二天10：00前配送到位。定时配送原则上从接受订单到送达不能超过24小时。这种配送方式比较适合鲜活物品、医药、报纸、酒类等。同时，小型商店、便利店等商品配送较多使用这种配送方式，如图5－1所示。

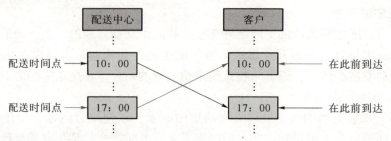

图5－1 定时配送示例

（2）准时配送。准时配送是按照客户的规定时间，双方协议配送，一般不得随意改动配送时间，配送的品种也不轻易改变。比如，汽车装配线的零部件配送就是这种类型的配送。采用准时配送方式，生产线上只需维持2~3小时的用量，基本是"零库存"，如图5－2所示。

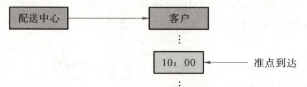

图5－2 准时配送示例

（3）定时、定路线配送。按定时、定路线配送的车辆每天按照固定的行车路线、规定的时间进行配送，恰似配送班车，按部就班、准时准点，如图5－3所示。

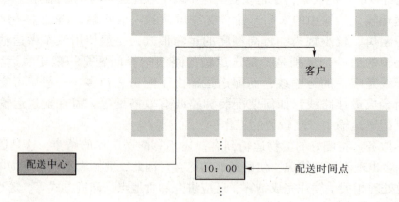

图5－3 定时、定路线配送示例

(4)共同配送。共同配送主要指在一定区域内,为使物流合理化,有若干个定期需求的货主,共同要求某一个运输企业,利用同一个运输系统完成的配送,如图5-4所示。

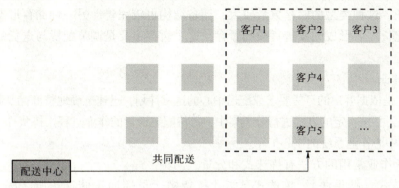

图5-4 共同配送示例

二、配送作业流程

产品从生产厂商到最终客户,中间要经过进货、储存、补货、拣货、配货、出货、送货等环节,如图5-5所示。

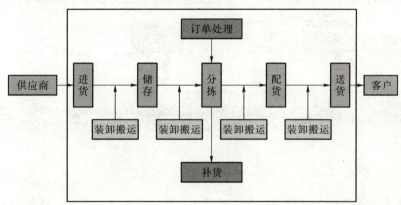

图5-5 配送作业流程

1. 订单处理

订单处理就是从接到客户订单开始到着手准备拣货之间的作业阶段。通常包括订单确认、存货查询、单据处理等内容。订单处理是企业与客户直接沟通的作业阶段,对后续的拣选作业、调度和配送产生直接的影响。

2. 进货作业流程

进货作业是指对物品实体上的接收,从货车上将物品卸下,并核对该批次货物的数量及状态,然后将必要信息书面化等。配送中心的进货作业由订货、接货、验收入库三个环节组成。进货作业流程如图5-6所示。

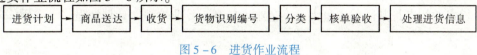

图5-6 进货作业流程

3. 储存

配送中的储存有储备及暂存两种形态。储备是按一定时期的配送经营要求,形成的对配送的资源保证。这种类型的储存数量较大,储备结构也较完善。另一种储存形态是暂存,也就是分拣、配货之后形成的发送货载的暂存,这个暂存主要是调节配货与送货的节奏,暂存时间不长。

4. 拣货作业

拣货作业是依据客户的订货要求或配送中心的送货计划,迅速准确地将商品从其储位或其他区域拣选出来,并按一定的方式进行分类集中,等待配装送货的作业过程。拣货作业是整个配送中心作业系统的核心工序。

分拣配货作业常用的方法有拣选式和分货式两种。

（1）拣选式（摘果法）。拣选式是指让拣货搬运员巡回于储存场所,按客户的订单挑选出每一种商品,巡回完毕也就完成了一次配货作业。然后,将配齐的商品放置到发货场所指定的货位。之后,拣货搬运员再进行下一个要货单位的配货。拣选式配货的特色是储物货位相对固定,而拣选人员或工具做相对运动,所以又称为人到货前式工艺。形象地说,这种拣选方式就像人们进入果园,在一棵树上摘下成熟的果子后,再转到另一棵树去摘果,所以又称为摘果式,如图5-7所示。

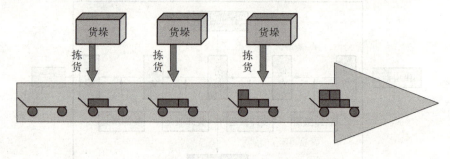

图5-7 拣选式

优点：作业方法单纯；订单处理前置时间短；作业人员责任明确；拣货后不必再进行分拣作业；适合于大批量,少品种订单的处理。

缺点：商品品种多时拣货行走路线过长,拣货效率低；拣选区域大时,搬运系统设计困难；少批量,多批次拣选时,会造成拣选路线重复、费时、效率低。

（2）分货式（播种法）。分货式是指将每批订单上的同类商品各自累加起来,从储存仓位上取出,集中搬运到理货场所,然后将每一客户所需的商品数量取出,分放到不同客户的暂存货位处,直到配货完毕,如图5-8所示。它的特色是用户的分货位固定,而分拣人员或工具携货物做相对运动,所以又称为货到人前式工艺。形象地说,这种拣选方式类似于一个播种者,一次取出几亩地所需的种子,在地中边巡回边播撒,所以又被称为播种式。

分货式的特点是共同需求量大,工艺难度较高,专业性强,计划性强。

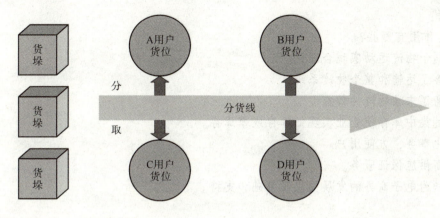

图 5-8　分货式

5. 补货作业

补货作业指在拣货区的存货低于设定标准的情况下，将货物从仓库保管区域搬运到拣货区的工作，如图 5-9 所示。

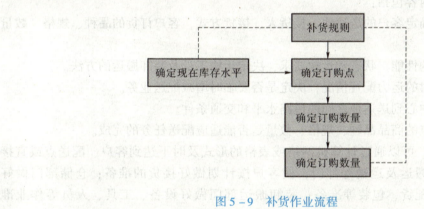

图 5-9　补货作业流程

6. 流通加工作业

在配送中心的各项作业中，流通加工能提高商品的附加价值。流通加工作业包括商品的分类、拆箱重包装、贴标签及商品组合包装。

7. 出货作业

处理完成商品拣取及流通加工作业后，即可进行商品出货作业。出货作业包括：根据客户订单为客户打印出货单据、制订出货调度计划，打印出货批次报表、出货商品上所需地址标签及出货核对表；由调度人员决定集货方式，选用集货工具，调派集货作业人员，并决定运输车辆的大小与数量；由仓库管理人员或出货管理人员决定出货区域的规划布置及出货商品的摆放方式。

8. 配送作业

配送作业包括商品装车并实际配送。完成这些作业需要事先规划配送路线，由配送路线的先后次序来决定商品装车顺序，并在商品配送途中进行商品跟踪、控制及处理配送途中意外出现的状况。

★思考：

配送的作用有哪些？
1. 有利于物流运动实现合理化。
2. 完善了运输和整个物流系统。
3. 提高了末端物流的效益。
4. 通过集中库存使企业实现低库存或零库存。
5. 简化事务，方便用户。
6. 提高供应保证服务。
7. 配送为电子商务的发展提供了基础和支持。

三、编制配送作业计划

配送虽然是一种物流业务，但商流是编制配送作业计划的依据，也就是说由商流决定何时、何地向何处送何种货物。

配送计划的主要内容包括：

①根据订货合同确定客户的送达地、接货人、接货方式，客户订货的品种、规格、数量及送货时间等。

②根据配送商品的性能、状态和运输要求，决定运输工具及装卸搬运的方法。

③根据分日、分时的运力配置情况，决定是否要临时增减配送业务。

④充分考虑配送中心到送达地之间的道路水平和交通条件。

⑤调查各配送地点的商品品种、规格、数量是否能适应配送任务的完成。

配送计划制订后，可以通过计算机网络或表格的形式及时下达到客户、配送点或直接下达储存仓库、装卸搬运及运输等部门，使客户按计划做好接货的准备；仓储部门做好理货、分拣、加工、配货、包装等准备；装卸搬运部门做好设备、工具、人员等作业准备，见表5-1。

表5-1 配送计划表

配送点（或部门）： 　　　　　　　　　　　　　　　　　年　月　日

序号	客户名称	商品品名	商品规格	配送数量	配送时间	运输工具
合计						

四、配送合理化

1. 不合理配送的表现形式

（1）资源筹措不合理。配送是利用较大批量筹措资源，通过筹措资源的规模效益来降低资源筹措成本，使配送资源筹措成本低于用户自己筹措资源成本，从而取得优势。如果不是集中多个用户需要进行批量筹措资源，而仅仅是为某一两个用户代购代筹，对用户来讲，不仅不能降低资源筹措费，相反却要多支付一笔配送企业的代筹代办费，显然是不合理的。资源筹措不合理还有其他表现形式，如配送量计划不准，资源筹措过多或过少，在资源筹措时不考虑建立与资源供应者之间长期稳定的供需关系等。

（2）库存决策不合理。配送应充分利用集中库存总量低于各用户分散库存总量，从而大大节约社会财富，同时降低用户实际平均分摊库存负担。因此，配送企业必须依靠科学管理来实现一个低总量的库存，否则就会出现单是库存转移，而未解决库存降低的情况。配送企业库存决策不合理还表现在存储量不足，不能保证即时需求，失去应有的市场。

（3）价格不合理。总的来讲，配送的价格应低于不实行配送时，用户自己进货时产品购买价加上自己提货、运输、进货的成本总和，这样才会使用户有利可图。有时候由于配送服务水平较高，价格稍高，用户也是可以接受的，但这不是普遍的原则。如果配送价格普遍高于用户自己进货价格，损伤了用户利益，就是一种不合理现象。定价过低，会使配送企业在无利或亏损状态下运行，这也是不合理的。

（4）配送与直达的决策不合理。一般说来配送总是会增加环节，但是这个环节的增加，可降低用户平均库存水平，因此不但抵消了增加环节的支出，而且还能取得剩余效益。但是如果用户使用批量大，可以直接通过社会物流系统均衡批量进货，较之通过配送中转送货则可能更节约费用。所以，在这种情况下，不直接送货而通过配送送货，就属于不合理范畴。

（5）送货中不合理运输。配送与用户自提比较，尤其对于多个小用户来讲，可以集中配装一车送几家，这比一家一户自提，更能节约运力和费用。如果不能利用这一优势，仍然是一户一送，而车辆达不到满载（即时配送过多过频时会出现这种情况），则属于不合理。此外，不合理运输的若干表现形式，在配送中都可能出现，使配送变得不合理。

（6）经营观念不合理。在配送实施中，有许多经营观念不合理，使配送优势无法发挥，损害了配送的形象。这是在开展配送时尤其需要注意克服的不合理现象。例如，配送企业利用配送手段，在库存过大时，强迫用户接货，以缓解自己的库存压力；在资金紧张时，长期占用用户资金；在资源紧张时，将用户委托资源挪用获利等。

2. 配送合理化的措施

（1）推行专业性独立配送或综合配送。专业性独立配送是指根据产品的性质将其分类，由各专业经销组织分别、独立地进行配送。其优点是可以充分发挥各专业组织的优势，便于用户根据自身的利益选择配送企业，从而有利于形成竞争机制。这类配送主要适用于小杂货配送、生产资料配送、食品配送、服装配送等。

（2）推行加工配送。通过加工和配送结合，在充分利用本来应有的中转，而不增加新的中转的情况下求得配送合理化。同时，加工借助于配送，加工目的更明确，和用户联系更紧密,更避免了盲目性。这两者有机结合,投入不会增加太多却可追求两个优势、两个效益,是配送合理化的重要经验。

(3) 推行共同配送。共同配送是指对某一地区的用户进行配送不由一个企业独自完成,而是由若干个配送企业联合起来共同去完成。共同配送是在核心组织(配送中心)的同一计划、同一调度下展开的。通过共同配送,可以以最近的路程、最低的配送成本完成配送,从而达到配送合理化。

(4) 推行送取结合。配送企业与用户建立稳定、密切的协作关系,它不仅是用户的供应代理人,而且又是用户的储存据点,甚至变成用户的产品代销人。在配送时,将用户所需的物资送到,再将该用户生产的产品用同一车辆运回,这种产品也成了配送中心的配送产品之一,或者作为代存代储,免去了生产企业的库存包袱。这种送取结合,能使运力得到充分利用,也能使配送企业的功能有更大的发挥,从而使配送趋向合理化。

(5) 推行准时配送。准时配送是配送合理化的重要内容。只有将配送做到了准时,用户才可以放心地实施低库存或零库存,才可以有效地安排接货的人力、物力,追求最高效率的工作。另外,保证供应能力,也取决于准时供应。从国外物流企业的管理经验看,准时供应配送系统是现在许多配送企业追求配送合理化的重要手段。

★请思考:

某物流企业拟竞标世博会鲜花物流项目。由于公司主营业务并不是生鲜产品配送,在鲜花运输方面也没有经验,因此公司组建了一个项目组负责该竞标项目的策划实施。为了增加竞标成功率,项目经理提出购买10台特种车辆,专门负责鲜花的配送,同时设置固定岗位负责项目的运行实施。若你是公司总经理,你是否同意该项目经理的方案?

第二节 配送中心

案例

卜蜂莲花的配送中心

卜蜂莲花先后在上海、广州、北京建立了三个大型干货配送中心及一家生鲜配送中心,负责对全国的卖场进行商品配送。目前卜蜂莲花卖场的绝大部分商品是通过这四家配送中心进行配送的。

卜蜂莲花北京配送中心位于北京城南的大兴区,是一座面积为10 000平方米的货架式立体仓库,可存放7 000个标准托盘的商品,每天进出货量约20 000箱,目前只负责干货的配送。另外,卜蜂莲花在上海和广州各设有一个干货配送中心,面积分别是48 000平方米和18 000平方米。卖场配送中心是在供应商和卖场之间搭建的一个中转平台,目的是减少整个供应链的运作成本及保证商品能快速、及时地运送到卖场进行销售。

> 案例

配送中心的集散功能

在物流实践中，配送中心凭借其特殊的地位和其拥有的各种先进的设施和设备，能够将分散在各个生产企业的产品（及货物）集中到一起，而后经过分拣、配送，向多家用户发运。与此同时，配送中心也可以做到把各个用户所需要的多种货物有效地组合（或配装）在一起，形成经济、合理的货载批量。配送中心在流通实践中所表现出的这种功能即集散功能，也有人把它称为"配货、分货"功能。

集散功能是配送中心所具备的一项基本功能。实践证明，利用配送中心来集散货物，可以提高卡车的满载率，降低物流成本。

配送中心配送是指从事配送业务的物流场所或组织。配送中心配送是物流配送的主要形式。

一、配送中心概述

1. 配送中心应符合的要求

（1）主要为特定的用户服务。
（2）配送功能健全。
（3）信息网络完善。
（4）辐射范围小。
（5）多品种、小批量。
（6）以配送为主，储存为辅。

2. 配送中心作业活动的特点

配送中心具有健全的物流功能，在运作上具有以下特点。

（1）配送中心不仅仅是完成送货作业。在配送中心的配送业务中，除了送货作业外，还有拣选、分货、包装、分割、组配、配货等工作，这些工作难度很大，必须具有发达的商品经济和现代的经营水平才能做好。在商品经济不发达的国家及历史阶段，很难按用户要求实现配送，实现广泛的高效率的配送就更加困难。因此，一般意义的送货和配送存在着时代的差别。

（2）配送中心的配送作业依赖现代信息技术。配送是许多业务活动有机结合的整体，同时还与订货系统紧密联系。要实现这一点，就必须依赖现代信息技术。所以，建立和完善配送中心的信息系统对完成配送是十分重要的。配送中心的信息系统作为物流系统中的一种现代化的作业系统，它所起的作用是以往的送货系统无法比拟的。

（3）配送中心的配送全过程有现代化技术和装备作为保证。由于现代化技术和装备的采用，配送中心的配送在规模、水平、效率、速度、质量等方面远远超过以往的送货形式。在活动中，由于大量采用各种传输设备以及识码、拣选等机电装备，整个配送作业像工业生产中广泛应用的流水线一样,实现了一部分流通工作的工厂化。因此可以说,配送中心的配送过程是科学技术进步的体现。

（4）配送中心具有专业化的分工作业模式。以往的送货形式只是作为推销的一种手段,目的仅仅在于多销售一些商品。配送中心的配送则是一种专业化的分工作业,是大生产、专业化分工在流通领域的体现。因此,如果说一般的送货是一种服务方式的话,配送则可以说是一种体制形式。

3. 配送中心的类型

为了深化及细化对配送中心的认识,就要对配送中心进行适当的分类。根据功能,可以分为9类,如图5-10所示。

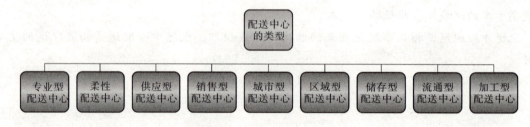

图5-10　配送中心的类型

（1）专业型配送中心。专业型配送中心大体上有两个含义。一是配送对象、配送技术属于某一专业范畴,即在某一专业范畴对具有一定综合性、专业性的多种物资进行配送,如多数制造业的销售配送中心。专业型配送中心第二个含义是,它是以配送为专业化职能,基本不从事经营的服务型配送中心。

（2）柔性配送中心。柔性配送中心在某种程度上是与专业型配送中心对立的一种配送中心类型。这种配送中心不向固定化、专业化方向发展,而向能随时变化、对用户要求有很强适应性、不固定供需关系、不断发展配送用户并向改变配送用户的方向发展。

（3）供应型配送中心。供应型配送中心是专门为某个或某些用户（如联营商店、联合公司、生产企业等）组织物料和商品供应的配送中心。例如,专门为大型连锁超级市场组织商品供应的配送中心、向汽车整装厂供应零件和组件的零件配送中心,以及向炼钢厂和发电厂配送原料的配送中心,均属于供应型配送中心。

（4）销售型配送中心。销售型配送中心是以销售经营为目的,以配送为手段的配送中心。建立销售型配送中心大体有三种情况：第一种是生产企业为将本身产品直接销售给消费者而建立的配送中心；第二种是流通企业作为自身经营的一种方式,建立配送中心以扩大销售,我国目前拟建的配送中心大多属于这种类型；第三种是流通企业和生产企业联合建立的协作型配送中心,这类配送中心的客户主要包括不同业态的连锁企业和大型零售企业。为了减少流通环节,降低物流成本,把来自不同进货者的货物在配送中心集中分拣、加工等,然后按其所属的店铺进行配送。

（5）城市型配送中心。城市型配送中心是一种以城市范围作为配送范围的配送中心。由于城市范围一般处于汽车运输的经济里程,这种配送中心可直接将货物配送到最终用户,配送运输主要采用汽车,所以这种配送中心往往和零售经营相结合。由于运距短,反应能力强,因而这种配送中心在从事多品种、少批量、多用户的配送中有较大的优势。

(6) 区域型配送中心。区域型配送中心是一种以较强的辐射能力和库存准备,向省际、全国乃至国际范围的用户配送的配送中心。这种配送中心配送规模较大,配送批量也较多,用户也多是大客户。而且它往往是既配送给下一级的城市型配送中心,也配送给营业所、商店、批发商和企业用户,虽然它也从事零星的配送,但这种配送形式不是该类型配送中心的主要配送形式。

(7) 储存型配送中心。储存型配送中心是有很强储存功能的配送中心。一般来讲,在买方市场下,企业产品销售需要有较大库存支持,其配送中心可能有较强储存功能;在卖方市场下,企业原材料、零部件供应需要有较大库存支持,相应配送中心也有较强的储存功能。大范围配送的配送中心,需要有较大库存支持,也可能是储存型配送中心。我国目前拟建的配送中心都采用集中库存形式,库存量较大,多为储存型配送中心。

(8) 流通型配送中心。流通型配送中心是基本上没有长期储存功能,仅以暂存或随进随出方式进行配货、送货的配送中心。商品在这里停留的时间非常短,商品途经配送中心的目的是为了将大批量的商品分解为小批量的商品,将不同种类的商品组合在一起,满足店铺多品种、小批量订货的要求;通过集中与分散的结合,减少运输次数,提高运输效率以及理货作业效率等。流通型配送中心具备强大的商品检验、拣选以及订单处理等理货和信息处理能力,作业的自动化程度比较高,信息系统也比较发达。

(9) 加工型配送中心。加工型配送中心以加工产品为主,因此,在其配送作业流程中,储存作业和加工作业居主导地位。由于流通加工多为单品种、大批量产品的加工作业,并且是按照用户的要求安排的,因此,对于加工型配送中心来说,虽然进货量比较大,但是分类、分拣工作量并不太大。此外,加工的产品品种较少,一般都不单独设立拣选、配货环节。通常,加工好的产品可直接运到按用户要求划定的货位区内,并且要进行包装。

二、配送中心的区位选择和用地规模

1. 配送中心的区位因素

对于物流企业而言,影响配送中心区位选择的因素很多,而且不同类型、经营不同产品的配送中心对区位因素的考虑也会不同。

(1) 靠近市中心。
(2) 靠近交通主干道出入口。
(3) 追求较低的地价区位。
(4) 数量充足、素质较高的劳动力条件。
(5) 可达性好。
(6) 靠近铁路枢纽。

2. 配送中心的占地规模

配送中心除了有类型的不同,也有等级上的差别。配送中心是物流流通网络中的结点,处于网络的不同位置,或者说服务的空间范围不同,就会产生不同的用地规模要求。按照空间服务范围的不同,配送中心一般有地方性配送中心和区域性配送中心两种,前者主要服务于一个城市,甚至城市局部地区的生产和消费;后者的服务范围较大,是跨城市的或者覆盖一个较大的空间范围乃至一个国家。

一般来说,地方性配送中心多在 5 平方千米以下;区域性配送中心用地规模多在 1 ~ 11.5 平方千米。从产品类型来看,大宗生产资料的配送中心用地规模较大,多在 5 平方千米以上。不过,国外配送中心的占地规模并无特别严格和统一的标准,而是由其所服务市场的需求量的大小、运输距离与费用,以及配送中心的规模经济等因素综合决定的,也可以说与每个配送中心的空间服务范围、在商品配送网络中的地位、经营的产品类型等有关。近年来发达国家的配送中心建设有一种朝集中化和大型化发展的趋势。在具体的配送中心的建设规模问题上,我国一方面要参考、借鉴国外经验,更要结合本国、本地区实际,综合考虑空间服务范围、货物需求量、运输距离与成本、规模效益等多方面因素。

三、配送中心的业务流程及岗位设置

1. 配送中心业务流程

不同类型的配送中心、不同类型的商品,其配送流程不完全相同。但大多数的配送中心有一个一般的流程,如图 5 – 11 所示。

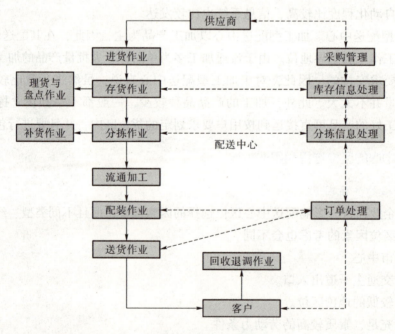

图 5 – 11　配送中心业务流程图

(1) 订货:配送中心根据客户企业商品销售情况与供应商签订供货协议,提前订货,备齐商品,防止缺货,保证供应。

(2) 到货接收:配送中心发出订单后,供应商根据订货要求组织送货。送货人员持配

送中心订单的送货联将购进的商品送交配送中心，配送中心对送货的供应商及送到的商品进行确认。

（3）验货：配送中心根据与供应商签订的供货合同，对商品的数量、品种、质量等进行验收，对与合同规定不符的商品做拒收退货处理。

（4）储存：为了取得购买价格上的折扣，配送中心一般对商品采取大批量购进。购进的商品需要在配送中心仓库中储存一段时间，然后分批出货。

（5）订单处理：客户企业要货时，先向配送中心提交订货单，配送中心将各客户企业的订单按商品品种、规格及数量等进行汇总处理。

（6）拣选：拣选是配送中心根据客户订货要求的商品品种、规格、等级、型号、数量等，从储存货位上拣出商品。拣选是配送中心出货的第一道环节。

（7）包装/流通加工：拣选完毕，配送中心有时还要对发出的商品进行包装，使之适合于运输、送货的需要，并避免多个客户的商品组配在同一辆货车内而可能发生混淆。此外，配送中心在将商品送交顾客之前还应根据客户的要求做好销售前的准备工作，如将价码、标签、贴于商品销售包装或中包装上；对商品进行必要的加工，如将散装商品进行定量灌装，将大包装改成小包装等，这类流通加工活动是一项非常重要的增值性服务。

（8）分拣、配货：对拣出的商品，按照每一客户的订单将同一客户的不同种类的商品集中起来，放在同一理货区内，形成每一客户的送货单元。

（9）组配：组配是将同一送货路线上不同客户的不同商品按送货车辆的容量和载重量进行组合配载，以提高运输工具的利用率，降低运输成本。

（10）发货区暂存：组配完毕，根据送货的发往方向、运输路线和运输时间将同一货车装运的不同客户的商品集中在一起，堆放在发货区内，等待装车。

（11）装车：装车时应按送货的先后顺序，先到的货放在上面或外面，后到的货放在下面或后面，但要做到重不压轻。

（12）送货：送货的形式多种多样，如按固定的时间、固定的路线或未固定客户定时送货等。无论哪种形式，都必须保证准时送达，提高配送服务质量。

2. 配送中心的岗位设置情况

配送中心的岗位设置应根据配送中心的作业流程来决定。一般来讲，配送中心可以设置以下岗位。

（1）采购或进货管理组：主要负责订货、采购、进货等作业环节的安排及相关的事务处理，同时负责对货物的验收工作。

（2）储存管理组：负责货物的保管、拣取、养护等作业的运作与管理。

（3）流通加工组：负责按照要求对货物进行包装和加工。

（4）配货组：根据顾客订货的要求和组织运输的要求，对于出库的商品进行分拣、拣选和配货（组配）。

（5）运输组：负责制订合理的运输方案，调度车辆和人力，将货物送交客户，同时对完成的配送作业进行确认。

（6）营业管理组或客户服务组：负责接收和传递客户的订货信息和送达货物的信息，处理客户投诉，受理客户退换货请求。

（7）账务管理组：负责核对进、出货表单、库存管理表单、配送完成表单等；协调、控制、监督整个配送中心的货物流动，同时负责管理各种费用发票和物流收费统计、配送费用结算等工作。

（8）退货与坏货处理组：在营业管理组或客户服务组接到顾客的退货信息后，应安排车辆回收退货商品，再集中到配送中心退货处理区进行清点整理，然后根据所退货的状况和退货的原因，按有关退货制度处理。

以上岗位是一般配送中心应设置的主要岗位，但由于配送中心的规模、作业内容、服务对象不同，这一岗位的设置也会有所不同。

知识拓展

共同配送的组织形式

1. 同产业间的共同配送

同产业间的共同配送是指处于相同产业的生产或经营企业，为提高物流效率，通过配送中心集中送货的方式。具体做法有两种。

（1）同产业间相互协作的共同配送模式。在这种模式下，各企业对运输工具和物流设施的所有权不变，但是可以根据各自物流运输的特点及客户分布情况，各企业建立协调机制保证共同配送的正常进行。

（2）同产业间通过建立配送中心等基础物流设施来发展共同配送。这种模式和前一种配送模式相比较，共同配送的规模很大，有利于发挥经济规模优势。同时，对参与的所有企业而言，既节省大量物流设施、设备、人员的投资，而且能够集中精力发展自己的核心业务。另外，这种配送模式有利于实现专业化，配送水平相对较高。

对于同产业的共同配送模式，其整体组织难度相对较低，发展起来相对容易。

2. 不同产业间的共同配送

不同产业间共同配送是指将从事不同行业的企业生产的商品集中起来，通过配送中心向客户输送的一种形式。基本配送模式如下。

（1）不同产业间协作配送模式。不同产业间通过搭配不同的大小商品来共同配送，这种配送特别要注意商品的特性及其客户分布特点。

（2）不同产业间通过建立配送中心等基础物流设施来发展共同配送。这种配送模式既可以保证优势互补，又可以防止企业信息外泄，充分发挥协同效应。

（3）共同集配模式。共同集配是以大型物流企业为主导的合作型共同配送，即由第三方物流企业统一集中货物，合作参与的企业或商家将商品转包给指定运输者，由运输者向各地客户配送。这是一种由第三方物流公司主导的配送模式。由于第三方物流公司具有专业化运作水平和管理经验，并且为多家企业服务，所以可以应付由于业务量波动产生的不利影响。

(4) 生产批发结合一体化配送。这种模式是从供应链一体化角度出发,将上层和下层流通成员整合在一起。这种模式的集约化程度很高。

对于不同产业共同配送而言,集约化程度越高,要求其专业化的水平越高,因而对于不同产业的共同配送,应主要由第三方物流公司来主导,借助其专业化和强大的协调组织能力,往往能取得很好的效果。

3. 越库配送

(1) 越库配送的定义。越库配送是一种新的物流运送形式,是指商品到了配送中心以后,不进库,而直接在站台上向需要的客户进行配送。分销商仅仅把货物从卸货码头移到装运码头或者把它放在一个暂时的地方,运用条码扫描信息及自动输送设备和新颖的摆放技术方式,减少物流作业环节。

(2) 越库配送的功能。在分销中心实施越库配送,可以降低库存持有成本和配送中心的劳动力成本。供应商和分销商一起去掉多余的操作环节及订货标准活动,可以通过采取以下措施来实现:缩短产品操作及储存时间,这样会减少劳动力成本、货损和退货;减少储存和运营空间。

基本训练

一、选择题

1. 配送中心的业务活动是以（　　）发出的订货信息作为驱动源。
   A. 生产订单　　　　　　　　B. 客户订单
   C. 采购订单　　　　　　　　D. 内部订单
2. 配送中心进货作业不包括（　　）。
   A. 订货　　　　　　　　　　B. 盘点
   C. 接货　　　　　　　　　　D. 验收入库
3. 分区拣货法为（　　）。
   A. 按拣货单位分区　　　　　B. 按拣货方式分区
   C. 按工作分区　　　　　　　D. 按作业流程分区
4. 影响配送中心选址的因素有（　　）。
   A. 客户特点　　　　　　　　B. 接近工厂
   C. 运输服务　　　　　　　　D. 地价因素
5. （　　）工艺是拣选人员或拣选工具巡回于各个储存点将所需的物品取出,完成货物配备的方式。
   A. 拣选式　　　　　　　　　B. 分货式
   C. 播种式　　　　　　　　　D. 播撒式

6. 在拣货区的存货低于设定标准的情况下，将货物从仓库保管区域搬运到拣货区的工作是（　　）。
   A. 补货作业　　　　　　　　B. 拣选作业
   C. 播种式　　　　　　　　　D. 分货式
7. 配送中心 A 距配送点 B、C 的距离为 9 千米和 12 千米，B、C 的距离为 9 千米，则 A 一次向 B 和 C 配送比 A 向 B、C 分两次配送可以节约的里程为（　　）。
   A. 9 千米　　　　　　　　　B. 12 千米
   C. 18 千米　　　　　　　　 D. 24 千米

二、简答题

1. 配送的实质是什么？
2. 配送中心有哪些特点？
3. 拣选式作业主要适用于哪些领域？分货式作业主要适用于哪些领域？
4. 配送有哪些作用？
5. 列举说明配送的基本形式及各种配送形式适合配送的商品。

职场体验

1. 以小组为单位到某一大型超市，了解其物流配送模式，并能画出其流通途径和指定类别商品（化妆品、糕点、酒类）的流通渠道。

2. 完成补货作业任务。

补货作业情况说明。

作业地点：叉车库区、零货拣选区；作业任务：零货区 01 排 1 列至 01 排 9 列货物部分缺货，需要进行补充。

补货信息：

零货区补货信息

缺货品名	现有库存	零货区货位存储限额	保管区库存数	单位
中华牙膏	0	6	64	箱
飘柔洗发水	2	6	72	箱
飘柔沐浴露	1	6	4	箱

要求：（1）填写补货单。

补　货　单

品名	数量	单位
中华牙膏		
飘柔洗发水		
飘柔沐浴露		

（2）将补充物品移入对应货位。

专业能力测评

在下列表格○中打 ✓　　　A 理解　　B 基本理解　　C 未理解

专业能力	评价指标	自测结果
配送作业	1. 配送的概念 2. 配送的功能要素 3. 配送的基本形式 4. 配送作业流程 5. 编制配送作业计划 6. 配送合理化	○A　○B　○C ○A　○B　○C ○A　○B　○C ○A　○B　○C ○A　○B　○C ○A　○B　○C
配送中心	1. 配送中心的含义 2. 配送中心的区位选择和用地规模 3. 配送中心的业务流程 4. 配送中心的岗位职责	○A　○B　○C ○A　○B　○C ○A　○B　○C ○A　○B　○C

第六章

包 装 认 知

学习目标

知识目标
- 了解物流包装及其功能；
- 熟悉物流包装材料；
- 熟悉常用物流包装技术；
- 掌握运输包装。

技能目标
- 能对销售包装进行设计；
- 能对运输包装进行设计。

导入案例

案例一

一个价值600万美元的玻璃瓶

可口可乐的玻璃瓶包装，至今仍为人们所称道。1898年，鲁特玻璃公司一位年轻的工人亚历山大·山姆森在同女友约会中，发现女友臀部突出，腰部和腿部纤细，非常好看，他认为女友这套筒型连衣裙功不可没。约会结束后，他突发灵感，根据女友穿着这套裙子的形象设计出一个玻璃瓶。

经过反复的修改，亚历山大·山姆森不仅把瓶子设计得非常美观，像一位亭亭玉立的少女，他还把瓶子的容量设计成刚好一杯水大小。瓶子试制出来后，获得大众交口称赞。有经营意识的亚历山大·山姆森立即到专利局申请了专利。

当时，可口可乐的决策者坎德勒在市场上看到了亚历山大·山姆森设计的玻璃瓶后，认为它非常适合作为可口可乐的包装。于是他主动向亚历山大·山姆森提出要购买这个瓶子的专利。经过一番讨价还价，最后可口可乐公司以600万美元的天价买下此专利。要知道在100多年前，600万美元可是一项巨大的投资。然而，实践证明，可口可乐公司这一决策是非常成功的。

亚历山大·山姆森设计的瓶子外观美观，瓶型的中下部是扭纹型的，如同少女所穿的条纹裙子；瓶子的中段圆满丰硕，如同少女的臀部。不仅如此，该瓶子的使用也非常安全，它易握不易滑落。此外，由于瓶子的结构是中大下小，当它盛装可口可乐时，会给人量大的感觉。采用亚历山大·山姆森设计的玻璃瓶作为可口可乐的包装以后，可口可乐的销量飞速增长，在两年的时间内，销量翻了一倍。从此，采用山姆森玻璃瓶作为包装的可口可乐开始畅销美国，并迅速风靡世界。600万美元的投入，为可口可乐公司带来了数以亿计的回报。

案例二

香水瓶成为艺术品

1921年5月，当香水创作师恩尼斯·鲍将他发明的多款香水呈现在香奈尔夫人面前时，香奈尔夫人毫不犹豫地选出了第五款，即现在誉满全球的香奈尔5号香水。除了独特的香味以外，真正让香奈尔5号香水成为"香水贵族中的贵族"的却是那个看起来不像香水瓶，反而像药瓶的创意包装。

服装设计师出身的香奈尔夫人，在设计香奈尔5号香水瓶型时别出心裁。"我的美学观点跟别人不同：别人唯恐不足地往上加，而我一项项地减除。"这一设计理念，让香奈尔5号香水瓶简单的包装设计在众多繁复华美的香水瓶中脱颖而出，成为最怪异、最另类，也是最为成功的一款造型。香奈尔5号以其宝石切割般形态的瓶盖、透明水晶的方形瓶身造型、简单明了的线条，形成了一种新的美学观念，并迅速俘获了消费者。从此，香奈尔5号香水在全世界畅销80多年，至今仍然长盛不衰。

1959年，香奈尔5号香水瓶以其所表现出来的独有的现代美荣获"当代杰出艺术品"称号，跻身纽约现代艺术博物馆的展品行列。香奈尔5号香水瓶成为名副其实的艺术品。香水作为一种奢侈品，最能体现其价值和品位的就是包装。香水的包装本身不但是艺术品，也是其最大的价值所在。包装的成本甚至可以占到整件商品价值的80%。香奈尔5号的成功，依靠的就是它独特的、颠覆性的创意包装。

★问题：
1. 这两个案例说明了什么？
2. 商品包装的重要性是什么？
3. 什么样的包装才是好的包装？

第一节 物流包装概述

旅行的铠甲
——包装

一、物流包装及其功能

1. 包装的概念

我国国家标准中规定，包装的定义是："为在流通过程中保护产品、方便贮运、促进销售，按一定技术方法而采用的容器、材料及辅助物等的总体名称。也指为了达到上述目的而采用容器、材料和辅助物的过程中施加一定技术方法等的操作活动",如图 6-1 所示。其他国家或组织对包装的含义有不同的表述和理解,但基本意思是一致的,都以包装功能和作用为其核心内容,一般有两重含义:一是关于盛装商品的容器、材料及辅助物品,即包装物;二是关于实施盛装和封缄、包扎等的技术活动。

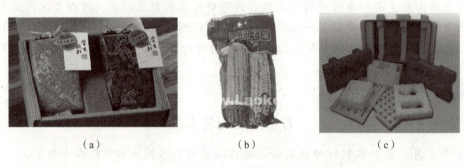

(a)　　　　　　　(b)　　　　　　　(c)

图 6-1　包装

2. 包装的功能

包装是商品的重要组成部分,它不仅是商品不可缺少的外衣,起着保护商品、便于运输、促进销售的作用,而且也是商品制造企业形象的缩影。因此,包装的功能可以总结为:

(1) 保护商品。包装的作用是保护商品,使商品无损流通,实现所有权转移。包装的保护作用主要体现在:①防止商品破损变形。包装能承受在装卸、运输、保管等作业环节中的各种外力冲击、震动、颠簸、压缩、摩擦等外力的作用;可以减少在搬运装卸中由于操作不慎导致跌落造成的冲击;可以减少仓库储存堆码时最底层货物承受的强大压力以及减少由于运输和其他物流环节的冲击震动。②防止商品发生化学变化。比如防止商品发生吸潮发霉、变质、生锈等化学变化。包装要求能在一定程度上阻隔水分、溶液、潮气、光线、空气中的酸性气体,防止环境、气象的影响。③防止腐朽。良好的包装可以防止商品腐朽、霉变、鼠咬虫食。这就要求包装物要能阻隔霉菌、虫、鼠侵入,形成对商品的防护。此外,包装还有防止异物混入、污物污染,防止丢失、散失、盗失等作用。

(2) 方便储运和消费。商品包装要求其包装大小、形态、包装材料、包装质量、包装标志等便于运输、保管、验收、装卸。要容易区分商品及计量。包装及拆装作业要简便、快速。容易处理拆装后的包装材料。能分割及重新组合,适应多种装运条件及分货要求。

(3) 促销。包装是商业交易促销的重要手段,包装外部的形态、装潢,能起到很好的宣传作用,能唤起人们购买欲望,可说服顾客购买。包装促销,有很大的经济意义,"包装是不会讲话的推销员……""精美的包装胜过一千个推销员"。不同的色彩能引起人们不同的视觉反应,从而引起不同的心理活动。例如,黑色、红色、橙色给人以重的感觉。绿色、蓝色给人以轻的感觉。所以笨重的物品采取浅色包装,会使人觉得轻巧、大方;分量轻的物品采用浓重颜色的包装,给人以庄重结实的感觉。药品通常用白色包装,白色让人感觉干净、卫生、可靠;化妆品宜用中间色,如米黄、乳白、粉红等,这些颜色高雅富丽;食品可用红色、黄色和橙色包装;酒类可用浅色包装,例如茅台酒作为国酒品牌的延伸,其设计者把"国色"红、黄作为茅台酒的代言色，使用"国色"作为包装基调，为人们提供了高贵、吉祥的想象空间和强烈的视觉冲击效果，因而给消费者以全新的感受。

（4）方便消费。现代企业在设计包装时越来越重视顾客使用的方便性。运输包装要方便装卸、搬运、运输、储存；商业包装则要方便消费者使用。

★思考：

中秋节即将来临，小王准备去超市为父母买一盒月饼作为节日礼物。相对于其他动辄五六百元甚至上千元的月饼，小王选择了最便宜的一盒价值158元的月饼。爱思考的小王又开始想了：为什么盒装月饼这么贵？相对于散装月饼而言，其价值翻了好几番，难道包装如此值钱？这属于过度包装吗？企业是否有必要降低包装成本？降低包装成本会影响包装作用的发挥吗？

二、物流包装的历史

包装是一个古老而又现代的话题，也是人们自始至终在研究和探索的课题。从原始社会、农耕时代，到科学技术十分发达的现代社会，包装随着人类的进化、商品的出现、生产的发展和科学技术的进步而逐渐发展，并不断地发生一次次重大突破。从总体上看，包装大致经历了原始包装、传统包装和现代包装三个发展阶段。

1. 原始包装

人类使用包装的历史可以追溯到远古时期。早在距今一万年左右的原始社会后期，随着生产技术的提高，生产得到发展，有了剩余物品须贮存和进行交换，于是开始出现原始包装。最初，人们用葛藤捆扎猎获物，用植物的叶、贝壳、兽皮等包裹物品，这是原始包装发展的胚胎。随着劳动技能的提高，人们用植物纤维等制作最原始的篮、筐，用火煅烧石头，用泥土制成泥壶、泥碗和泥罐等，用来盛装或保存食物、饮料及其他物品，这使包装的方便运输、储存与保管功能得到初步完善。这是古代包装，即原始包装。

2. 传统包装

约在公元前4000年，人类开始进入青铜器时代。春秋战国时期，人们掌握了铸铁炼钢技术和制漆涂漆技术，铁制容器、涂漆木质容器大量出现。在古代埃及，公元前3000年就开始吹制玻璃容器。因此，用陶瓷、玻璃、木材、金属加工各种包装容器已有千年的历史，其中许多技术经过不断发展完善，一直使用到今天。

汉代，蔡伦改进了造纸术。公元61年，中国造纸术经高丽传至日本；13世纪传入欧洲，德国第一个建造了较大的造纸厂。11世纪中叶，毕昇发明了活字印刷术。15世纪，欧洲开始出现活版印刷，包装印刷及包装装潢业开始发展。16世纪欧洲陶瓷工业开始发展。美国建成玻璃工厂后，开始生产各种玻璃容器。至此，以陶瓷、玻璃、木材、金属等为主要材料的包装工业开始发展，近代传统包装开始向现代包装过渡。

3. 现代包装

16世纪以来，工业生产迅速发展，特别是19世纪的欧洲产业革命，极大地推动了包装工业的发展，为现代包装工业和包装科技的产生和建立奠定了基础。

18世纪末，法国科学家发明了用灭菌法包装储存食品，此后，19世纪初出现了玻璃食品罐头和马口铁食品罐头，食品包装学得到迅速发展。进入19世纪，包装工业开始全面发展，1800年机制木箱出现，1814年英国出现了第一台长网造纸机，1818年镀锡金属罐出现，1856年美国发明了瓦楞纸，1860年欧洲制造出制袋机，1868年美国发明出了第一种合成塑料袋——赛璐珞，1890年美国铁路货场运输委员会开始承认瓦楞纸箱，并将其正式作为运输包装容器。

进入20世纪，科技的发展日新月异，新材料、新技术不断出现，聚乙烯、纸、玻璃、铝箔、各种塑料、复合材料等包装材料被广泛应用，无菌包装、防震包装、防盗包装、保险包装、组合包装、复合包装等技术日益成熟，从多方面强化了包装的功能。

三、包装的分类

①按产品经营方式分：内销产品包装、出口产品包装、特殊产品包装。
②按包装在流通过程中的作用分：有单件包装、中包装和外包装等。
③按包装制品材料分：有纸制品包装、塑料制品包装、金属包装、竹木器包装、玻璃容器包装和复合材料包装等。
④按包装使用次数分：有一次用包装、多次用包装和周转包装等。
⑤按包装容器的软硬程度分：有硬包装、半硬包装和软包装等。
⑥按产品种类分：有食品包装、药品包装、机电产品设备器材包装、危险品包装等。
⑦按功能分：有运输包装、贮藏包装和销售包装等。
⑧按包装技术方法分：有防震包装、防湿包装、防锈包装、防霉包装等。
⑨按包装结构形式分类：有贴体包装、泡罩包装、热收缩包装、可携带包装、托盘包装、组合包装等。

第二节 物流包装材料及包装技术

包装材料一般分为主要包装材料和辅助包装材料。纸和纸板、金属、塑料、玻璃、陶瓷、竹木、天然纤维与化学纤维、复合材料、缓冲材料属于主要包装材料；涂料、黏合剂、油墨、衬垫材料、填充材料、捆扎材料、钉结材料等属于辅助包装材料。

包装材料是商品包装的物质基础，选择包装材料必须遵循质优、体轻、面广、合理、节约、无毒、无害、无污染的原则。商品包装材料很多，常用的有塑料、纸和纸制品、木材、金属、玻璃、纤维材料以及其他材料等。

一、包装材料

1. 塑料包装

塑料是一种新兴材料，它使现代商品包装发生了重大变革。即改变了商品包装的整个面貌。塑料在整个包装材料中的比例仅次于纸和纸板，包装用塑料的占有量占塑料总消费量的1/4，在许多方面它已经取代或逐步取代了传统包装材料。如制成编织袋、捆扎绳代替棉麻；

制成包装袋、包装盒、包装桶代替金属；制成瓶罐代替玻璃；制成各种塑料袋代替纸张；制成周转箱、钙塑箱代替木材；制成多种泡沫塑料代替传统的缓冲材料等。塑料包括软性薄膜、纤维材料和刚性的成型材料，其基本特点有以下几个方面。

（1）物理机械性能优良，具有一定的强度和弹性，耐折叠、耐摩擦、耐冲击、抗震动、抗压、防潮、防水，并能阻隔气体等。

（2）化学稳定性好，耐酸碱、耐油脂、耐化学药剂、耐腐蚀、耐光照等。

（3）比重小，是玻璃比重的1/2，是钢铁比重的1/5，属于轻质材料，因此制成的包装容器重量轻，适应包装轻量化的发展需要。

（4）加工成型工艺简单，便于制造各种包装材料和包装容器。

（5）适合采用各种包装新技术，如真空、充气、拉伸、收缩、贴体、复合等。

（6）具有优良的透明性，表面光泽，具有印刷性和装饰性，为包装装潢提供了良好的条件。

塑料作为包装也有一些不足之处：强度不如钢铁；耐热性不如玻璃；在外界因素长时期作用下易老化；有些塑料在高温下会软化，在低温下会变脆，强度下降；有些塑料带有异味，某些有害成分可能渗入内装物；易产生静电而造成污染；塑料包装废弃物处理不当会造成环境污染等。因此，在选用塑料包装材料时要注意以上问题。

2. 纸和纸制品

纸和纸板是支柱性的传统包装材料，耗量大，应用范围广，其产值占包装总产值的45%左右。纸和纸板具有以下几个特点。

（1）具有适宜的强度、耐冲击性和耐摩擦性。

（2）密封性好，容易做到清洁卫生。

（3）具有优良的成型性和折叠性，便于采用各种方法加工，可应用于机械化、自动化的包装生产。

（4）具有最佳的可印刷性，便于介绍和美化商品。

（5）价格较低，且重量轻，可以降低包装成本和运输成本。

（6）用后易于处理，可回收利用和再生，不会污染环境，节约资源。

纸和纸板也有一些致命的弱点，如难以封口、受潮后牢度下降，气密性、防潮性、透明性差等，这些使它们在包装应用上受到一定的限制。

用纸和纸板制成的大包装容器主要有纸箱、纸盒、纸桶、纸袋、纸罐、纸杯、纸盘等，这些容器广泛应用于运输包装和销售包装。在纸质包装容器中，用量最多的是瓦楞纸箱，其比重占50%以上。它正在取代传统的木箱，广泛用于包装日用百货、家用电器、服装鞋帽、水果、蔬菜等。目前，瓦楞纸箱正在向规格标准化、功能专业化、减轻重量、提高抗压强度等方向发展。其他纸制包装容器多用于销售包装，如用于食品、药品、服装、玩具及其他生活用品的包装。纸盒可制成开窗式、摇盖式、抽屉式、套合式等，表面加以装饰，具有较好的展销效果。纸桶结实耐用，可以盛装颗粒状、块状、粉末状商品。纸袋种类繁多且用途广泛。纸杯、纸盘、纸罐都是一次性使用的食品包装，由于价廉、轻巧、方便、卫生而被广泛应用。纸杯一般为盛装冷饮的小型容器。纸盘为冷冻食品包装，既可冷冻，又可在微波炉上烘烤加热。纸罐采用高密度纸板制成，有圆筒形、圆锥形，一般加涂层以防渗漏，用于盛装饮料，目前纯纸罐已被纸、塑料、铝箔组成的复合罐取代。纸浆模制包装是用纸浆直接经模制压模、干燥而制成的衬垫材料，如模制鸡蛋盘，用于鸡蛋包装，可以大大减少鸡蛋在运输中的破损率。

3. 金属

金属的种类很多，包装用金属材料的主要是钢材、铝材及其合金材料。包装用钢材包括薄钢板、镀锌低碳薄铁板、镀锡低碳薄钢板（俗称马口铁）；包装用铝材有纯铝板、合金铝板和铝箔。金属材料具有以下几个优点。

（1）具有良好的机械强度，牢固结实，耐碰撞，不破碎，能有效地保护内装物品。
（2）密封性能优良，阻隔性好，不透气，包装食品（罐装）能达到中长期保存。
（3）具有良好的延伸性，易于加工成型，防潮、耐光。
（4）金属表面有特殊光泽，易于涂饰和印刷。
（5）易于回收再利用，不污染环境。

金属材料的优点很多，故常常用来当作包装材料，但它也存在一些无法避免的缺点，尤其是其化学稳定性比较差，在潮湿空气中易发生锈蚀，遇酸、碱易发生腐蚀，因而金属材料的包装用途受到一定限制。实际应用中，常在钢板外镀锌、镀锡、镀铬或加涂层以提高其耐酸碱性和耐腐蚀性，但成本会上升。因此，目前钢性金属材料主要用于制造运输包装桶、集装箱及饮料、食品和其他商品销售包装罐、听、盒，另外还有少量用于加工各种瓶罐的盖底及捆扎材料等。例如，重型钢瓶、钢罐用于存放酸类液体和压缩、液化及加压溶解的气体；薄钢板桶广泛用于盛装各类食用油脂、石油和化工商品；铝和铝合金桶用于盛放酒类和各种食品；镀锌薄钢板桶主要用于盛放粉状、浆状和液体商品；铁塑复合桶适宜盛放各种化工产品及腐蚀性、危险性商品；马口铁罐、镀铬钢板罐为罐头和饮料工业的重要包装容器；金属听、盒适宜盛放饼干、奶粉、茶叶、咖啡、香烟等。软性金属材料主要用于制造软管和金属箔，如铝制软管广泛用于包装膏状化妆品、医药品、清洁用品、文化用品、食品等；铝箔多用于制造复合包装材料，也常用于食品、卷烟、药品、化妆品、化学品等的包装。

4. 玻璃与陶瓷

玻璃与陶瓷均属于以硅酸盐为主要成分的无机性材料。玻璃与陶瓷用来当作包装材料的历史悠久，目前玻璃仍是现代包装的主要材料之一。

（1）玻璃。玻璃以其本身的优良特性以及玻璃制造技术的不断进步，能适应现代包装发展的需要，其特点有以下几个方面。

①化学稳定性好，耐腐蚀，无毒无味，卫生安全。
②密封性良好，不透气，不透湿，有紫外线屏蔽性，具有一定的强度，能有效地保护内装物。
③透明性好，易于造型，具有特殊的宣传和美化商品的效果。
④原料来源丰富，价格低。
⑤易于回收和再利用，有利于保护环境。

玻璃作为包装材料，存在着耐冲击强度低、碰撞时易破碎、自身重量大、运输成本高、内耗大等缺点，这些都限制了玻璃的应用。目前，玻璃的强化、轻量化技术以及复合技术已有一定发展，加强了对包装的适应性。玻璃主要用来制造销售包装容器，如玻璃瓶和玻璃罐，广泛用于酒类、饮料、罐头食品、调味品、药品、化妆品、化学试剂、文化用品等的包装。此外，玻璃也用于制造大型运输包装容器，用来存装强酸类产品；还用来制造玻璃纤维复合袋，用于包装化工产品和矿物粉料。

（2）陶瓷。陶瓷的化学稳定性与热稳定性均佳，耐酸碱腐蚀，遮光性优异，密封性好，成本低廉，可制成缸、罐、坛、瓶等多种包装容器，广泛用于包装各种发酵食品、酱菜、腌菜、咸菜、调味品、蛋制品及化工原料等。陶瓷瓶是酒类和其他饮料的销售包装容器，其结构造型多样，古朴典雅，釉彩和图案装潢美观，特别适用于高级名酒的包装。

5. 其他包装材料

（1）木材。我国很早就使用木材做包装材料，其特点是强度高、坚固、耐压、耐冲击、化学和物理性能稳定、易于加工、不污染环境等。木材是大型和重型商品常用的包装材料。但由于森林资源匮乏、不利于环境保护、价值高等原因，其发展潜力不大。木材包装主要有：木箱、木桶、木匣、木轴和木夹板、纤维板箱、胶合板箱、托盘等。

（2）复合材料。复合材料包装是以两种或两种以上材料紧密复合制成的包装材料。主要有塑料与纸、塑料与铝箔、塑料与铝箔和纸、塑料与玻璃、塑料与木材等复合制成的材料。复合材料具有更好的机械强度和气密性，能防水、防油、耐热或耐寒、容易加工，是现代商品包装材料的发展方向，特别适用于食品的包装。

（3）纤维织物。主要有麻袋、布袋、布包等，适合盛装颗粒状和粉状商品。其优点是强度大、轻便、耐腐蚀、易清洗、不污染商品和环境，便于回收利用等。

（4）竹类、野生藤类、树枝类和草类等材料。用树条、竹条、柳条编的筐、篓、箱以及草编的蒲包、草袋等，具有就地取材、成本低廉、透气性好的优点。适宜包装生鲜商品、部分土特产品和陶瓷产品等。

★**思考：**

王先生在网上订购了一套景德镇陶瓷茶具，经过三天的等待，接到了快递公司的取件电话。拿到快件的时候，看着完整无缺的外包装，王先生终于松了一口气。可是，当他兴高采烈地回到家里把快件打开时，他发现里面有三个杯子已经破了。再仔细一看，杯子四周并没有其他材料填充，这应该是在运输的过程中，由于运输车辆急刹车、转弯、颠簸等情况发生了碰撞导致的。那么，快递公司在包装类似货物时应该注意什么呢？

二、物流包装技术

1. 物流包装的基本要求

（1）对内装物进行合理放置、固定和加固。在运输包装体中装进形态各异的产品，需要具备一定的技巧，只有对产品进行合理置放、固定和加固，才能达到缩小体积、节省材料、减少损失的目的。例如，对于外形规则的产品，要注意套装；对于薄弱的部件，要注意加固；包装内的产品质量要注意均匀；产品与产品之间要注意隔离和固定。

（2）对松泡产品进行压缩包装。一些松泡产品体积太大，相应地也就多占用了运输空间和储存空间，增加了运输储存费用，所以对于松泡产品要压缩体积。一般采用真空包装技法。

（3）合理选择内、外包装的形状和尺寸。有的商品运输包装件还需要装入集装箱，这就存在包装件与集装箱之间的尺寸配合问题。如果配合得好，就能在装箱时不出现空隙，有效地利用箱容，有效地保护商品。包装尺寸的合理配合主要指容器底面尺寸的配合，即应采用包装模数系列。至于外包装高度的选择，则应由商品特点来决定，松泡商品可选高一些的，沉重的商品可选低一些的。包装件装入集装箱只能平放，不能立放或侧放。在外包装形状、尺寸的选择中，要注意避免过高、过扁、过大、过重的包装。过高的包装会重心不稳，不易堆码；过扁的包装则给标志刷字和标志的辨认带来困难；过大的包装量太多，不易销售，而且体积大也给流通带来困难；过重的包装则纸箱容易破损。

内包装在选择形状、尺寸时，要与外包装形状、尺寸相配合，即内包装的底面尺寸必须与包装模数相协调。当然，内包装主要是作为销售包装，更重要的考虑是要有利于商品的销售，有利于商品的展示、装潢、购买和携带。

（4）包装物的捆扎。外包装捆扎对包装起着重要作用，有时还起关键性作用。捆扎的直接目的是将单个物件或数个物件捆紧，以便于运输、储存和装卸。此外，捆扎还能防止失盗从而保护内装物，能压缩容积从而减少保管费和运输费，能加固容器（一般合理捆扎能使容器的强度增加20%～40%）。捆扎的方法有多种，一般根据包装形态、运输方式、容器强度、内装物重量等不同情况，分别采用井字、十字、双十字和平行捆等不同方法。对于体积不大的普通包装，捆扎一般在打包机上进行，而对于集合包装，用普通捆扎方法费工费力，一般采用收缩薄膜包装技术和拉伸薄膜包装技术。

2. 物流包装技术

（1）缓冲包装技术。缓冲包装技术又称"防震包装"，是将缓冲材料适当地放置在内装物和包装容器之间，以减轻冲击和震动，保护内装物免受损坏。常用的缓冲包装材料有泡沫塑料、木丝、弹簧等。发泡包装是缓冲包装的较新方法，它是通过特制的发泡设备，将能生产塑料泡沫的原料直接注入内装物与包装容器之间的空隙处，约经几十秒钟即引起化学反应，进行50～200倍的发泡，形成紧裹内装物的泡沫体，对于一些形体复杂或小批量的商品最为合适。缓冲包装方法分为全面缓冲、部分缓冲和悬浮式缓冲三类。

①全面缓冲包装是将产品的周围空间都加缓冲材料衬垫。

②部分缓冲包装是指仅在产品或内包装的拐角或局部地方使用缓冲材料衬垫。这样既能达到减震效果，又能降低包装成本，家电产品、仪器仪表等通常采用此类包装。部分缓冲有天地盖、左右套、四棱衬垫、八角衬垫、侧衬垫几种。

③悬浮式缓冲包装是用绳索、弹簧等将产品或内包装容器悬吊在包装箱内，通过弹簧、绳索的缓冲作用保护商品，一般适用于极易受损、价值较高的产品，如精密机电设备、仪器、仪表等。

（2）防潮包装技术。防潮包装是为了防止潮气侵入包装件，影响内装物质量而采取的有一定防护措施的包装。防潮包装设计就是防止水蒸气通过，或将水蒸气的通过减少至最低限度。一定厚度和密度的包装材料，可以阻隔水蒸气的透入，其中金属和玻璃的阻隔性最佳，防潮性能较好；纸板结构松弛，阻隔性较差，但若在表面涂抹防潮材料，就会具有一定的防潮性能；塑料薄膜有一定的防潮性能，但其防潮性能的强弱与塑料材料有关，特别是加工工艺、密度和厚度的不同，导致其差异性较大。为了提高包装的防潮性能，可采用涂布法、涂油法、涂蜡法、涂塑法等方法。涂布法，就是在容器内壁和外表加涂各种涂料，如在布袋、塑料编织袋内涂树脂涂料，纸袋内涂沥青等；涂油法，如为了增强瓦楞纸板的防潮能力，在其表面涂上光油、清漆或虫胶漆等；涂蜡法，即在瓦楞纸板表面涂蜡或在楞芯渗蜡；涂塑法，即在纸箱上涂聚乙烯醇丁醛（PVB）等。还可以在包装容器内盛放干燥剂（如硅胶、泡沸石、铝凝胶）等。此外，对易受潮和透油的包装内衬用一层至多层防湿材料（如牛皮纸、柏油纸、邮封纸、上蜡纸、防油纸、铝箔和塑料薄膜等），或用一层至多层防潮材料直接包裹商品。上述方法既可单独使用，又可几种方法一起使用。

（3）防霉包装技术。防霉包装是为防止包装和内装物霉变而采取一定防护措施的包装。除防潮措施外，还要对包装材料进行防霉处理，如图6-2所示。防霉包装必须根据微生物的生理特点，改善生产和控制包装储存等环境条件，达到抑制霉菌生长的目的。第一，要尽量选用耐霉腐和结构紧密的材料，如铝箔、玻璃和高密度聚乙烯塑料、聚丙烯塑料、聚酯塑料及其复合薄膜等，这些材料具有微生物不易透过的性质，有较好的防霉效能。第二，要求容器有较好的密封性，因为密封包装是防潮的重要措施，如采用泡罩、真空和充气等严密封闭的包装，既可阻隔外界潮气侵入包装，又可抑制霉菌的生长和繁殖。第三，采用药剂防霉的方法，可在生产包装材料时添加防霉剂，或用防霉剂浸渍包装容器和在包装容器内喷洒适量防霉剂，如将多菌灵、百菌清、水杨脱苯胺、菌菪净、五氯酚钠等用于纸与纸制品、皮革、棉麻织品、木材等包装材料的防霉。第四，可采用气相防霉处理，主要有多聚甲醛、充氮包装、充二氧化碳包装，这些都具有良好的防霉效果。

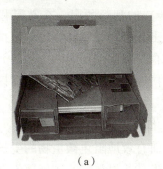 

(a)　　　　　　　　　　(b)

图6-2　防霉包装技术

（4）防锈包装技术。防锈包装是为防止金属制品锈蚀而采用一定防护措施的包装。防锈包装可以采用对金属表面进行处理的方法，如镀金属（包括镀锌、镀锡、镀铬等）。镀层不但能阻隔钢铁制品表面与大气接触，且发生化学作用时镀层先受到腐蚀，这就保护了钢铁制品的表面。也可采用氧化处理（俗称发蓝）和磷化处理（俗称发黑）的化学防护法。还可采用涂油防锈、涂漆防锈和气相防锈等方法，如可在五金制品表面涂一层防锈油，再用塑料薄膜封装。涂漆处理是对薄钢板桶和某些五金制品先进行喷砂等机械处理后，再涂上不同的油漆。气相防锈是采用气相缓蚀剂进行防锈的方法，目前采用的是气相防锈纸，即将涂有缓蚀剂的一面向内包装制品，外层用石蜡纸、金属箔、塑料袋或复合材料密封包装。若包装空间过大，则可添加适量防锈纸片或粉末。此外，还可采用普通塑料袋封存、收缩或拉伸塑料薄膜封存、可剥性塑料封存和茧式防锈包装、套封式防锈包装，以及充氮和干燥空气等封存法防锈。

（5）防虫包装技术。防虫包装常用的是驱虫剂，即在包装中放入有一定毒性和臭味的药物，利用药物在包装内挥发的气体杀灭和驱除各种害虫。常用的驱虫剂有萘、樟脑精等。也可采用真空包装、充气包装、脱氧包装等技术，使害虫无生存环境，从而防止虫害。

（6）危险品包装技术。危险品有上千种，按其危险性质，交通运输及公安消防部门将其分为十大类，即爆炸性物品、氧化剂、压缩气体和液化气体、自燃物品、遇水燃烧物品、易燃液体、易燃固体、毒害品、腐蚀性物品、放射性物品。有些物品同时具有两种以上危险性能。对有毒商品的包装要在明显处标明有毒的标志；对有腐蚀性的商品，要注意避免商品和包装容器的材质发生化学变化。

（7）特种包装技术有以下几种。

①收缩包装。收缩包装是以收缩薄膜为包装材料，包裹在商品外面，通过适当加热，使薄膜受热自动收缩紧包商品的一种包装方法。收缩薄膜是一种经过特殊拉伸和冷却处理的塑料薄膜，内含一定的收缩应力，这种应力重新受热后会自动消失，使薄膜在其长度和宽度方向急剧收缩，厚度加大，从而使内包装商品被紧裹，起到良好的包装效果。收缩包装具有透明、紧凑、均匀、稳固、美观的特点，同时由于密封性好，还具有防潮、防尘、防污染、防盗窃等保护作用。收缩包装适用于食品、日用工业品和纺织品的包装，特别适用于形态不规则的商品的包装。

②拉伸包装。拉伸包装是用具有弹性（可拉伸）的塑料薄膜，在常温和张力下，包裹单件或多件商品，在各个方向牵伸薄膜，使商品紧裹并密封。它与收缩包装技法的效果基本一样，它的特点是：采用此种包装不用加热，很适合于那些怕加热的产品，如鲜肉、冷冻食品、蔬菜等；可以准确地控制裹包力，防止产品被挤碎；由于无须加热收缩设备，可节省设备投资和设备维修费用，还可节省能源。

③脱氧包装。脱氧包装又称除氧封存剂包装。即利用无机系、有机系、氢系三类脱氧剂，除去密封包装内游离态氧，降低氧气浓度，从而有效地阻止微生物的生长繁殖，起到防霉、防褐变、防虫蛀和保鲜的目的。脱氧包装适用于某些对氧气特别敏感的制品。

④充气包装和真空包装。充气包装是采用二氧化碳气体或氮气等不活泼气体置换包装容器中空气的包装技术方法。它是通过改变包装容器中的气体组成成分，降低氧气浓度，来达到防霉腐和保鲜的目的。

真空包装是将制品装入气密性容器后，在容器口前抽真空，使密封后的容器基本上没有氧气的包装。一般肉类食品、谷物加工食品及一些易氧化变质商品都可采用此类方法包装。

⑤高温短时间灭菌包装。它是将食品充填并密封于复合材料制成的包装内，然后使其在短时间内保持135 ℃左右的高温，以杀灭包装容器内细菌的包装方法。这种方法可以较好地保持色、肉、蔬菜等内装食品的鲜味、营养价值用及色调等。

⑥泡罩包装与贴体包装。泡罩包装是将商品封合在用透明塑料薄片形成的泡罩与底板之间的一种包装方法。贴体包装是将商品放在能透气的、用纸板或塑料薄片制成的底板上，上面覆盖加热软化的塑料薄片，通过底板抽真空，使薄片紧密包贴商品，且四周封合在底板上的一种包装方法。泡罩包装和贴体包装多用于日用小商品的包装，其特点是透明直观，保护性好，便于展销。

⑦保鲜包装。保鲜包装是采用固体保鲜剂（由沸石、膨润土、活性炭，氢氧化钙等原料按一定比例组成）和液体保鲜剂（如以碳酸氢钠、过氧乙酸溶液、亚硫酸与酸性亚硫酸钙、复方卵磷脂和中草药提炼的CM保鲜剂等）进行果实、蔬菜的保鲜。固体保鲜剂法是将保鲜剂装入透气小袋封口后再装入内包装，以吸附鲜果、鲜菜散发的气体而延缓其成熟的过程。液体保鲜剂法为鲜果浸涂液，鲜果浸后取出，表面形成一层极薄的可食用保鲜膜，既可堵塞果皮表层呼吸气孔，又可起到防止微生物侵入和隔温、保水的作用。硅窗气调转运箱保鲜包装，是采用塑料密封箱加盖硅气窗储运鲜果、鲜菜、鲜蛋的保鲜方法。硅气窗又称人造气窗，在塑料箱、袋上开气窗，有良好的调节氧气、二氧化碳浓度、抑制鲜菜果和鲜蛋的呼吸作用，可以延长储存期。

第三节　包装方案的设计

一、包装标志

为了便于商品的流通、销售、选购和使用，在商品包装上通常都印有某种特定的文字或图形，用以表示商品的性能、储运注意事项、质量水平等含义，这些具有特定含义的图形和文字称为商品包装标志。它的主要作用是便于识别商品，便于准确迅速地运输货物，避免差错，加速流转。

1. 销售包装标志（包括识别标志）

销售包装标志是指赋予商品销售包装容器的一切付签、吊牌、文字、符号、图形及其他说明物，它是生产者、销售者传达商品信息、表现商品特色、推销商品的主要手段，是消费者选购商品、正确保存养护商品及科学消费的指南。

（1）销售包装的一般标志。此类标志一般用文字标识，标识的基本内容包括：商品名称、商标、规格、数量、成分、产地、用途、功效、使用方法、保养方法、批号、品级、商品标准代号、条码等。若以食品商品为例，食品名称，必须采用表明食品真实属性的专用名称。配料表，除单一原料的食品外，标签上必须标有配料表，且所有配料必须按加入量（重量或体积）从多到少依次排列，若是特殊需要食品，如婴幼儿食品、强化食品、特殊营养食品等，必须按商品标准要求增加成分表、净含量及固形物重量，即必须标明食品在每个容器中的净含量,一般的标注方法是液态食品用体积、固态食品用重量、半固态或浆状食品用重量或体积。包装中充填有液体介质的食品时,除标明总净重量外,还必须标明食品的固形物重量。同一包装中如果含有互相独立且品质相同、形态相近的几件食品,则在注明总净重量的同时,还应注明商品数量。厂名,必须标明制造、包装、批发、进口分装、出口或销售单位的准确名称、地址和电话。批号,必须注明生产批号;日期标志及储藏指南,必须标明生产日期、保存期或保质期,如果保质期与储存方法有关,则还必须标明该食品的储藏方法。在标签上要附加包装开启方法、食用方法、烹饪再制方法等,以帮助消费者正确使用。质量等级,指商品标准中对质量等级已有规定的食品,应根据批验结果按规定要求标明该商品的等级。商品标准代号,指已经制定了商品标准的食品,必须标明其标准代号。除了上述要求外,对已经获准注册商标及商品条码标识的商品,包装标签上应标上商标和商品条码。

（2）商品的质量标志。商品的质量标志就是在商品的销售包装上做一些反映商品质量的标记,用以说明商品达到的质量水平。主要包括优质产品标志、商品质量认证标志、商品质量等级标志等。

（3）使用方法及注意事项标志。商品的种类用途不同,反映使用注意事项和使用方法的标志也各有不同。

（4）产品的性能指示标志。即用简单的图形、符号表示产品的主要质量性能。如电冰箱用星级符号表示其冷冻室的温度范围。

（5）销售包装的特有标志。指名牌商品在其商品体特定部位或包装物内所做的让消费者更加容易识别本品牌商品的标记。它由厂家自行设计制作,如名牌西服、衬衫、酒等都有独特的、精致的特有标识。

（6）产品的原材料和成分标志。是指国家专门机构经检验认定颁发的证明产品的原材料或成分的标志。目前已实施的此类标志有:绿色食品标志、纯羊毛标志、真皮标志等,如图6-3所示。

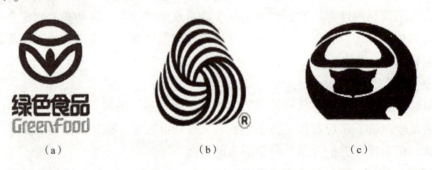

(a) (b) (c)

图6-3 绿色食品标志、纯羊毛标志、真皮标志
(a) 绿色食品标志；(b) 纯羊毛标志；(c) 真皮标志

2. 运输包装标志（包括指示标志）

运输包装标志是用简单的文字或图形在运输包装外面印刷的特定记号和说明事项,是商品运输、装卸和储存过程中不可缺少的辅助措施。运输包装标志可分为收发货标志、包装储

运图示标志和危险货物包装标志。

（1）运输包装收发货标志。收发货标志（识别标志）是指在商品外包装上的商品分类图示标志、文字说明、排列格式和其他标志的总称，也叫识别标志。国家标准《运输包装收发货标志 GB 6388—1986》中对这些标志有具体规定。主要内容包括：①分类标志（代号 FL）。用几何图形和简单的文字表明商品类别的特定符号。②供货号（GH）。供应该批货物的供货清单号码（出口商品用合同号码）。③货号（HH）。商品顺序编号，以便出入库、收发货登记和核查商品价格。④品名规格（PG）。商品名称或代号，标明单一商品的规格、型号、尺寸、花色等。⑤数量（SL）。包装容器内含有的商品数量。⑥重量（ZL）。包装件的重量（千克），包括毛重和净重。⑦生产日期（CQ）。产品生产的年、月、日。⑧生产厂家（CC）。生产该产品的工厂名称。⑨体积（TJ）。包装件的外径尺寸：长×宽×高（厘米）。⑩有效期（XQ）。商品有效期至××年××月。⑪收货地点和单位（SH）。货物到达站、港和某单位（人）收（可用贴签和涂写）。⑫发货单位（FH）。发货单位（人）。⑬运输号码（YH）。运输单号码。⑭发运件数（JS）。发运的件数。

商品分类图形标志是按照国家统计目录分类，规定用几何图形加简单文字构成的特定符号，如图 6-4 所示，按商品类别规定用单色印刷。

图 6-4　商品分类图形标志

（2）包装储运图示标志。包装储运图示标志是依据商品特性，以文字、图形构成的特殊标志符号，其作用在于警示人们在储运过程中规范操作、避免差错、保护商品。按国家标准 GB 191—2000 规定，包装储运标志有 17 种，如图 6-5 所示。

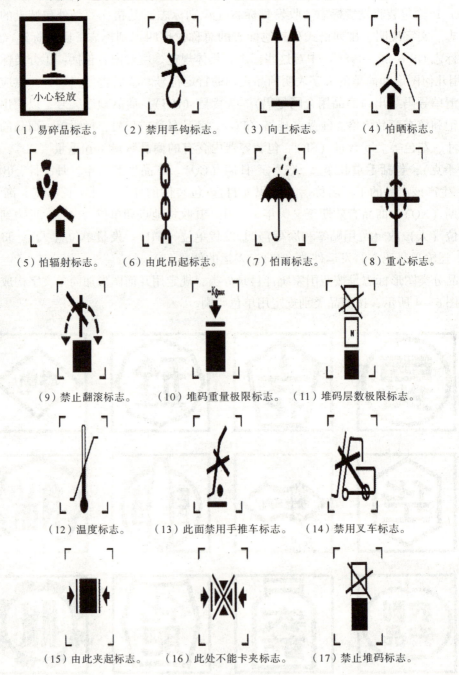

图 6-5　包装储运图示标志

（3）危险货物包装标志。危险货物包装标志是为对易燃、易爆、易腐、有毒、放射性等危险商品起警示作用而在运输包装上加印的特殊标记。危险货物包装标志的图形、尺寸、颜色及使用方法在国家标准 GB 190—1990《危险货物包装标志》中均有明确规定，如图 6-6 所示。

（1）标志名称：爆炸品
（符号为黑色，底色为橙红色）

（2）标志名称：爆炸品
（符号为黑色，底色为橙红色）

（3）标志名称：爆炸品
（符号为黑色，底色为橙红色）

（4）标志名称：易燃气体
（符号为黑色或白色，底色为正红色）

（5）标志名称：不燃气体
（符号为黑色或白色，底色为绿色）

（6）标志名称：有毒气体
（符号为黑色，底色为白色）

（7）标志名称：易燃液体
（符号为黑色或白色，底色为正红色）

（8）标志名称：易燃固体
（符号为黑色，底色为白色红条）

（9）标志名称：自燃物品
（符号为黑色，底色为上白下红）

（10）标志名称：遇湿易燃物品
（符号为黑色或白色，底色为蓝色）

（11）标志名称：氧化剂
（符号为黑色，底色为柠檬黄色）

（12）标志名称：有机过氧化物
（符号为黑色，底色为柠檬黄色）

（13）标志名称：剧毒品
（符号为黑色，底色为白色）

（14）标志名称：有毒品
（符号为黑色，底色为白色）

（15）标志名称：有害品（远离食品）
（符号为黑色，底色为白色）

（16）标志名称：感染性物品
（符号为黑色，底色为白色）

（17）标志名称：一级放射性物品
（符号为黑色，底色为白色，
附一条红竖条）

（18）标志名称：二级放射性物品
（符号为黑色，底色上黄下白，
附二条红竖条）

图 6-6　危险货物包装标志

（19）标志名称：三级放射性物品　　（20）标志名称：腐蚀品　　（21）标志名称：杂类
（符号为黑色，底色为上黄下白，　（符号为黑色，底色为上白下黑）　（符号为黑色，底色为上黑下白）
附三条红竖条）

图6-6　危险货物包装标志（续）

销售包装
设计原则

二、销售包装方案设计

1. 销售包装设计原则

销售包装的设计原则概括起来为六个字：醒目、理解、好感。

包装设计的第一个原则是要能引起消费者的注意。因为只有引起消费者注意的商品才有被购买的可能。因此，包装要使用新颖别致的造型，鲜艳夺目的色彩，美观精巧的图案，各有特点的材质使消费者一看见就能产生强烈的兴趣。比如，造型的奇特、新颖能吸引消费者的注意力。色彩是人最容易感受到的，有的市场学者甚至认为色彩是决定销售的第一要素。长期的市场调查发现，使用某些颜色作为产品的包装色，会使产品销量惨淡，灰色便是其中之一。但当悲惨的不锈钢灰色与彩色幸运的发生碰撞，情况就截然不同了。美国色彩研究中心曾做过一个试验，研究人员将煮好的咖啡分别装在红、黄、绿三种颜色的咖啡杯内，让十几个人品尝比较，结果品尝者们一致认为不同杯子里的咖啡的味道不同：绿色杯内的咖啡味酸，红色杯内的咖啡味美，黄色杯内的咖啡味淡。在系列试验的基础上专家们得出结论，包装的颜色能左右人们对商品的看法。不同的色彩能引起人们不同的视觉反应，从而引起不同的心理活动。

★对点案例：

我国出口德国的红色鞭炮曾在相当长的一段时期内打不开销售局面，产品滞销。我国出口企业在进行市场调研后将鞭炮表面的包装用纸和包装物改成灰色，结果鞭炮销售量直线上升。

包装设计的第二个原则是理解。成功的包装不仅要通过造型、色彩、图案、材质的使用引起消费者对产品的注意与兴趣，还要使消费者通过包装精确理解产品。因为人们购买的目的并不是包装，而是包装内的产品。准确传达产品信息的最有效的办法是真实地传达产品形象，如可以采用全透明包装，可以在包装容器上开窗展示产品，可以在包装上绘制产品图形，可以在包装上做简洁的文字说明，可以在包装上印刷彩色的产品照片等等。比如，"美食客"小黄鱼的包装采用部分透明的包装，透过玻璃纸可以清楚地看到产品，以方便消费者选择。

包装设计的第三个原则是好感。有了理解之后包装还需要引起消费者的好感。包装的造型、色彩、图案、材质要能引起人们的喜爱，因为人的喜厌对购买冲动起着极为重要的作用。消费者对包装的好感通常来自两个方面，首先是实用方面，即包装能否满足消费者的各方面需求，提供方便，这涉及包装的大小、多少、精美等方面。同样的护肤霜，可以是大瓶装，也可以是小盒装，消费者可以根据自己的习惯选择。同样的产品，包装精美的容易被人们选为礼品，包装朴实的适合自己使用。当产品的包装提供了方便时，自然会引起消费者的好感。其次，消费者对包装的好感还直接来自包装的造型、色彩、图案、材质等，这是一种综合的心理效应，与个人以及个人所处的环境有密切关系。以色彩来说，各人有各人喜爱和讨厌的颜色，这当然是不能强求一律的，但也有共同点，比如女性大部分都喜欢白色、红色、粉红色，这几种颜色也被称为女性色，女性用品的包装使用白色与红色更能引起女士们的喜爱。而男性喜欢庄重严肃的黑色，黑色又称男性色，适度使用黑色包装的商品能得到男士的青睐。儿童食品则更多迎合小朋友的审美喜好，斑斓的色彩与俏皮的卡通形象才是最明智的选择。

2. 销售包装设计

销售包装设计可分为造型设计和装潢设计。销售包装的造型与装潢设计，应根据不同的经销目的，采用不同的方式。

（1）造型设计。造型设计主要是指包装的形状、材料、外部结构、几何特征等。造型设计的宗旨是使商品便于陈列，便于使用、携带，美观大方。当今世界，商品（尤其是消费品）对包装的要求是方便、轻巧、适量、保健、新奇。在方便使用、利于销售的前提下，应设计各式新奇包装以吸引顾客。

（2）装潢设计。装潢设计主要是指包装的表面色彩、图案、标签、美工、文字、照片等一切宣传美化商品的措施。包装装潢设计要求形象、文字、构图、色彩等完美统一，具有一定的艺术水平，表现方式简洁、明快、突出，使消费者在它的艺术感染下，接受和理解商品信息。装潢设计的宗旨是力求画面图文并茂，色彩搭配合理、明快亮丽，并使形象、文字、构图、色彩、商标应用协调一致，最大限度地吸引消费者的注意力。

3. 成功的销售包装应具备的条件

一个成功的销售包装应该能够保护商品，延长货物寿命，这也是包装最基本的一个功能。好的销售包装要能方便消费者的使用，有独特的个性和吸引力，成本经济合理，并且还要注意环保问题，尽量减少或不对环境造成污染。

包装设计还应该符合销售国的法律。比如美国严禁稻草类包装物进口；英国、澳大利亚、新西兰、菲律宾、塞浦路斯等国也有相应规定。再比如埃及等产棉国禁止棉花类包装进入本国境内。日本拒绝竹片类包装入境。美国、加拿大、澳大利亚要求木制包装必须经过熏蒸、防腐等处理才能入境，否则要进行销毁处理。德国要求纸箱表面不能上蜡、上油，也不能涂塑料，纸箱上的印刷必须用水溶性颜料，不能用油溶性油墨。澳大利亚、新西兰禁止二手袋入境。菲律宾要求麻袋入境前必须经过熏蒸处理。包装上的文字，不同国家也有不同规定，比如，希腊商业部规定，凡进口到希腊的外国商品包装上的字样，除法定例外者，均要用希腊文书写清楚，否则将追诉处罚代理商、进口商或制造商。包装上书写项目包括：代理商或公司名称、进口商或制造商全名（如两家以上也要逐一写明）、公司营业地址与城市名称、制造国家名称、货品的内容和种类、货品净重量或液体货品毛重量。

数字上的禁忌也是包装设计所要注意的问题。比如日本忌讳"4"和"9"这两个数字，出口日本的产品，就不能以"4"为包装单位，像4个杯子一套，4瓶酒一箱这类包装，在日本都将不受欢迎。

三、运输包装方案设计

运输和储存是商品在流通中受到外力破坏作用最多的两个环节。因此，包装尺寸统一标准，能使容器的装配最佳，交通工具的利用率最大。目前，许多技术先进的国家，都十分重视商品包装标准化工作，不仅做到了包装容器标准化，而且对材料、性能、检验方法、码头、装卸工具、仓库、运输的车船都实行了标准化，这样，可充分体现高效、经济、迅速、安全的原则。为了贯彻这一原则，许多国家规定，对非标准包装商品不予接受。此外，商品的包装上应有醒目的包装标志，以使商品能准确安全地到达目的地。包装标志大致分为三大类，即识别标志，如件号、目的地、始发地、体积、质量、内装商品数量、生产单位、出厂日期等；指示标志，如小心轻放、防潮、防热、重心在此、此面朝上等；危险标志，如有毒、剧毒、爆炸品、氧化剂、易燃易爆物、压缩气体、自燃物、遇水燃烧物、腐蚀性物品、放射性物品等。另外，商品的包装还应做到经济，可回收利用，废物对环境无影响等。总的要求是成本最低、容积最合理、保护效果最大、标志最醒目。

知识扩展

2016年8月，国家邮政局出台《推进快递业绿色包装工作实施方案》（以下简称《实施方案》），谋划快递业绿色包装工作，提高快件包装领域资源利用效率，降低包装耗用量，减少环境污染。我国快递业发展迅猛，2015年超过206亿件，稳居世界第一，但总量庞大、种类繁多的快递业包装及其带来的环境问题也引起了社会高度关注。《国务院关于促进快递业发展的若干意见》中将"绿色节能"作为快递业发展的目标之一。在此基础上制定的《实施方案》，将对节约资源、保护环境和促进快递业可持续发展产生重大影响。

《实施方案》明确了快递业包装工作的总体目标，提出要稳步推进快递业包装的依法生产、节约使用、充分回收、有效再利用，实现"低污染、低消耗、低排放，高效能、高效率、高效益"的绿色发展。方案明确，在绿色化、减量化、可循环方面取得明显效果，"十三五"期间，力争在重点企业、重点地区的快递包装绿色发展上取得突破。到2020年，基本淘汰有毒有害物质超标的包装物料，基本建成社会化的快件包装物回收体系。

基本训练

一、选择题

1. 有人认为，包装是"无声推销员"。这句话说明包装的最主要功能是（　　）。
   A. 包装可以保护商品，便于运输和保存
   B. 包装具有促销功能，能引起消费者注意，激发其购买欲望
   C. 包装可以提高商品价值，增加企业利润
   D. 包装会增加产品成本，从而提高商品价格，影响产品销售

2. 能从本质上建立企业产品品牌优势，保证产品有稳定的市场占有率的手段有（　　）。
   A. 扩大知名度　　　　　　　　　　B. 重视形象塑造
   C. 建立品牌忠诚　　　　　　　　　D. 增加销售人员数量

3. 包装设计属于（　　）类型的设计。
   A. 工业设计　　　　　　　　　B. 环境设计
   C. 动画设计　　　　　　　　　D. 视觉传达设计
4. 包装是门综合性学科它包含有（　　）等学科知识。
   A. 社会学　　　B. 心理学　　　C. 经济学　　　D. 管理学
5. 包装设计包括的要素有（　　），它是一个立体的多元化的艺术处理过程。
   A. 造型　　　　　　　　　　　B. 材料
   C. 印刷　　　　　　　　　　　D. 视觉传达设计
6. 包装的功能有（　　）。
   A. 保护功能　　B. 运输功能　　C. 促销功能　　D. 美化功能
7. 下面包装不属于自然包装的是（　　）？
   A. 空间包装　　B. 身体包装　　C. 信息包装　　D. 物品包装

二、简答题

1. 简述包装的作用。
2. 简述常用的包装材料有哪些。
3. 列表列举常用的包装容器及商品包装主要采用的包装技法。
4. 举例并简述特殊包装技法的种类及各自的作用。
5. 举例简述包装塑料的适用性选择。

职场体验

选定某样商品作为调查对象，进行市场调查，对此包装的改良提出新的设计定位及理论依据，制订新的包装策略，设计出新的包装。

专业能力测评

在下列表格○中打✓　　A 理解　　B 基本理解　　C 未理解

专业能力	评价指标	自测结果
物流包装概述	1. 包装功能 2. 包装的分类	○A　○B　○C ○A　○B　○C
物流包装材料及包装技术	1. 包装材料 2. 物流包装技术	○A　○B　○C ○A　○B　○C
包装方案的设计	1. 包装标志 2. 销售包装方案设计 3. 运输包装方案设计	○A　○B　○C ○A　○B　○C ○A　○B　○C

第七章

流通加工认知

学习目标

知识目标
- 了解流通加工的基本概念；
- 了解流通加工的主要功能；
- 理解流通加工在物流管理中的主要应用。

技能目标
- 掌握流通加工作业流程；
- 能对流通加工操作提出合理化建议。

导入案例

案例一

阿迪达斯的流通加工

阿迪达斯公司在美国设立了组合式鞋店。店里摆放着的不是做好了的鞋，而是各种半成品，款式、花色多样。店中有6种鞋跟、8种鞋底，均为塑料制造，鞋面的颜色以黑、白为主，搭带的颜色有80种，款式有百余种，顾客可任意挑选自己喜欢的各个部位，交给职员当场进行组合。只需十多分钟，一双崭新的鞋便出现在顾客眼前。这家鞋店昼夜营业，职员技术熟练，鞋子的售价与成批制造的价格差不多，有的还稍微便宜些，所以顾客络绎不绝，销售金额比邻近的鞋店多10倍。

1. 阿迪达斯公司的流通加工在中国能否行得通？
2. 这种流通加工有什么优点？

> **案例二**

分析流通加工在物流活动中的重要性

小王进入大学后,利用节假日到附近一家大型超市做兼职。在做兼职的过程中,他发现超市的猪肉销售区域有两种五花肉,一种名为"五花肉",另一种名为"精制五花肉",而后一种的价格比前一种高很多。于是,小王想,超市把猪肉中好点的五花肉分割出来,切成大小差不多的块,不仅方便顾客购买,而且价格可以高这么多,那么其他的产品应该也可以采用这样的方法来增加收入。其实,小王发现的这种现象就是物流中的流通加工活动。请同学们分析流通加工在物流活动中的重要性体现在哪些方面?

第一节　流通加工概述

一、流通加工的定义

1. 流通加工的定义

根据我国国家标准《物流术语》,流通加工是指根据顾客的需要,在流通过程中对产品实施的简单加工作业活动(如包装、切割、涂装、配色、分拣、加热、冷却、定型、成组、贴标签、组装等)的总称,如图7-1所示。

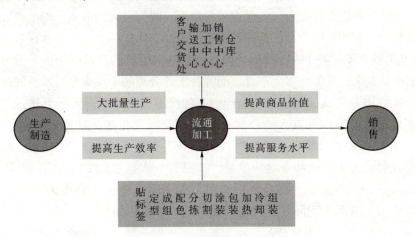

图7-1　流通加工示意图

流通加工是物流活动中比较重要的一个环节。流通加工是为了提高物流速度和物品的利用率,在物品进入流通领域后,按客户的要求进行的加工活动,也就是在物品从生产者向消费者流动的过程中,为了促进销售、维护商品质量和提高物流效率,对物品进行一定程度的加工。流通加工通过改变或完善流通对象的形态来实现"桥梁和纽带"作用,因此,流通加工是流通中的一种特殊形式。

2. 流通加工在物流中的地位

（1）流通加工有效地完善了流通。流通加工在实现时间效用和场所效用这两个重要功能方面，确实不能与运输和保管相比，因此，流通加工不是物流的主要功能要素。另外，流通加工的普遍性也不能与运输和保管相比，流通加工不是对所有物流活动都是必需的。但这绝不是说流通加工不重要，实际上它也是不可轻视的，它具有补充、完善、提高与增强的作用，能起到运输、保管等其他功能要素无法起到的作用。所以，流通加工的地位可以描述为：提高物流水平，促进流通向现代化发展。

（2）流通加工是物流业的重要利润来源。流通加工是一种低投入、高产出的加工方式，往往以简单加工解决大问题。在实践中，有的流通加工通过改变商品包装，使商品档次升级从而充分实现其价值；有的流通加工可将产品利用率大幅提高 30%，甚至更多。这些都是采取一般方法以期提高生产率所难以做到的。实践证明，流通加工提供的利润并不亚于从运输和保管中挖掘的利润，因此我们说流通加工是物流业的重要利润来源。

（3）流通加工是重要的加工形式。流通加工在整个国民经济的组织和运行方面是一种重要的加工形式，对推动国民经济的发展、完善国民经济的产业结构具有一定的意义。

二、流通加工产生的原因

1. 流通加工的出现与现代生产方式有关

现代生产发展的趋势之一就是生产规模大型化、专业化，依靠单品种、大批量的生产方法降低生产成本获取规模经济效益，这样就出现了生产相对集中的趋势。这种规模的大型化、生产的专业化程度越高，生产相对集中的程度也就越高。生产的集中化进一步引起产需之间的分离，产需分离的表现首先为人们认识的是空间、时间及人的分离，即生产和消费不在同一个地点，而是有一定的空间距离；生产及消费在时间上不能同步，而是存在着一定的"时间差"；生产者及消费者不是处于一个封闭的圈内，某些人生产的产品供给成千上万人消费，而某些人消费的产品又来自其他许多生产者。而弥补上述分离的手段则是运输、储存及交换。

近年来，人们进一步认识到，现代生产引起的产需分离并不局限于上述三个方面，这种分离是深刻而广泛的。第四种重大的分离就是生产及需求在产品功能上分离。尽管"用户第一"的口号成了许多生产者的主导思想，但是，生产毕竟有生产的规律，尤其在强调大生产的工业化社会，大生产的特点之一就是"少品种、大批量、专业化"，产品的功能（规格、品种、性能）往往不能和消费的需要密切衔接。而弥补这一分离的方法，就是流通加工。所以，流通加工的诞生实际是现代生产发展的一种必然结果。

2. 流通加工不仅是大工业的产物，也是网络经济时代服务社会的产物

流通加工的出现与现代社会消费的个性化有关。消费的个性化和产品的标准化之间存在着一定的矛盾，使本来就存在的产需第四种形式的分离变得更加严重。本来，弥补第四种形式的分离可以采取增加一道生产工序或消费单位加工改制的方法，但在个性化问题十分突出之后，采取上述弥补措施将会使生产及生产管理的复杂性及难度增加，按个性化生产的产品难以组织高效率、大批量的流通。所以，在出现了消费个性化的新形势及新观念之后，就为流通加工开辟了道路。

3. 流通加工的出现还与人们对流通作用的观念转变有关

在社会再生产全过程中，生产过程是典型的加工制造过程，是形成产品价值及使用价值的主要过程，再生产型的消费从本质来看也和生产过程一样，通过加工制造消费了某些初级产品而生产出深加工产品。历史上在生产不太复杂、生产规模不大时，所有的加工制造几乎全部集中于生产及再生产过程中，而流通过程只是实现商品价值及使用价值的转移而已。

在社会生产向大规模生产、专业化生产转变之后，社会生产越来越复杂，生产的标准化和消费的个性化出现，生产过程中的加工制造常常满足不了消费的要求。而由于流通的复杂化，生产过程中的加工制造也常常不能满足流通的要求。于是，加工活动开始部分地由生产及再生产过程向流通过程转移，在流通过程中形成了某些加工活动，这就是流通加工。

流通加工的出现使流通过程明显地具有了某种"生产性"，改变了长期以来形成的"价值及使用价值转移"的旧观念，这就从理论上明确了：流通过程从价值观念来看是可以主动创造价值及使用价值的，而不单是被动地"保持"和"转移"的过程。因此，人们必须研究流通过程中孕育着多少创造价值的潜在能力，通过努力在流通过程中进一步提高商品的价值和使用价值，同时，以很少的代价实现这一目标。这就引起了流通过程从观念到方法的巨大变化，流通加工则因适应这种变化而诞生。

4. 效益观念的树立也是促使流通加工形式得以发展的重要原因

20世纪60年代后期，效益问题逐渐引起人们的重视，过去人们盲目追求高技术，引起了燃料、材料投入的大幅度上升，结果新技术、新设备虽然采用了，但往往是得不偿失。20世纪70年代初，第一次石油危机的发生证实了效益的重要性，使人们牢牢树立了效益观念，流通加工可以以少量的投入获得很大的效果，是一种高效益的加工方式，自然获得了很大的发展。所以，流通加工从技术上来讲，可能不需要采用什么先进技术，但这种方式是现代观念的反映，在现代的社会再生产过程中起着重要作用。

三、流通加工的基本作业内容

流通加工的作业内容很多，常见的有以下几种。

1. 在库物品的初始加工

为了方便仓储、运输和装卸，为了满足客户需求，要对过长、过大的物品进行解体、切割。例如，在流通加工点将原木锯裁成各种锯材，同时将碎木、碎屑集中加工成各种规格的板材，甚至还可进行打眼、凿孔等初级加工。这些加工大大方便了物品的运输和装卸。

2. 在库物品的终极加工

有许多生产企业在生产出成品后，将成品存放在物流企业的仓库里，成品的终极加工整理工作则委托物流企业在出库前完成。比如，某物流企业为服装厂承运出口服装，为满足客户需求，服装厂的终极加工——烫熨整理就由该物流企业来做，这极大地减轻了服装厂的生产压力。

3. 为配送物品印制标签

即根据顾客的需求，印制条码文字标签并贴附在物品外部。贴标签是一项业务量非常大的流水式作业，目前主要有三种形式：一是手工贴标签；二是半自动化贴标签，其作业方法是一边计算机打印标签,另一边手工把计算机打印的标签贴在物品上;三是全自动机器贴标签。

贴标签业务既减少了客户的额外工作量,又可以给流通加工企业带来丰厚的利润,因此,最近几年贴标签业务在很多物流、外贸等企业里发展非常迅速。比如,某些外贸公司在做转口贸易时,在保税区仓库内利用国内外市场间的地区差、时间差、价格差、汇率等,实现货物国际转运流通加工,如贴唛头、贴标签、再包装、打膜等,最后再运输到目的国,以赚取转口贸易差额。

4. 发货物品的集包

发货物流品的集包是根据客户需求将数件物品集成小包装或赠品包装。其目的是方便顾客对不同商品的一次性收货。目前,配送中心对物品的集包主要采用自动化的捆包设备,效率比以往大大提高。发货物流的集包还常用在买一送一促销包装、根据顾客需求进行商品组合包装等方面。

5. 分装加工

分装加工包括把大包装改成小包装、适合运输的包装改成适合销售的包装等。比如,把原来分散的商品进行重新包装后再投放到市场,这样更加有利于商品的销售。分装加工广泛应用于酒类行业的物流中心。比如,啤酒运到销售地后灌装成听、罐、瓶、袋再进行销售,既减少了物流运输成本,又大大方便了市场销售。

6. 货物分拣

货物分拣是指根据不同客户的订单需求,对货物进行分区、包装、称重、制作货物清单等业务活动,目的是保证货物准确发运。货物分拣在物流活动中具有重要的衔接作用,它是衔接仓库和顾客需求的关键环节。

★思考:

流通加工与生产加工的区别有哪些?

流通加工与生产加工的区别

1. 从加工对象看,流通加工的对象是进入流通过程的商品,具有商品的属性,流通加工的对象是商品。生产加工的对象是原材料、零配件、半成品,不是最终产品。

2. 从加工程度看,流通加工大多是简单加工,而不是复杂加工,一般来讲,如果必须进行复杂加工才能形成人们所需的商品,那么,这种复杂加工应该专设生产加工过程。生产过程理应完成大部分加工活动,流通加工则是对生产加工的一种辅助及补充。特别需要指出的是,流通加工绝不是对生产加工的取消或代替。

3. 从价值观点看,生产加工的目的在于创造价值及使用价值,而流通加工的目的则在于完善其使用价值,并在不做大的改变的情况下提高其价值。

4. 从加工责任人看,流通加工的组织者是从事流通工作的人员,能密切结合流通的需要进行加工活动。从加工单位来看,流通加工由商业或物资流通企业完成,而生产加工则由生产企业完成。

5. 从加工目的看,商品生产是为交换、为消费而进行的生产,而流通加工的一个重要目的是为了消费(或再生产)所进行的加工,这一点与商品生产有共同之处。但是流通加工有时候也是以自身流通为目的，纯粹是为流通创造条件，这种为流通所进行的加工与直接为消费进行的加工在目的上是有区别的，这也是流通加工不同于一般生产加工的特殊之处。

四、流通加工的作用

1. 提高原材料利用率

通过流通加工进行集中下料，将生产厂商直接运来的简单规格产品，按用户的要求进行下料。例如将钢板进行剪板、切裁；木材加工成各种长度及大小的板、方等。集中下料可以优材优用、小材大用、合理套裁，明显地提高原材料的利用率，有很好的技术经济效果。

2. 方便用户

用量小或为满足临时需要的用户，不具备进行高效率初级加工的能力，而流通加工可以使用户省去进行初级加工的投资、设备、人力，方便了用户。目前发展较快的初级加工有：将水泥加工成生混凝土；将原木或板、方材加工成门窗；钢板预处理、整形等加工。

3. 提高加工效率及设备利用率

在分散加工的情况下，加工设备由于生产周期和生产节奏的限制，设备利用时松时紧，使得加工过程不均衡，设备加工能力不能得到充分发挥。而流通加工面向全社会，加工数量大，加工范围广，加工任务多，可以通过建立集中加工点，采用一些效率高、技术先进、加工量大的专门机具和设备，在提高了加工效率和加工质量的同时也提高了设备利用率。

4. 改变包装

改变包装是指企业对产品原包装进行改进或改换，或把大包装商品改成小包装商品、散装商品改变为成箱包装、成箱包装改变成托盘包装等，也可在流通加工点将运输包装转换为销售包装。改变包装包括包装材料的改变，包装形式和图案设计的变化、包装技术的改进等。经过包装加工，原来不方便流通的商品能迅速方便地流向市场。当原产品声誉受损、销量下降时，可通过改变包装，以改变不利状况。比如，果农改变水果的包装创造了更多利润，果农们把散装的水果经过科学合理的分拣包装远销海内外，打开了更大的市场空间。

5. 衔接生产和需求

衔接生产和需求是指通过流通加工使产品的品种、规格和质量适应顾客需求，解决生产和需求分离的问题。目前，发展较快的，衔接生产和需求的加工有平板玻璃套裁加工等。

6. 改变商品的装潢

商品装潢即商品包装上的装饰，其目的在于说明、美化商品，刺激消费者的购买欲望。流通加工通过改变装潢使商品档次提升从而充分实现其价值，有时可将商品利润提高20%~50%，这是采取一般方法所难以达到的。在加工中心改变包装取得良好效益的例子很多。比如，内地的许多制成品（洋娃娃玩具、时装、轻工纺织品、工艺美术品等）在深圳进行简单的装潢加工，改变了产品外观功能，仅此一项就可使产品销价提高20%以上。

7. 商品分类、分拣

商品分类就是根据一定的目的，为满足某种需要，选择适当的分类标志或特征，将所有商品划分成大类、中类、小类，品类或类目、品种，甚至规格、品极、花色等的不同类别的过程。商品的科学分类以及合理的重新组合，不仅方便存储、搬运，而且可以提高商品的附加价值，给企业创造额外的利润。

所谓分拣，是指根据特定的需要，将正在保管的商品取出的作业。分拣是物流配送中心的中心业务，占作业量的一大部分，一般要投入仓库作业的一半以上人力，作业时间至少占物流配送中心全部作业时间的30%~40%，作业速度、效率、出错率直接影响物流配送中心的效率及顾客的满意程度。

8. 延迟作用

延迟作用就是通过设计产品和生产工艺，把制造某种具体产品使其差异化的决策延迟到开始销售之时。随着企业的生产由原来的生产推倒型逐渐转变为消费拉动型，生产企业被要求能积极响应顾客的要求，实施定制化生产，但生产企业按标准规格进行大规模生产，可使商品有较强的通用性，使生产能有较高的效率和效益，所以企业只好将顾客定制化推迟到流通领域，由流通加工来完成。比如，服装生产企业公司存储未染色的服装，直到销售季节开始前获得更多顾客偏好信息后才开始染色。

> **案例**

1秒钟=320双皮鞋

温州某皮鞋厂的流水线节拍是一天流通加工2 500双鞋，全厂有8条流水线，通过计算，原来流通加工每一双皮鞋整体节拍用时13秒。若整体节拍加快1秒钟，一天就可以多生产320双皮鞋。所以在流水线上精确计算每一个流通加工的动作、每一个要领，就可以实实在在地提高企业的效益。

★问题：
（1）通过案例谈谈流通加工的功能有哪些。
（2）为什么说搞好流通加工可以给企业创造额外利润？

第二节 流通加工的主要应用

一、生产资料流通加工操作

目前我国生产企业流通加工主要包括钢材、木材、煤炭和水泥的加工及其他生产资料的加工。

1. 钢材的流通加工

各种钢材（钢板、型钢、线材等）的长度、规格有时不完全适用于客户，如热轧厚钢板等板材最大交货长度可达7~12米，有的是成卷交货，对于使用钢板的用户来说，如果采用单独剪板下料方式，设备闲置时间长、人员浪费大、不容易采用先进方法，如果采用集中剪板集中下料方式，可以避免单独剪板下料的一些弊病，提高材料利用率。

剪板加工是在固定地点设置剪板机进行下料加工或设置各种切割设备将大规格钢板裁

小，或切裁成毛坯，降低销售起点，便利用户。

钢板剪板及下料的流通加工，可以选择加工方式，加工后钢材的晶体组织很少发生变化，可保证原来的交货状态，有利于进行高质量加工；加工精度高，可以减少废料、边角料，减少再进行机加工的切削量，既提高了再加工效率，又有利于减少消耗；由于集中加工可保证批量及生产的连续性，可以专门研究此项技术并采用先进设备，从而大幅度提高效率和降低成本；使用户能简化生产环节，提高生产水平。

与钢板的流通加工类似的还有薄板的切断，型钢的熔断，厚钢板的切割，线材切断等集中下料，线材冷拉加工等。为此，国外有专门进行钢材流通加工的钢材流通中心，不仅从事钢材的保管，而且进行大规模的设备投资，使其具备流通加工的能力。中国物资储运企业20世纪80年代便开始了这项流通加工业务。中国储运股份有限公司近年与日本合作建立了钢材流通加工中心，利用现代剪裁设备从事钢板剪板和其他钢材的下料加工即钢板剪切流通加工。如汽车、冰箱、冰柜、洗衣机等的生产制造企业每天需要大量的钢板，除了大型汽车制造企业外，一般规模的生产企业如若自己单独剪切，难以解决因用料高峰和低谷的差异引起的设备忙闲不均和人员浪费问题，如果委托专业钢板剪切加工企业，可以解决这个矛盾。专业钢板剪切加工企业能够利用专业剪切设备，按照用户设计的规格尺寸和形状进行套裁加工，精度高、速度快、废料少、成本低；专业钢板剪切加工企业在国外数量很多，大部分由流通企业经营。这种流通加工企业不仅提供剪切加工服务和配送服务，还出售加工原材料和加工后的成品。

2. 木材的流通加工

木材流通加工可依据木材种类、地点等，决定加工方式。在木材产区可对原木进行流通加工，使之成为容易装载、易于运输的形状。

（1）磨制木屑、压缩输送。这是一种为了实现流通的加工。木材是容积大、比重轻的物资，在运输时占有相当大的容积，往往使车船满装但不能满载，同时，装车、捆扎也比较困难。从林区外送的原木中有相当一部分是造纸材，木屑可以制成便于运输的形状，以供进一步加工，这样可以提高原木利用率、出材率，也可以提高运输效率，具有相当可观的经济效益。例如，美国采取在林木生产地就地将原木磨成木屑，然后压缩使之成为容重较大、容易装运的形状，而后运至靠近消费地的造纸厂，取得了较好的效果。根据美国的经验，采取这种办法比直接运送原木节约一半的运费。

（2）集中开木下料。在流通加工点将原木锯截成各种规格锯材，同时将碎木、碎屑集中加工成各种规格板，甚至还可进行打眼、凿孔等初级加工。过去用户直接使用原木，不但加工复杂、加工场地大、加工设备多，更严重的是资源浪费严重，木材平均利用率不到50%，平均出材率不到40%。实行集中下料、按用户要求供应规格料，可以使原木利用率提高到95%，出材率提高到72%左右，有相当好的经济效益。

3. 煤炭的流通加工

煤炭流通加工有多种形式：除矸加工、煤浆加工、配煤加工等。

（1）除矸加工。它是以提高煤炭纯度为目的的加工形式。一般煤炭中混入的矸石有一定发热量，混入一些矸石是允许的，也是较经济的。但是，有时则不允许煤炭中混入矸石，在运力十分紧张的地区要求充分利用运力、降低成本，多运"纯物质"，少运矸石，在这种情况下，可以采用除矸的流通加工方法排除矸石。除矸加工可提高煤炭运输效益和经济效益，减少运输能力浪费。

（2）煤浆加工。用运输工具载运煤炭，运输中损失浪费比较大，又容易发生火灾。采用管道运输是近代兴起的一种先进技术。用管道运输方式运输煤浆，能减少煤炭消耗、提高煤炭利用率。目前，某些发达国家已经开始投入运行，有些企业内部也采用这一方法进行燃料输送。在流通的起始环节将煤炭磨成细粉，本身便有了一定的流动性，再用水调和成浆状，则具备了流动性，可以像其他液体一样进行管道输送。将煤炭制成煤浆采用管道输送是一种新兴的加工技术。这种方式并不与现有运输系统争夺运力，输送连续、稳定、快速，是一种经济的运输方法。

（3）配煤加工。在使用地区设置集中加工点，将各种煤及一些其他发热物质，按不同配方进行掺配加工，生产出各种不同发热量的燃料，称为配煤加工。配煤加工可以按需要发热量生产和供应燃料，防止热能浪费和"大材小用"，也防止发热量过小，不能满足使用要求。工业用煤经过配煤加工还可以起到便于计量控制、稳定生产过程的作用，具有很好的经济价值和技术价值。煤炭消耗量非常大，进行煤炭流通加工潜力也很大，可以大大节约运输能源，降低运输费用，具有很好的技术价值和经济价值。

4. 水泥的流通加工

（1）水泥熟料的流通加工。在需要长途运入水泥的地区，变运入成品水泥为运进熟料这种半成品，即在该地区的流通加工（磨细工厂）磨细，并根据当地资源和需要的情况掺入混合材料及外加剂，制成不同品种及标号的水泥供应给当地用户，这是水泥流通加工的一种重要形式。

★ 想一想：

在需要经过长距离输送供应的情况下，为什么以熟料形态代替传统的粉状水泥？

①可以大大降低运费、节省运力。运输普通水泥和矿渣水泥平均约有30%以上的运力消耗在矿渣及其他各种加入物上。在我国水泥需用量较大的地区，工业基础大都较好，当地又有大量的工业废渣。如果在使用地区对熟料进行粉碎，可以根据当地的资源条件选择混合材料的种类，这样就节约了消耗在混合材料上的运力，节省了运费。同时，水泥输送的吨位也大大减少，有利于缓和铁路运输的紧张状态。

②可按照当地的实际需要大量掺加混合材料。生产廉价的低标号水泥，发展低标号水泥的品种，就能在现有生产能力的基础上更大限度地满足需要。我国大、中型水泥厂生产的水泥，平均标号逐年提高，但是目前我国使用水泥的部门大量需要较低标号的水泥，然而，大部分施工部门没有在现场加入混合材料来降低水泥标号的技术设备和能力，因此，不得已使用标号较高的水泥，这是很大的浪费。如果以熟料为长距离输送的形态，在使用地区加工粉碎，就可以按实际需要生产各种标号的水泥，尤其可以大量生产低标号水泥，以减少水泥长距离输送的数量。

③容易以较低的成本实现大批量、高效率的输送。从国家的整体利益来看，在铁路输送

中运力利用率比较低的输送方式显然不是发展方向。如果采用输送熟料的流通加工形式，可以充分利用站、场、仓库等现有的装卸设备，又可以利用普通车皮装运，比散装水泥方式具有更好的技术经济效果，更适合于我国的国情。

④可以大大降低水泥的输送损失。水泥的水硬性是在充分磨细之后才表现出来的，而未磨细的熟料抗潮湿的稳定性很强。所以，输送熟料也基本可以防止由于受潮而造成的损失。此外，颗粒状的熟料也不像粉状水泥那样易于散失。

⑤能更好地衔接产需，方便用户。采用长途输送熟料的方式，水泥厂就可以和有限的熟料粉碎工厂之间形成固定的直达渠道，使水泥的物流更加合理，从而实现经济效果较优的物流。水泥的用户也可以不出本地区而直接向当地的熟料粉碎工厂订货，因而更容易沟通产需关系，大大方便了用户。

（2）集中搅拌混凝土。改变以粉状水泥供给用户，由用户在建筑工地现场拌制混凝土的习惯方法，而将粉状水泥输送到使用地区的流通加工点，搅拌成混凝土后再供给用户使用，这是水泥流通加工的另一种重要加工方法。这种流通加工方式，优于直接供应或购买水泥在工地现场搅拌制作混凝土的技术经济效果。因此，这种流通加工方式已经受到许多国家的重视。

★议一议：
集中搅拌混凝土这种流通加工方法有什么优点？
①将水泥的使用从小规模的分散形态改变为大规模的集中加工形态，因此可以利用现代化的科技手段，组织现代化大生产。
②集中搅拌可以采取准确的计量手段，选择最佳的工艺，提高混凝土的质量和生产效率，节约水泥。
③可以广泛采用现代科学技术和设备，提高混凝土质量和生产效率。
④可以集中搅拌设备，有利于提高搅拌设备的利用率，减少环境污染。
⑤在相同的生产条件下，能大幅度降低设备、设施、电力、人力等费用。
⑥可以减少加工据点，形成固定的供应渠道，实现大批量运输，使水泥的物流更加合理。
⑦有利于新技术的采用，简化工地的材料管理，节约施工用地等。

5. 玻璃的流通加工

平板玻璃的集中套裁、开片供应是重要的流通加工方式。在城镇居民集中区设置玻璃加工中心，按用户提供的尺寸统一裁制小块玻璃，向用户提供成品玻璃。这样做可以提高平板玻璃利用率，由分散切割玻璃的利用率60%提高到90%以上，并且还能集中回收玻璃的边角余料。比如，工厂生产的玻璃是大块的，教室窗户的玻璃是小块的，为了节约、降低运输成本，方便安装，就要对工厂生产出来的玻璃进行流通加工，根据窗户的大小进行分割，并做好编号，然后再运输到教室，对号安装。

二、消费资料的流通加工作业

1. 机电产品的分割和组装加工

自行车及中小型机电产品的运输配送、储存保管具有一定困难，主要原因是不易进行包装，如进行防护包装则成本过大，并且运输装卸困难，效率也较低，容易丢失。这些货物有一个共同特点，即装配比较简单，技术要求不高，不需要进行复杂的检验和调试。因此，这类物品可采用半成品（部件）高容量包装的形式，然后在消费地拆箱组装，组装后再进行市场销售。

有些大型整体设备的体积很大，运输装卸困难，也可按技术要求进行分割，分为体积较小的几部分进行运输，到达目的地后再组装起来，恢复原型。

2. 服装、书籍的流通加工

服装流通加工不是指对材料的套裁和批量缝制，而是指在批发商的仓库或配送中心进行缝商标、拴标签、改换包装等简单的加工作业。近年来，由于消费者的个性化要求，退货大量增加，从商场退回来的衣服，一般在仓库或配送中心重新分类、整理、改换价签和包装。

书籍的流通加工作业主要有：简单的装帧、套书壳、拴书签以及退书的重新整理、复原等。

三、生鲜食品的流通加工作业

食品的流通加工的类型很多。只要我们留意超市里的货柜就可以看出，那里摆放的各类洗净的蔬菜、水果、肉末、鸡翅、香肠、咸菜等都是流通加工的结果。这些商品的分类、清洗、贴商标和条形码、包装、装袋等是在摆进货柜之前就已进行了加工作业，这些流通加工都不是在产地，而是已经脱离了生产领域，进入了流通领域。生鲜食品的流通加工主要包括四种。

1. 冷冻加工

为了保鲜而进行的流通加工，即为了解决鲜肉、鲜鱼在流通中保鲜及装卸搬运的问题，采取低温冻结方式的加工。这种方式也用于某些液体商品、药品等。

2. 分选加工

为了提高物流效率而进行的对蔬菜和水果的加工，如去除多余的根叶等。农副产品规格、质量离散情况较大，为获得一定规格的产品，采取人工或机械分选方式的加工被称为分选加工。这种方式广泛用于果类、瓜类、谷物、棉毛原料等。

3. 精制加工

农、牧、副、渔等产品的精制加工是在产地或销售地设置加工点，去除无用部分，甚至可以进行切分、洗净、分装等加工，以便进行分类销售。这种加工不但大大方便了购买者，而且还可以对加工过程中的淘汰物进行综合利用。比如，鱼类的精制加工所剔除的内脏可以制成某些药物或用作饲料，鱼鳞可以制高级黏合剂，头尾可以制鱼粉等；蔬菜加工的剩余物可以制饲料、肥料等。

4. 分装加工

许多生鲜食品零售起点较低，而为了保证高效输送出厂，包装一般比较大，也有一些是采用集装运输方式运达销售地区。为了便于销售，可以在销售地区按零售点的要求进行新的包装，即大包装改小包装，散装改小包装，运输包装改销售包装，以满足消费者对不同包装规格的需求，从而达到促销的目的。

此外，半成品加工、快餐食品加工也成为流通加工的组成部分。这种加工形式，节约了运输等物流成本，保护了商品质量，增加了商品的附加价值。如葡萄酒是液体，从产地批量将原液运至消费地配制、装瓶、贴商标，包装后出售，既可以节约运费，又安全保险，可以用较低的成本，卖出较高的价格，使附加值大幅度增加。

知识拓展

流通加工的合理化

流通加工合理化的含义是实现流通加工的最优配置，也就是对是否设置流通加工环节、在什么地方设置、选择什么类型的加工、采用什么样的技术装备等问题做出正确选择。

一、不合理的流通加工形式

（一）流通加工地点设置的不合理

流通加工地点设置即布局状况是决定整个流通加工是否有效的重要因素。一般来说，为衔接单品种大批量生产与多样化需求的流通加工，加工地点设置在需求地区，才能实现大批量的干线运输与多品种末端配送的物流优势。如果将流通加工地设置在生产地区，一方面，为了满足用户多样化的需求，会出现多品种、小批量的产品由产地向需求地的长距离的运输；另一方面，在生产地增加了一个加工环节，同时也会增加近距离运输、保管、装卸等一系列物流活动。所以，在这种情况下，不如由原生产单位完成这种加工而无须设置专门的流通加工环节。

另外，一般来说，为方便物流的流通，加工环节应该设置在产出地。如果将其设置在消费地，则不但不能解决物流问题，反而又在流通中增加了中转环节，也是不合理的。

即使是产地或需求地设置流通加工的选择是正确的，还有流通加工在小地域范围内的正确选址问题。如果处理不善，仍然会出现不合理。比如说交通不便，流通加工与生产企业或用户之间距离较远，加工点周围的社会环境条件不好等。

（二）流通加工方式选择不当

流通加工方式包括流通加工对象、流通加工工艺、流通加工技术、流通加工程度等。流通加工方式的确定实际上是要与生产加工合理分工。分工不合理，把本来应由生产加工完成的作业错误地交给流通加工来完成，或者把本来应由流通加工完成的作业错误地交给生产过程去完成，都会造成不合理。

流通加工不是生产加工的代替，而是一种补充和完善。所以，一般来说，如果工艺复杂，对技术装备要求较高，或加工可以由生产过程延续或轻易解决的，都不宜再设置流通加工。如果流通加工方式选择不当，就可能会出现生产争利的恶果。

(三) 流通加工作用不大，形成多余环节

有的流通加工过于简单，或者对生产和消费的作用都不大，甚至有时由于流通加工的盲目性，同样未能解决品种、规格、包装等问题，相反却增加了作业环节，这也是流通加工不合理的重要表现形式。

(四) 流通加工成本过高，效益不好

流通加工的一个重要优势就是它有较大的投入产出比，因而能有效地起到补充、完善的作用。如果流通加工成本过高，则不能实现以较低投入实现更高使用价值的目的，势必会影响它的经济效益。

二、实现流通加工合理化的途径

要实现流通加工的合理化，主要应从以下几个方面加以考虑。

(一) 加工和配送结合

即将流通加工设置在配送点中。一方面按配送的需要进行加工，另一方面加工又是配送作业流程中分货、拣货、配货的重要一环，加工后的产品直接投入到配货作业，这就无须单独设置一个加工的中间环节，而使流通加工与中转流通巧妙地结合在一起。同时，由于配送之前有必要的加工，可以使配送服务水平大大提高，这是当前对流通加工做合理选择的重要形式，在煤炭、水泥等产品的流通中已经表现出较大的优势。

(二) 加工和配套相结合

"配套"是指对使用上有联系的用品集合成套地供应给用户使用。例如，方便食品的配套。当然，配套的主体来自各个生产企业，如方便食品中的方便面，就是由其生产企业配套生产的。但是，有的配套不能由某个生产企业全部完成，如方便食品中的盘菜、汤料等。这样，在物流企业进行适当的流通加工，可以有效地促成配套，大大提高流通作为供需桥梁与纽带的能力。

(三) 加工和合理运输结合

我们知道，流通加工能有效衔接干线运输和支线运输，促进两种运输形式的合理化。利用流通加工，在支线运输转干线运输或干线运输转支线运输等这些必须停顿的环节，不进行一般的"支转干"或"干转支"，而是按干线或支线运输合理的要求进行适当加工，从而大大提高运输及运输转载水平。

(四) 加工和合理商流结合

流通加工也能起到促进销售的作用，从而使商流合理化，这也是流通加工合理化的方向之一。加工和配送相结合，通过流通加工，提高了配送水平，促进了销售，使加工与商流合理结合。此外，通过简单地改变包装使顾客方便购买，通过组装加工解除用户使用前进行组装、调试的难处，都是有效促进商流的很好例证。

(五) 加工和节约相结合

节约能源、节约设备、节约人力、减少耗费是流通加工合理化重要的考虑因素，也是目

前我国设置流通加工并考虑其合理化的较普遍形式。

　　对于流通加工合理化的最终判断，是看其是否能实现社会的和企业本身的两个效益，而且是否取得了最优效益。流通企业更应该树立社会效益第一的观念，以实现产品生产的最终利益为原则，只有在生产流通过程中以不断补充、完善为己任的前提下才有生存的价值。如果只是追求企业的局部效益，进行不适当地加工，甚至与生产企业争利，这就有违于流通加工的初衷，或者其本身已不属于流通加工的范畴。

基本训练

一、选择题

1. 下列属于流通加工作业的是（　　　）。
   A. 包装　　　　　B. 分割　　　　　C. 计量　　　　　D. 分拣
   E. 拴标签
2. 流通加工是对物品进行的（　　　）加工。
   A. 浅层次　　　　B. 深层次　　　　C. 初级　　　　　D. 高级
   E. 中级
3. 下列不属于流通加工操作的有（　　　）。
   A. 将散装的食用油灌装成小桶装
   B. 将散装的大米袋装
   C. 将货物贴上商标
   D. 将袋装的大米从西安运送到郑州
4. 国家标准要求在30 ℃环境温度下，车厢内温度可调范围分为6个档次，其中最高可调温度为（　　　），最低可调温度为（　　　）。
   A. +12 ℃　　　　B. -20 ℃　　　　C. +20 ℃　　　　D. -12 ℃
5. 在贴标签时，如货物是超过1.6米以上的超高货物，标签应贴在标签人视线（　　　）。
   A. 略高位置　　　　　　　　　　　B. 1.0米位置
   C. 略低位置　　　　　　　　　　　D. 平行位置
6. 不合理的流通加工形式有（　　　）。
   A. 流通加工地点设置的不合理
   B. 流通加工方式选择不当
   C. 流通加工成本过高，效益不好
   D. 流通加工作用不大，形成多余环节
7. 目前贴标签的形式有（　　　）。
   A. 手工贴标签　　　　　　　　　　B. 半自动化贴标签
   C. 全自动机器贴标签　　　　　　　D. 打印标签

二、简答题

1. 在需要经过长距离输送供应的情况下，以熟料形态代替传统的粉状水泥有哪些优点？
2. 流通加工有哪些作用？

3. 如何操作能够使流通加工更合理？
4. 与生产加工相比较，流通加工具有什么特点？

三、综合题

假设生产现场 A、B、C 三个部门分别需要 2.9 米、2.1 米、1.5 米的棒材各 100 根。已知供应商提供的棒材规格为 7.4 米。请比较分散下料与集中下料所需的原材料数量。集中下料可以节省百分之几的原材料。

职场体验

在实训室对货物进行打包处理，要求分别使用全自动打包、半自动打包以及手动方式进行打包。

专业能力测评

在下列表格○中打✓　　A 理解　　B 基本理解　　C 未理解

专业能力	评价指标	自测结果
流通加工概述	1. 流通加工的定义 2. 流通加工产生的原因 3. 流通加工的基本作业内容 4. 流通加工的作用	○A　○B　○C ○A　○B　○C ○A　○B　○C ○A　○B　○C
流通加工的主要应用	1. 生产资料流通加工操作 2. 消费资料的流通加工作业 3. 生鲜食品的流通加工作业	○A　○B　○C ○A　○B　○C ○A　○B　○C

第八章

物流信息认知

学习目标

知识目标
- 了解物流信息的概念;
- 掌握条码的分类;
- 了解 RFID 的概念及应用;
- 理解物流信息系统。

技能目标
- 能进行条形码的操作;
- 能进行物流信息系统的操作。

导入案例

案例一

宝供选择信息化道路成为知名的第三方物流企业

宝供物流（以下简称宝供）作为我国物流界一家知名的第三方物流企业,其信息化走的是循序渐进逐步完善的道路。宝供 1997 年开始建立管理信息系统时,重点是建设互联,解决了通信问题,客户可以通过网络查到某一个订单的状态。1998 年宝供开始做数据交换,实现与用户的信息共享,在系统中加入财务核算,渗透到物流所有环节,其结果是降低了成本,提高了效益。从 2000 年开始,宝供确定的目标是要与客户结成供应一体化,使客户可以直接在网上确定订单,由公司在网上执行订单。另外,为了公司建设苏州新仓库基地的需要,宝供通过招标,选定引进实施 IBM 公司的仓库管理系统。从 2003 年起,宝供全面实行以财务为核心的 ERP。这样,宝供的物流系统每一年都改进一点,一年做一件事,奠定了公司发展的坚实基础。

在中国物流采购与发展联合会进行物流先进案例评比时,宝供的信息化案例被选用为第三方物流企业的代表案例。宝供系统本身的技术并不复杂，甚至都算不上是业界最先进的，但是这个系统非常实用，效率较高，是最适合宝供自己的信息系统。国家科技部后来推荐其参加了国家科技进步奖的评选。

★思考：

宝供为什么选择走信息化道路？

案例二

分析我国物流信息技术的发展趋势

热衷于网购的小王对信息技术给快递企业带来的变化深有感触。现在，在网上购物后，顾客可以实时跟踪自己的货物，并且能主动地联系到派送人员，而过去只能被动等待。随着信息技术的发展，几年、十几年乃至几十年以后，我国的物流信息化将会是怎样的呢？请以团队的形式共同分析我国物流信息技术的发展趋势。

第一节　物流信息概述

一、信息

1. 数据

提到数据，很多人头脑中的第一个反应就是数字，例如 12、45、23 等。其实数字只是最简单的一种数据，是数据的一种传统和狭义的理解。广义地讲，数据的种类很多，文本、图形、图像、音频、学生的档案记录、货物的运输情况等，这些都是数据。数据是用来反映客观事物而记录下来的可以鉴别的符号，是客观事物的基本表达。

数据是一种原始记录，没有经过加工的数据是粗糙、杂乱的，但它是真实的、可靠的，有积累的价值。

2. 信息

信息是指能够反映事物内涵的知识、资料、情报、图像、数据、文件、语言、声音等。

信息的概念是十分普遍的。客观世界中存在着各种各样的信息现象。李白的诗"日照香炉生紫烟，遥看瀑布挂前川。飞流直下三千尺，疑是银河落九天"给我们带来了庐山瀑布的信息；苏东坡的词"大江东去，浪淘尽、千古风流人物……"给我们传递的是赤壁怀古的信息。

信息的基本特征就是信息区别于其他事物的本质属性，信息的特征有以下几个。

①真实性。信息是能被接收并经过加工处理而获取的数据，不符合事实的信息是虚假的，是没有价值的，真实性是信息的第一特征。

②价值性。信息的价值性是指人们可以利用信息获取利益，因此，信息也是一种资源。但是信息的价值性在许多情况下是隐藏的，它只有在被人认识并利用的情况下，才能发挥出作用。

③不对称性。由于各种原因的限制，比如专业知识、市场需求、制作技术等，在市场中交易的双方所掌握的信息是极不相等的，不同的企业掌握信息的程度各有不同，这就是信息的不对称性。

④滞后性。信息有一定的滞后性，因为信息作为客观事实的反映，总是先有事实，然后生成信息。因此，只有加快传输，才能减少信息的滞后性。

⑤时效性。时效性是指信息的价值性只表现在一定的时间内，在这个时间内，利用信息能产生效益，过了这个时间，信息就不会产生效益。

⑥传输性。信息是可以传输的，人们通过各种手段把信息传输到很远的地方。有效的信息传播可产生更大的价值。

⑦共享性。共享性是信息区别于物质的一个重要特征，信息的共享性有利于信息为众人利用，共同受益。当人们把一个信息告诉别人时，人们自己并不会失去它，这就说明信息不具有独占性，在同一时间可以被多人掌握。信息的共享性有利于信息成为企业的一种资源。比如，物流链上各环节共享库存信息所得到的收益要大于不共享信息时各环节收益之和。这种共享是一种非零和的共享，即共享的诸方受益或受损是不确定的，各方因同一信息而获得的增值并不等于少数方独占该信息所获得的增值。

⑧可扩散性。由于信息的传输性，信息可以通过各种介质向外扩散。信息的可扩散性具有正负两种效应：正效应是指利用信息的扩散，节省人力、资金等资源的消耗，如同人们从前辈那里获取知识；负效应将造成信息的贬值，同时会造成增值减少。

二、物流信息

1. 物流信息的定义

国家标准《物流术语》给出的定义是："物流信息是反映物流各种活动内容的知识、资料、图像、数据、文件的总称。"从狭义上来看，物流信息是指与物流活动有关的信息。在物流活动的管理与决策中，如运输工具的选择，运输路线的确定，每次运送批量的确定，在途货物的跟踪，库容的有效利用，最佳库存数量的确定，订单运输管理，如何提高顾客服务水平等，都需要详细和准确的物流信息。因为物流信息对运输管理、订单管理、库存管理、仓库作业管理、供应链管理等物流活动具有支持保证的功能。从广义上来看，物流信息不仅指与物流活动有关的信息，而且包括与其他流通活动有关的信息，如商品交易信息和市场信息。

2. 物流信息的分类

（1）按物流信息载体分可以分为单据台账、报表、计划、文件等。

（2）按信息来源分可以分为外部信息和内部信息。外部信息包括供货人信息、顾客信息、订货合同信息、交通运输信息、市场信息、政策信息等。内部信息包括消费者收入动向和市场动态、生产经营指标完成情况等。

（3）按管理层次可以分为操作管理信息、知识管理信息、战术管理信息、战略管理信息。操作管理信息产生于物流作业层，反映和控制企业的日常生产和经营工作。它位于管理信息的最底层，是信息源，来自企业的基层，如订货处理、计划管理、运输管理、库存管理、设备管理等信息。这类信息通常具有量大、发生频率高等特点。

3. 物流信息的特点

（1）信息量大。物流信息随着物流活动以及商品交易活动的展开而大量发生。多品种少量生产和多频度小数量配送使库存、运输等物流活动的信息大量增加。零售商广泛使用销售时点系统（POS）读取销售时点的商品品种、价格、数量等即时销售信息，并对这些信息加工整理，通过电子数据自动交换向相关企业传递。同时，为了使库存补充作业合理化，许多企业采用电子自动订货系统。随着企业间合作倾向的增强和信息技术的发展，物流信息的信息量在今后将会越来越大。

（2）更新快。物流信息的更新速度快、多品种少批量生产、多频度小数量配送与利用POS系统的即时销售使得各种作业活动频繁发生，从而要求物流信息不断更新，而且更新的速度越来越快。

（3）来源多样化。物流信息不仅包括企业内部的物流信息，而且包括企业间的物流信息和与物流活动有关的基础设施的信息。企业竞争优势的获得需要供应链参与企业之间相互协调合作。协调合作之一就是信息即时交换和共享。许多企业把物流信息标准化和格式化，利用电子数据交换在相关企业间进行传送，实现信息共享。

（4）发展趋向于标准化。由于物流是一个大范围的活动，物流信息源也分布在一个大范围内，信息源点多、信息量大。如果在这个大范围中未能实现统一管理或标准化，则信息便缺乏通用性。

（5）"牛鞭效应"。物流信息的"牛鞭效应"，是指物流信息在前端小幅度的波动会在后面产生很大幅度的波动。这种现象是由于信息的阶梯式传递、层层汇总造成的。这不仅会造成信息延迟，而且还会造成信息的失真和变形。

第二节　物流信息技术

常见的物流信息技术有条形码技术、无线射频识别技术、电子数据交换技术、全球定位系统、地理信息系统等。

一、条形码技术

1. 条形码技术的起源及发展

条形码技术最早出现在 20 世纪 40 年代，但是得到实际应用和发展是在 20 世纪 70 年代左右。现在世界上的各个国家和地区都已经普遍使用条形码技术，其应用领域越来越广。早在 20 世纪 40 年代，美国人乔·伍德兰德（JoeWood Land）和伯尼·西尔沃（Berny Silver）两位工程师就开始研究用代码表示食品项目及相应的自动识别设备，并于 1949 年获得了美国专利。

条码技术

1970 年美国超级市场 AdHoc 委员会制定出通用商品代码 UPC 码，许多团体也提出了各种条形码符号方案。UPC 码首先在杂货零售业中试用，这为以后条形码的统一和广泛采用奠定了基础。次年，布莱西公司研制出布莱西码及相应的、自动识别系统，用以库存验算。

这是条形码技术第一次在仓库管理系统中的实际应用。1972年蒙那奇·马金（Monarch Marking）等人研制出库德巴（Code bar）码，至此，美国的条形码技术进入新的发展阶段。

在经济全球化、信息网络化、生活国际化、文化国土化的资讯社会到来之时，条码作为一种可印制的计算机语言，未来学家称之为"计算机文化"。20世纪90年代，国际流通领域将条码誉为商品进入国际计算机市场的"身份证"，这一举动使全世界对条码刮目相看。印刷在商品外包装上的条码，像一条条经济信息纽带将世界各地的生产制造商、出口商、批发商、零售商和顾客有机地联系在一起。这一条条纽带，一经与EDI系统相连，便形成多项、多元的信息网，各种商品的相关信息犹如投入了一个无形的、永不停息的自动导向传送机构，流向世界各地，活跃在世界商品流通领域。

2. 条形码的基本概念

条形码是由宽度不同、反射率不同的条和空，按照一定的编码规则（码制）编制成的，用以表达一组数字或字母符号信息的图形标识符。即条形码是一组粗细不同，按照一定的规则安排间距的平行线条图形。常见的条形码是由反射率相差很大的黑条（简称条）和白条（简称空）组成的。

3. 条形码的结构

一个完整的条形码符号是由两侧空白区、起始符、数据符、中间分隔符、校验符（可选）和终止符以及供人识读的字符组成的，如图8-1所示。

图8-1 条形码的结构

（1）空白区：条码起始符、终止符两端外侧与空的反射率相同的限定区域。

（2）起始符：位于条码开始的若干条和空。

（3）终止符：位于条码终止位置的若干条和空。

（4）条码数据符：表示特定信息的条码字符。

（5）中间分隔符：平分条码字符的特殊符号。

（6）条码校验符：表示校验码的条码字符。

（7）供人识别的字符：位于条码字符的下方，与相应的条码字符相对应的、用于供人识别的字符。

4. 条形码的特点

（1）输入速度快。与键盘输入相比，条形码输入的速度是键盘输入的 5 倍，并且能实现"即时数据输入"。

（2）可靠性高。键盘输入数据出错率为三百分之一，利用光学字符识别技术出错率为万分之一，而采用条形码技术误码率低于百万分之一。

（3）采集信息量大。利用传统的一维条形码一次可采集几十位字符的信息，而二维条形码可以携带数千个字符的信息，并有一定的自动纠错能力。

（4）灵活实用。条形码标识既可以作为一种识别手段单独使用，也可以和有关识别设备组成一个系统实现自动化识别，还可以和其他控制设备连接起来实现自动化管理。

（5）条形码标签易于制作。条形码对设备和材料没有特殊要求，识别设备操作容易，不需要特殊培训，且设备也相对便宜。

（6）成本非常低。在零售领域，因为条码是印刷在商品包装上的，所以其成本几乎为"零"。

5. 常用条形码

（1）商品条形码。以直接向消费者销售的商品为对象、以单个商品为单位使用的条形码，它由 13 位数字组成，最前面的两个数字表示国家或地区的代码，中国的代码是 69，接着的 5 个数字表示生产厂商的代码，其后的 5 个数字表示商品品种的代码，最后 1 个数字用来防止机器发生误读错误。例如，商品条形码 6902952880041 中，69 代表中国，02952 代表贵州茅台酒厂，88004 代表 53%（V/V）106PROOF、500 mL 的白酒。

（2）物流条形码。物流过程中的以商品为对象、以包装商品为单位使用的条形码。标准物流条形码由 14 位数字组成，除了第 1 位以外，其他位数字代表的意义与商品条形码的相同。物流条形码第 1 位数表示物流识别代码，在物流识别代码中 1 代表集合包装容器装 6 瓶酒；2 代表装 24 瓶酒。例如，物流条形码 26902952880041 代表该包装容器装有中国贵州茅台酒厂的白酒 24 瓶。商品条形码与物流条形码的比较如表 8-1 所示。

表 8-1　商品条形码和物流条形码的比较

项目	应用对象	数字构成	包装形状	应用领域
商品条形码	向消费者销售的商品	13 位数字	单个商品包装	POS 系统、补充订货管理
物流条形码	物流过程中的商品	14 位数字	集合包装	出入库管理、运输保管分拣管理

6. 条形码技术在物流领域中的应用

（1）销售信息系统（POS 系统）。在商品上贴上条形码就能快速、准确地利用计算机进行销售和配送管理。其过程为：对销售商品进行结算时，通过光电扫描读取并将信息输入计算机，然后输进收款机，收款后开出收据，同时，通过计算机处理，掌握进、销、存的数据。

（2）库存系统。在库存物资上应用条形码技术，尤其是用在规格包装、集装、托盘货物上，入库时自动扫描并输入计算机，由计算机处理后形成库存的信息，并输出入库区位、货架、货位的指令，出库程序则和 POS 系统条形码应用一样。

（3）分货拣选系统。在配送方式和仓库出货时，采用分货、拣选方式，需要快速处理大量的货物，利用条形码技术便可自动进行分货拣选，并实现有关的管理。其过程如下：一个配送中心接到若干个配送订货要求，将若干订货汇总，每一品种汇总成批后，按批发出所在条形码的拣货标签，拣货人员到库中将标签贴于每件商品上并取出用自动分拣机分货，分货机始端的扫描器对分货机上处于运动状态的货物扫描，一方面确认所拣出货物是否正确，另一方面识读货物条形码上的用户标记，指令商品在确定的分支分流，到达各用户的配送货位，完成分货拣选作业。

总之，条形码技术的应用解决了数据录入和数据采集的"瓶颈"问题，为供应链管理提供了有力的技术支持。

二、无线射频识别技术

1. 无线射频识别技术概述

自 2004 年起，全球范围内掀起了一场无线射频识别技术（RFID）的热潮，包括沃尔玛、宝洁、波音公司在内的商业巨头无不积极推动 RFID 在制造、物流、零售、交通等行业的应用。RFID 技术及其应用正处于迅速上升的时期，被业界公认为是最具潜力的技术之一，它的发展和应用推广将是自动识别行业的一场技术革命。而 RFID 在交通物流行业的应用更是为通信技术提供了一个崭新的舞台，将成为未来电信业有潜力的利润增长点之一。

无线射频识别技术是一种非接触式的自动识别技术，通过射频信号识别目标对象并获取相关数据，识别工作无须人工干预。作为条形码的无线版本，RFID 技术具有条形码所不具备的防水、防磁、耐高温、使用寿命长、读取距离大、标签上数据可以加密、存储数据容量更大、存储信息更改自如等优点。无线射频使短距离射频产品不怕油渍、灰尘污染等恶劣的环境，可在这样的环境中替代条码，例如用在工厂的流水线上跟踪物品。长距离射频产品多用于交通行业，识别距离可达几十米，如自动收费或识别车辆身份等。

2. 无线射频识别技术系统基本组成部分

标签（Tag）：由耦合元件及芯片组成，每个标签具有唯一的电子编码，附着在物体上标识目标对象。

阅读器（Reader）：读取（有时还可以写入）标签信息的设备，可设计为手持式或固定式。

天线（Antenna）：在标签和读取器间传递射频信号。

3. 无线射频识别技术工作流程

工作流程如下。

（1）读写器设定数据的无线电载波信号经过发射天线向外发射。

（2）当射频识别标签进入发射天线的工作区时，射频标签被激活后即将自身信息代码经天线发射出去。

（3）系统的接收天线接收到射频识别标签发出的载波信号，经天线的调节器传给读写器。读写器对接到的信号进行解调解码，送后台计算机控制器。

（4）计算机控制器根据逻辑运算判断该射频识别标签的合法性，针对不同的设定做出相应的处理和控制，发出指令信号控制执行机构的动作。

（5）执行机构按计算机的指令进行动作。

（6）通过计算机通信网络将各个监控点连起来，构成总控信息平台，根据不同的项目可以设计不同的软件来完成要达到的功能。

4. 无线射频识别技术的特点

（1）能快速扫描且同时识读多个物体。无线射频识读器可同时辨识和读取多个无线射频标签。

（2）体积小型化、形状多样化。无线射频在读取上并不受尺寸大小与形状的限制，不需要为了读取精确度而配合纸张的固定尺寸和印刷品质。此外，无线射频标签可往小型化与多样形态发展，以应用于不同产品。

（3）抗污染能力和耐久性强。传统条形码的载体是纸张，容易受到污染，但是无线射频对水、油和化学药品等物质具有很强的抵抗性。

（4）可重复使用。现今的条形码印刷上去之后就无法更改，RFID 标签则可以重复地新增、修改、删除 RFID 卷标内存储的数据，方便信息的更新。

（5）穿透性和无屏障阅读。在被覆盖的情况下，RFID 能够穿透纸张、木材和塑料等非金属或非透明的材质，并能够进行穿透性通信。而条形码扫描器必须在近距离且没有物体阻挡的情况下才可以识读条形码。

（6）数据的记忆容量大。一维条形码的容量是 50 B，二维条形码最大的容量可储存 2 000 ~ 3 000 B，RFID 最大的容量则有数 MB。随着记忆载体的发展，数据容量也有不断增大的趋势。未来物品携带的资料量会越来越大，对卷标扩充容量的需求也相应增加。

（7）安全性高。由于 RFID 承载的是电子式信息，其数据内容可经密码保护，使其内容不易被伪造及变造。

5. 无线射频识别技术的应用

（1）车辆的自动识别。我国的铁路部门已在全线实施了铁路车号、车次自动识别系统，通过该系统的实施，在数千个信息采集点上，可及时准确地获得通过列车的车次、每节车厢的车号以及列车的到发信息，从而为实现全路货车、机车、列车、集装箱的跟踪管理打下基础。

（2）高速公路收费及智能交通系统（ITS）。高速公路自动收费系统是 RFID 技术最成功的应用之一，它充分体现了非接触识别的优势。在车辆高速通过收费站的同时自动完成缴费，解决交通瓶颈问题，避免拥堵，同时也防止了现金结算中贪污路费等问题。

（3）非接触识别卡。国外的各种交易大多利用各种卡完成，即所谓非现金结算，如电话卡、会员收费卡、储蓄卡、地铁及汽车月票卡等，以前此类卡大都采用磁卡或 IC 卡。由于磁卡、IC 卡采用接触式识读，在抗机械磨损及外界强电、磁场干扰时的能力差，同时，又由于磁卡易伪造等原因，目前，其大有被非接触识别卡所替代的势头。

(4) 生产线的自动化及过程控制。将 RFID 技术用于生产线可实现自动控制，改进了生产方式，提高了生产率，如用于汽车装配生产线。国外许多著名轿车像奔驰、宝马都可以按用户要求定制，也就是说从流水线开下来的每辆汽车都是不一样的，从上万种内部及外部选项中所决定的装配工艺是各式各样的，没有一个高度组织、复杂的控制系统很难胜任这样复杂的任务。德国宝马公司在汽车装配线上配有 RFID 系统，以保证汽车在流水线各位置处能毫不出错地完成装配任务。

(5) 动物的跟踪及管理。RFID 技术可用于动物跟踪，研究动物生活习性。如新加坡利用 RFID 技术研究鱼的洄游特性等。RFID 还用于标识牲畜，实现了牧场的现代化管理。将 RFID 技术用于信鸽比赛、赛马识别等，可以准确测定到达时间。

(6) 货物的跟踪及物品监视。将 RFID 系统应用于智能仓库的货物管理，完全有效地解决了仓库里与货物流动有关的信息的管理，它不但增加了一天之内处理货物的件数，还监视着这些货物的一切信息。很多货物运输需准确地知道它们的位置，比如运钞车、危险品等，沿线安装的 RFID 设备可跟踪运输的全过程，有些还结合 GPS 系统对物品实施有效跟踪。RFID 技术用于商店，可防止某些贵重品被盗，如电子系统物品监控系统。

三、电子数据交换（EDI）

1. EDI 概述

电子数据交换被我国港、澳、台地区及海外华人地区称为"电子资料联通"。它是一种在公司之间传输订单、发票等作业文件的电子化手段。它通过计算机通信网络将贸易、运输、保险、银行和海关等行业信息，用一种国际公认的标准格式，实现各有关部门或公司与企业之间的数据交换与处理，并完成以贸易为中心的全部过程，它是 20 世纪 80 年代发展起来的一种电子化贸易工具，是计算机、通信和现代管理技术相结合的产物。国际标准化组织（ISO）将 EDI 描述成"将贸易（商业）或行政事务处理按照一个公认的标准变成结构化的事务处理或信息数据格式，从计算机到计算机的电子传输"。又由于使用 EDI 可以减少甚至消除贸易过程中的纸面文件，因此 EDI 又被人们通俗地称为"无纸贸易"。

2. EDI 的特点

EDI 作为一种全球性的具有巨大商业价值的电子化贸易手段，具有以下几个显著的特点。

(1) 单证格式化。EDI 传输的是企业间格式化的数据，如订购单、报价单、发票、货运单、装箱单、报送单等，这些信息都具有固定的格式与行业通用性，而信件、公函等非格式化的文件不属 EDI 处理的范畴。

(2) 报文标准化。EDI 传输的报文符合国际标准或行业标准，这是计算机能自动处理的前提条件。

(3) 处理自动化。EDI 应用的是标准格式的数据，因此能通过 EDI 系统使交易双方自动处理相关信息，不需要人工干预。

（4）软件结构化。EDI 软件系统由五部分构成：用户界面模块、内部接口模块、报文生成与处理模块、格式转换模块和通信模块。这些模块结构清晰，功能分明。

（5）运作规范化。EDI 报文是目前商业化应用中最成熟、最规范的电子凭证之一，其所具有的法律效力已被普遍接受。EDI 系统的运作，有相应的规范化环境做基础。国际、国内出台了相关的法律、法规，保证其按照相关的标准去运作。

3. EDI 的作用

（1）使用 EDI 可以改进企业间的通信，更快地处理问题，减少纸面单证，降低成本。据估计，使用 EDI 的间接效益能达到全部贸易价值的 3%～5%，这无论对一个国家还是对一个企业都是一笔可观的数字。

（2）通过对数据进行电子式的记录可以减少错误，提高总体质量，降低数据对人的依赖性，减少无意义的处理时间。

（3）减少库存。EDI 的间接效益来自改进的管理，因为 EDI 一般都会与管理系统连接。EDI 能更快、更精确地填写订单，以便减少库存，达到库存管理的优化。

（4）降低成本。EDI 存储了完备的交易信息和审计记录，能为管理决策提供更好的信息，进而为企业增加效益和减少成本提供了更大的可能性。

（5）改善客户服务。EDI 的战略效益在于通过发展与客户和供应商的密切联系，巩固和增强企业的竞争地位，使企业能为客户提供优质服务，从而提高销量和利润。

4. EDI 的应用

（1）EDI 在物流公司中的应用。物流公司引入 EDI 可改善作业流程。物流公司引入 EDI 出货单后可与自己的拣货系统集成，生成拣货单，这样就可以加快内部作业速度，缩短配货时间；在出货完成后，可将出货结果用 EDI 通知客户，使客户及时知道出货情况，也可尽快处理缺货情况。

对于每月的出货配送业务，物流公司可引入 EDI 催款对账单，同时开发对账系统，并与 EDI 出货配送系统集成来生成对账单，从而减轻财务部门每月的对账工作量，降低对账的错误率，减少业务部门的催款压力。

（2）EDI 在批发商中的应用。批发商因其交易的特性，其相关业务包括向客户提供产品以及向厂商采购商品。批发商如果引入 EDI，可将采购进货单转换成 EDI 报文传给供应商，从而不需要为配合不同厂商而使用不同的电子订货系统；供应商提早收到订单，及时处理，可加快送货。批发商可接收客户的 EDI 采购进货单，从而不需要为配合不同客户而使用不同的电子订货系统；不需要重新输入订单数据，从而节省人力和时间，同时降低人力错误。EDI 也可改善接单、出货、催款的作业流程以及订购、验收、对账、付款的作业流程。

（3）EDI 在运输企业中的应用。运输商以其强大的运输工具和遍布各地的营业点而在流通中扮演了重要的角色。运输商引入 EDI 进行数据传输，就可接收托运人传来的 EDI 托运单报文，从而可以事先得知货物的详情，包括箱数、重量等，以便调配车辆；不需重新输入托运单数据，能节省人力和时间，减少人为错误。引入 EDI 可改善托运、收货、送货、回报、对账、收款等作业流程,可事先得知托运货物的详情,调配车辆前往收货。托运人传来的 EDI 托运数据可与发送系统集成,自动生成发送明细单;托运数据可与送货的回报作业集成,将送货结果及早回报给托运人,提高客户服务质量;此外,对已完成送货的交易,也可回报运费,供客户提早核对;可运用 EDI 催款对账单向客户催款。

四、全球定位系统

1. 概念

全球定位系统(Global Positioning System,GPS),简单地说,这是一个由覆盖全球的 24 颗卫星组成的卫星系统。这个系统可以保证在任意时刻,地球上任意一点都可以同时观测到 4 颗卫星,以保证卫星可以采集到该观测点的经纬度和高度,以便实现导航、定位、授时等功能。这项技术可以用来引导飞机、船舶、车辆以及个人,安全、准确地沿着选定的路线,准时到达目的地。

全球定位系统是 20 世纪 70 年代由美国陆海空三军联合研制的新一代空间卫星导航定位系统,其主要目的是为陆、海、空三大领域提供实时、全天候和全球性的导航服务,并用于情报收集、核爆监测和应急通信等一些军事目的,是美国独霸全球战略的重要组成部分。经过 20 余年的研究实验,耗资 300 亿美元,到 1994 年 3 月,全球覆盖率高达 98% 的 24 颗 GPS 卫星星座已布设完成。

GPS 全球卫星定位系统由 3 部分组成:空间部分——GPS 星座;地面控制部分——地面监控系统;用户设备部分——GPS 信号接收机。

2. 特点

(1)定位精度高。用 GPS 卫星发来的导航定位信号能够进行厘米级甚至毫米级精度的静态相对定位、米级至亚米级精度的动态定位、亚米级至厘米级精度的速度测量和毫微秒级精度的时间测量。

(2)观测时间短。随着 GPS 系统的不断完善,软件的不断更新,目前,20 千米以内相对静态定位,仅需要 15~20 分钟。快速静态相对定位测量时,当每个流动站与基准站相距在 15 千米以内时,流动站观测时间只需 1~2 分钟,然后可随时定位,每站观测只需几秒钟。

(3)测站间无须通视。GPS 测量不要求测站之间互相通视,只需测站上空开阔即可,因此可节省大量的造标费用。由于无须点间通视,点位位置可根据需要,可稀可密,这使选点工作甚为灵活,也可省去经典测量中的传算点、过渡点的测量工作。

(4)可提供三维坐标。GPS 可同时精确测定测站点的三维坐标。目前 GPS 水准可满足四等水准测量的精度。

(5)操作简便。随着 GPS 接收机不断改进,自动化程度越来越高,有的已达"傻瓜化"的程度。接收机的体积越来越小,重量越来越轻,极大地减轻了测量工作者的工作紧张程度和劳动强度,使野外工作变得轻松愉快。

(6)全天候作业。目前 GPS 观测可在一天 24 小时内的任何时间进行,不受阴天、黑夜、雾天、刮风、下雨、下雪等气候的影响。

（7）功能多、应用广。GPS 系统不仅可用于测量、导航，还可用于测速、测时。测速的精度可达每秒 0.1 米，测时的精度可达几十毫微秒。GPS 系统的应用领域不断扩大。

3. GPS 在物流领域的应用

（1）用于汽车自定位、跟踪调度。GPS 监控中心可全天候实时监控所有被控车辆的具体位置、行驶方向、行驶速度、停车记录、发动与熄火等状态信息，以便及时掌握车辆的状况。

（2）用于内河及远洋船队最佳航程和安全航线的测定、航向的实时调度、监测及水上救援。在我国，全球卫星定位系统最先应用于远洋运输的船舶导航。我国跨世纪的三峡工程也已规划利用全球卫星定位系统来改善航运条件、提高航运能力。

（3）用于铁路运输管理。我国铁路开发的基于 GPS 的计算机管理信息系统，可以通过 GPS 和计算机网络实时收集全路列车、机车、车辆、集装箱及所运货物的动态信息，可实现列车、货物追踪管理。只要知道货车的车种、车型、车号，就可以立即从近十万公里的铁路网上流动着的几十万辆货车中找到该货车，还可得知这辆货车现在何处运行或停在何处，还可以知道所有的车载货物发货信息。铁路部门运用这项技术可大大提高其路网及其运营的透明度，为货主提供更高质量的服务。

（4）用于空中交通管理、精密进场着陆、航路导航和监视。国际民航组织提出，在 21 世纪将用未来导航系统取代现行航行系统，它是一个以卫星技术为基础的航空通信、导航、监视和空中交通管理系统，它利用全球导航卫星系统实现飞机航路、终端和进场导航。目前 GPS 只能作为民用导航的补充手段，待完好性监控报警问题解决后，将过渡为唯一的导航手段。该系统的使用可降低机场的飞机起降时间间隔，使起降路线灵活多变，使更多的飞机以最佳航线和高度飞行，还可减少飞机误点，增加飞机起降的安全系数。

我国于 1996 年 3 月在西安咸阳国际机场进行了世界首例完整的未来空中管理系统（CNS/ATM）演示并获成功。全球卫星定位系统的应用将使我国航空管制从处于国际 20 世纪 40 年代水平一步跨入 21 世纪，从而开创我国空中运输管理的新纪元。

（5）用于军事物流。全球卫星定位系统首先是因军事目的而建立的，在军事物流中，如后勤装备的保障运输等方面，应用相当普遍，尤其是在美国。美国在世界各地驻扎的大量军队无论是在战时还是在平时都对后勤补给提出很高的要求，特别是在战争中，如果不依赖 GPS，美军的后勤补给就会变得一团糟。美军在 20 世纪末的地区冲突中依靠 GPS 和其他顶尖技术，以强有力的、可见的后勤保障，为"保卫美国的利益"做出了贡献。对此，我国军事部门也在运用 GPS。

五、地理信息系统

地理信息系统（Geographic Information System，GIS）是以地理空间数据为基础，采用地理模型分析方法，适时地提供多种空间的、动态的地理信息，是一种为地理研究和地理决策服务的计算机技术系统。

GIS 的用途十分广泛，可用于交通、能源、农林、水利、测绘、地矿、环境、航空、国土资源综合利用和物流等方面。GIS 技术在物流领域中的应用，有利于合理调配和使用各种资源，提高经济效益。

1. GIS 技术应用于物流分析

GIS 在物流领域中的应用主要是指利用 GIS 强大的地理数据功能来完善物流分析技术，提高物流业的效率。一个完整地 GIS 物流分析软件集成了车辆路线模型、最短路径模型、网络物流模型、分配集合模型和设施定位模型等。利用 GIS 为物流分析提供专门分析的工具软件，可实现对车辆路线、最短路径、物流网络、设施选址等方面的分析，以便从中找出最优方案。

2. GIS 技术应用于运输工具的定位

通过 GIS 信息系统，在计算机屏幕上可以实时显示车辆或船舶的速度信息、运动方向信息、地理位置信息等，而且显示精度比较高，基本上能准确地对运输工具进行定位。

3. GIS 技术应用于环境分析及动态预测

货物运输是动态的，它们与外界环境密切相关，并随着周围环境的不断变化而变化。在进行货物营运的过程中需要考虑地理因素的影响，地理信息系统可以通过地理编码功能，将相关数据与地图建立联系，用户只要单击地图上的任意对象，就可以同时看到与该对象相关联的所有数据。

4. GIS 技术应用于信息数据的采集

信息数据可分为静态数据和动态数据。静态数据指货场分布、铁路及专用线分布、区域面积等；动态数据则是指货物的流量、流向等不断变化的数据。从地理信息系统的角度来看，信息数据可分为空间属性数据和管理属性数据。销售点的坐标为空间属性数据，销售点的销售额为管理属性数据。使用手持数字化仪进行地图数字化，可以实现空间属性数据录入。

5. GIS 技术应用于仓库规划

GIS 技术是把计算机技术、地理信息和数据库技术紧密结合起来的新型技术，其特征非常适合仓库建设规划，从而使仓库建设规划走向规范化和科学化，并使仓库建设的经费得到最合理的运用。仓库 GIS 作为仓库管理信息系统中的一个子系统，它用地理坐标、图标的方式更直观地反映仓库的基本情况，如仓库建筑情况、仓库附近公路和铁路情况、仓库物资储备情况等。仓库 GIS 是仓库管理信息系统的一个重要分支和补充。

★ 想一想：

企业为什么要使用物流信息？

（1）实现货物跟踪。依据信息跟踪系统对货物的位置、状态、何时到达等进行跟踪，使货主对自己的货物动态了如指掌。

（2）库存的合理化。依靠电子计算机技术和严密的库存管理，压缩库存，防止积压或脱销。

（3）调节需求和供给。物流企业把订货信息和库存信息，及时反馈给生产计划、生产活动、需求预测等部门,使生产、物流、销售形成一系列的连贯活动,以提高工作效率。

(4) 采取有效措施,尽可能缩短从订货到发货的时间。

(5) 提高运输效率和装卸作业效率。

(6) 提高作业的精确度,控制和处理错发货、错配货、漏配送的信息,减少事故发生。

(7) 实现物流合理化,降低物流总成本。

第三节 物流信息系统

一、物流信息系统的组成要素

构成物流企业信息系统的主要组成要素有硬件、软件、数据库与数据仓库、相关人员以及企业的管理思想、制度和规范等,如图 8-2 所示。物流信息系统将这些结合在一起,对物流活动进行管理、控制和衡量。

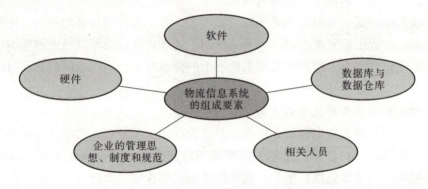

图 8-2 物流信息系统的组成要素

1. 硬件

硬件包括计算机和必要的通信设施等,如计算机主机、外存、打印机、服务器、通信电缆及通信设施,它是物流信息系统的物理设备和硬件资源,是实现物流信息系统的基础,它构成了系统运行的硬件平台。

2. 软件

在物流信息系统中,软件一般包括系统软件、实用软件和应用软件。系统软件是指管理和支持计算机资源及它的信息处理活动的程序,这些程序是计算机硬件和应用程序之间重要的软件接口。系统软件主要有操作系统、网络操作系统等;实用软件主要有数据库管理系统、计算机语言、各种开发工具及浏览器等,主要用于开发应用软件、管理数据资源及实现通信等;应用软件是指为了用户处理信息的需求,具有特定功能的程序。对于物流信息系统而言,它是为了企业进行相关的物流管理活动而开发的程序,应用软件一般面向的是具体问题,不同的企业有不同的物流活动,因此其物流应用软件,甚至物流信息系统也是千差万别的。

3. 数据库与数据仓库

数据库与数据仓库用来存放与应用相关的数据，是实现辅助企业管理和支持决策的数据基础。随着国际互联网的深入应用以及计算机安全技术、网络技术及通信技术的发展，以及市场专业化分工与协作的深入，企业和企业之间的数据交换趋势日益增强，企业许多物流信息来源于外部，因此，企业数据库的设计将面临集中、部分集中及分层式管理的决策。同时，随着物流信息系统的深入应用，采用数据挖掘技术的数据仓库也应运而生。

4. 相关人员

无论物流信息系统的开发、运行还是维护，都离不开各级人员的参与。这些人员既有专业人员、终端用户，还有管理人员、业务人员等，不同的人员在物流信息系统开发、运行和维护中起着不同的作用。对于企业而言，不仅要考虑开发、选择合适的物流信息系统，还要注意对员工计算机系统使用能力的培养。

5. 企业的管理思想、制度和规范

企业本身的决策者、管理者的管理思想和理念决定了物流信息系统的结构，同时管理制度与规范，如组织机构、部门职责、业务规范、流程及岗位制度等，都是物流信息系统成型开发和运行的管理基础和保障，它是构造物流信息系统模型的重要参考依据，制约着系统硬件平台的结构、系统计算模式及应用软件的功能。

二、几种常见的物流信息系统

1. 采购管理系统

采购可以分为定期和不定期两种。定期采购指的是根据年度计划由本系统产生的采购计划，管理人员按照计划决策；不定期采购指的是各部门根据实际运营需要而产生的临时采购计划。在采购操作中主要有以下环节。

（1）请购单。各部门根据实际需要将采购计划的品名、型号、数量等信息填好请购单，在系统中备案，经审核后即可进行进货处理。

（2）询价。通过互联网方式寻找适合的合作伙伴，向厂家咨询最小批量价格、产品等级、有效期限、确定运输方式、付款方式，并及时更新基础资料中的供应商档案信息。

（3）采购单。可以直接录入采购明细单，或从请购单、询价单中导出有关信息，生成采购单，并提交给收货部门进行下一步处理。

（4）进货处理。根据现有的库存信息以及供应商的供货时间、运输方式等要求，开出购货单，并提交给库存管理部门，监督进货情况，对供应商的信誉信息进行更新，对已提交购货单作标志。

（5）退货处理。根据质检部门提出的退货要求，与供应商协调，确认退货。

（6）供应商管理。供应商信息库中有供应能力、信誉度等内容，可以根据要求对供应商信息进行更新，包括增加、删除和修改。

2. 销售管理系统

销售管理系统主要包含以下几个模块。

（1）报价。销售报价的方式可以多种多样，在一定范围内价格可以波动，不同批量的价格不同、不同等级客户的价格不同、不同产品配置的价格不同，可以随时查询对每个客户

的最后一次报价情况。报价时要综合交货期限、运输方式、付款方式、预付款比例、发货地点等信息。

（2）销售单。在报价过程中可以由与客户的交互信息直接生成销售单据，包括产品明细、数量、单价、结算方式等，并将销售单提交给库存部门进行发货处理。

（3）出货处理。根据销售单据、库存信息以及工作进度合理安排发货任务，并在销售交易单据上加注标志。

（4）退货处理。销售过程中如果出现产品质量问题或其他问题时，要求销售部门与客户进行协商，经确认需要退货时，由销售部门提供退货产品的具体信息，并提交质检部门进一步处理。

（5）客户信息管理。建立客户信息库，详细记录对客户的服务以及客户投诉；及时查询订单的执行情况。

（6）销售预测与分析。该模块包括销售预测与分析以及商品管理功能。通过销售分析和预测可为企业决策提供依据。

（7）按特定需求查询及打印商品销售预测表、工具设备需求报表、库存需求表、人力资源需求报表、成本需求分析报表等。

3. 库存管理系统

从企业整个物流活动过程来看，库存是一个重要的缓冲器，旨在调节无限需求与库存最小的矛盾。库存管理的目的，就是要通过对反映物资运动过程的信息进行处理、分析和控制，以确定最佳的库存量，以及采集与库存量相关的各类信息。

库存管理系统采用计算机开单据的方法，对出入库单据提供了自动生成单据编码和手工录入单据编码两种功能，并对单据号进行一次性检查。具体有以下几个环节。

（1）库存计划。为了有效地进行库存管理，需要确定在哪个阶段、哪个物流据点设置库存，设置多少，备货保持在什么服务水平上的库存计划，以及在哪个据点备有什么样货物，配备多少货物等库存分配计划。

（2）商品分类分级。按商品类别统计其库存量，并按库存量排序和分类，作为仓库规划布置、商品采购、人员与设备配置等的参考。

（3）入库。可分为订购货物进仓、余货进仓、销售退货进仓等不同类型，开出相应的单据。所有进仓物品需经质量和数量检验后才能入库。货物进仓需提供原始采购单据号码，以进行对照；退货进仓也需提供销售单据号码，以进行对照。

（4）出库。对应不同单据可分为销售出货和运营出货、补货等不同形式。

（5）调拨处理。对仓库中各种货物的移动进行调配和登记。

（6）盘点。库存物品采用ABC分析法进行管理。根据需要可对不同的物品采用不同的盘点方法，如永续盘点、定期盘点，要对盘点数据汇总分析，以便调整库存量并做盈亏处理。

4. 仓库管理系统

（1）入库作业系统。入库作业处理系统包括预定进货数据处理和实际进货作业。预定进货数据处理是为进货月度调度、进货人力资源及机器设备资源分配提供参考。其数据来自采购单上的预定进货日期、进货商品、进货数量等以及供应商预先通告的进货日期、商品和入库数量，可打印定期入库数据报表。

实际入库作业处理是在实际入库作业中发生在厂商交货之时的输入数据，应包括采购单号、厂商名称、商品名称、商品数量等。商品入库后有两种处理方式：立即出库和上架出库。对于立即出库的状况，入库系统需具备待出库数据，查询并连接派车计划及出货配送系统。采用上架入库再出库的话，进货系统需具备货位指定功能或货位管理功能。

（2）保管场所系统。通过对仓库货物保管位置标明区位号码来提高保管场所使用效率的方式称为保管场所系统。这种系统包括保管位置与保管物品相对一致的固定场所系统和保管位置和保管物品经常变动的自由场所系统两大类。

固定场所系统由于保管货物的位置相对固定，便于作业人员的识别查找，即便是业务不熟练的人员，也可以迅速、准确地对货物进行挑选。但是，货位的使用效率相对较低。当货物保管量少的时候，货位会出现闲置；反之，当货物量超出货位容量时，要采取其他措施弥补。

自由场所系统由计算机根据同货物的对应关系进行管理，货物存放的位置不是固定的，对于品种多而且更新快的商品保管，如书籍配送中心对书的保管非常适用。

（3）出库处理系统。出库处理系统包括订单处理系统、订货拣选系统、出库处理系统和配送管理系统等内容。

①订单处理系统。订单处理系统主要包括两种作业，即客户询价、报价与订单接收、确认、输入。自动报价系统需要输入的数据包括客户名称、询问商品的名称、商品的详细规格、商品登记等，系统调用相关数据库以取得此项商品的报价历史资料、数量折扣、客户以往交易记录及客户折扣、水平供应价格等数据，再根据相关成本计算销售价格。接着由报价单制作系统打印报价单，经销售主管核准后即可送给客户。报价单经客户签回即可成为正式订单。

由于订单传递的方式有多种，如邮寄、销售人员取回、电话订购、传真订购及通过计算机网络订购等，故订单的接收需考虑订购数。审核确认后的订单需由销售人员核查在客户指定的出货日期是否能如期出货，当销售部门无法如期配送时，可由销售人员跟客户协调，是否分批交货或延迟交货，然后按协调结果修改单据文件。

②订货拣选系统。订货拣选系统分为全自动系统和人工半自动系统。全自动系统从全自动流动货架将必要商品移送到传送带的拣选系统。半自动拣选系统是在计算机的辅助下实现高效率拣选的系统，如电子标签拣选系统等。

③出库处理系统。对分拣完毕按照客户类别备好货物的订货，下达配送指示。送货时一般要同时向客户提交装箱单、送货单和收货单等单据，送货单经客户确认盖章后，出货处理作业结束。

④配送管理系统。配送管理系统包括商品集中、分类、车辆调度、车辆配装、配送路线规划及配送途中的跟踪管理等功能。

配送车辆调度即由调度人员汇总预定出货订单，将客户按其配送地址划分区域。统计出该区域出货商品的体积和重量，查询车辆可用情况，分配配送车辆的种类和派车数量，确定装车批次。然后，配送系统可提供装车计划和配送路线规划。在选择配送路线时应综合考虑最短配送路径、最短配送时间或最低配送成本，以决定配送顺序。商品在送达客户后，出货单由送货司机缴回并输入数据，作为入账凭证和客户收货凭证。

配送系统应具备配送途中数据传输及控制功能，以跟踪货物动向、控制车辆及车上设备；在配送途中若有意外情况发生时，还可以通过通信系统取得新的配送途径，并告知配送人员，使配送工作顺利进行。

★议一议：

物流系统要解决哪些问题？

(1) 缩短从接受订货到发货的时间。
(2) 库存适量化（压缩库存并防止脱销）。
(3) 提高搬运作业效率。
(4) 提高运输效率。
(5) 使接受订货和发出订货更为省力。
(6) 提高接受订货和发出订货精度。
(7) 防止发货、配货出现差错。
(8) 调整需求和供给。

知识扩展

沃尔玛物流信息技术的应用

沃尔玛总是领先竞争对手，它先行对零售信息系统进行了非常积极的投资：1969 年使用计算机跟踪存货；1974 年全面实现 S.K.U 单品级库存控制；20 世纪 80 年代初，沃尔玛与修斯公司合作发射物流通信卫星，物流通信卫星使沃尔玛产生了跳跃性的发展；1980 年使用条形码；1983 年采用 POS 机；1984 年使用 CM 品类管理软件；1985 年建立 EDI，进行无纸化作业；1986 年建立 QR（快速反应机制），对市场快速拉动需求；1988 年使用无线扫描枪；1989 年与保洁公司等大供应商实现 VMI – ECR 产销合作；2006 年 1 月使用 RFID 技术。凭借这些信息技术，沃尔玛如虎添翼，取得了长足的发展。

基本训练

一、选择题

1. 物流信息系统的特点有（　　）。
   A. 集成化　　　　B. 模块化　　　　C. 实时化　　　　D. 网络化
   E. 智能化
2. 物流信息的特点有（　　）。
   A. 数量大、来源广　　　　　　B. 牛鞭效应
   C. 发展趋向于标准化　　　　　D. 动态性强、更新快
3. 出库处理系统包括（　　）。
   A. 订单处理系统　　　　　　　B. 订货拣选系统
   C. 出库处理系统　　　　　　　D. 配送管理系统

4. 广义的数据包括（　　）。
   A. 图形　　　　B. 图像　　　　C. 音频　　　　D. 文本
5. 条码由（　　）等部分组成。
   A. 空白区　　　B. 起始符　　　C. 终止符　　　D. 条码数据符
   E. 条码校验符
6. 全球定位系统由（　　）组成。
   A. GPS 卫星系统　　　　　　　　B. 地面监控系统
   C. GPS 信号接收机　　　　　　　D. 人员
7. 下列是信息系统的组成要素的有（　　）。
   A. 硬件　　　　B. 软件　　　　C. 数据库　　　D. 相关人员
8. 仓库管理系统包含（　　）等系统。
   A. 入库作业系统　　　　　　　　B. 保管场所系统
   C. 出库处理系统　　　　　　　　D. 储位管理系统

二、简答题

1. 如何正确理解物流信息的概念？
2. 物流信息系统的组成要素有哪些？
3. EDI 怎样实现买卖双方在贸易处理过程中的所有纸面单证由 EDI 通信网来传送？

职场体验

1. 带学生到物流模拟实训室进行物流软件操作，熟悉物流信息系统。
2. 到大型超市了解 POS 机、条形码的操作。

专业能力测评

在下列表格○中打 ✓　　A 理解　　B 基本理解　　C 未理解

专业能力	评价指标	自测结果
物流信息概述	1. 信息 2. 物流信息	○A　○B　○C ○A　○B　○C
物流信息技术	1. 条形码技术 2. 无线射频技术 3. EDI 技术 4. GPS 技术 5. 地理信息系统	○A　○B　○C ○A　○B　○C ○A　○B　○C ○A　○B　○C ○A　○B　○C
物流信息系统	1. 物流信息系统的组成要素 2. 常见的物流信息系统	○A　○B　○C ○A　○B　○C

第九章

从市场及行业角度看物流

学习目标

知识目标

- 了解企业物流的相关概念、企业物流各种形式的流程及模式；
- 了解农业物流、工业物流、商业物流的相关概念及模式；
- 了解第三方、第四方物流的概念、特点；
- 了解国际物流与国际贸易的关系、国际物流的发展趋势；
- 掌握企业物流的构成；
- 掌握第三方物流的运作模式；
- 熟悉第三方物流与第四方物流之间的关系。

技能目标

- 能对企业物流现状进行调研，形成调研报告；
- 能帮助企业做出正确的第三方物流决策。

导入案例

案例

华联印刷物流

印刷业不同于其他行业，它的诸多特点使其在物流方面有很多特性，如订单合同额小（小至几十元、几百元）、订单数量多（平均每月几十单、上百单）、每个订单使用的原材料品种多（每一订单都要包括正文纸张、封面纸张、装帧材料等原材料，至少几种）、加工工序多（每个订单少则几个工序、多则几十个工序）、交货期短（短至1~2天）、成品交付地点各不相同（有的到客户办公室，有的到库房；有本地，也有外埠、国际）、交付方式也因不同业务各异（有汽运、海运、空运等）。

华联印刷将成品物流外包给专业物流公司。公司采用的物流公司有三家，每年以招标的形式决定合格的物流服务供应商。由于专业化分工越来越细,在快速发展过程中,企业不可能各项工作都亲力亲为,选择专业化的物流公司,公司只用对物流公司进行管理即可,可以集中精力做好自己的核心业务。

第一节 企业物流

一、企业物流概述

企业物流(Internal logistics)是指企业内部的物品实体流动。它从企业角度上研究与之有关的物流活动,是具体的、微观的物流活动的典型领域。企业物流又可区分为企业供应物流、企业生产物流、企业销售物流、企业回收物流、企业废弃物物流等。

二、供应物流

1. 概念

供应物流是指为生产企业提供原材料、零部件或其他物品时,物品在提供者与需求者之间的实体流动。

2. 供应物流的基本任务和作用

(1)基本任务。企业供应物流的基本任务是保证适时、适量、适质、齐备成套、经济合理地供应企业生产经营所需要的各种物资,并且通过对供应物流活动的科学组织与管理,运用现代物流技术,促进物资的合理使用,加速资金周转,降低产品成本,使企业获得较好的经济效益。

(2)基本作用如下。

①节省成本。在现代OEM(委托他人生产的合作方式,简称代工)状态下的制造业,原料成本占合同加工总成本的50%以上,库存管理和物料输送占10%,因此,供应物流成本对制造业的经济核算是首要的。

②保障供给。在物流快速反应的要求下,经库存后的物品应按生产流程和物品需求计划准确地输送到生产线或工作场所。

3. 供应物流基本流程

供应物流的过程因不同的企业、不同的生产工艺和不同的生产组织模式而有所不同,但供应物流的基本流程和内容大致相同,一般包括三个阶段,如图9-1所示。

图9-1 企业供应物流基本流程

(1)取得资源。取得资源是完成后续所有供应活动的前提条件。取得什么样的资源,这是核心生产过程提出来的，同时也要按照供应物流可以承受的技术条件和成本条件辅助这一决策。

（2）组织到厂物流。所取得的资源必须经过物流才能达到企业，这个物流过程是企业外部的物流过程。在物流过程中，往往要反复运用装卸、搬运、储存、运输等物流活动才能使取得的资源到达企业的门口。

（3）组织厂内物流。如果企业外物流到达企业的"门口"，那么"门口"便作为了企业内外的划分界限。例如，以企业的仓库为外部物流终点，便以仓库作为划分企业内、外物流的界限。这种从"门口"和仓库开始继续到达车间或生产线的物流过程，称作供应物流的企业内物流。

4. 供应物流的模式

（1）委托社会销售企业代理供应物流的方式。企业作为用户，在买方市场条件下，利用买方的主导权力，向销售方提出对本企业进行供应服务的要求，作为向销售方面进行采购订货的前提条件。实际上，销售方在实现了自己生产产品和销售产品的同时，也实现了对用户的供应服务，以此占领市场。这种供应服务是销售方企业发展的一个战略手段。

这种方式的主要优点是企业可以充分利用市场经济造就的买方市场优势，对销售方即物流的执行方进行选择和提出要求，有利于实现企业理想的供应物流设计。

这种方式存在的主要问题是销售方的物流水平可能有所欠缺，因为销售方毕竟不是专业的物流企业，有时候很难满足企业供应物流高水平化、现代化的要求。例如，企业打算建立自己的广域供应链，这就超出了销售方面的能力而难以实现。

（2）委托第三方物流企业代理供应物流的方式。这种方式是在企业完成了采购程序之后，由销售方和本企业之外的第三方去从事物流活动。当然，这第三方从事的物流活动，应当是专业性的，而且有非常好的服务水平。这个第三方所从事的供应物流，主要向买方提供服务，同时也向销售方提供服务，在客观上协助销售方扩大了市场。

由第三方去从事企业供应物流的最大好处是，能够承接这一项业务的物流企业，必定是专业物流企业，有高水平、低成本、高服务从事专业物流的条件、组织和传统。不同的专业物流公司，瞄准的物流对象不同，有自己特有的形成核心竞争能力的机器装备、设施和人才，这就使企业有广泛选择的余地，能进行供应物流的优化。

在网络经济时代，很多企业要构筑广域的或者全球的供应链，这是一般生产企业不可能做到的，从这个意义上来讲，必须要依靠从事物流的第三方来做这一项工作，这就要求物流企业有更强的能力和更高的水平。

（3）企业自供物流方式。这种是由企业自己组织所采购的本身供应的物流活动。在卖方市场的市场环境状况下，是经常采用的供应物流方式。

本企业在组织供应的某些种类物品方面，可能有一些例如设备、装备、设施和人才方面的优势，因此，由本企业组织自己的供应物流也未尝不可。在新经济时代这种企业自供物流方式也不能完全否定，关键还在于技术经济效果的综合评价。但是，在网络经济时代，如果企业不考虑自身的核心竞争能力，而是抱着"肥水不流外人田"的旧观念，短期内也许能取得一些眼前利益，但是这必将以损失战略的发展为代价，是不可取的。

三、生产物流

1. 概念

生产物流是指原材料、外购件、半成品、产成品在生产过程中,按照工艺流程在各个生产加工地点之间的实体流动。

企业物流——
生产物流

2. 生产物流的作用

(1) 保障生产过程连续运作。在生产规模较小、技术水平较低、生产节奏较慢的情况下,生产物流只是作为生产制造的附属活动存在。在现代生产制造高技术、大规模、快速化的状态下,生产物流与生产过程相伴随,以生产物流的系统化、柔性化保障生产流程的顺畅运作。

(2) 降低生产制造成本。加工制造花费的时间与物流活动占用的时间有一定的比例:原材料制造型的制造加工时间与物流活动各占一半;物品加工型的加工时间占 10%~20%,物流活动占 80%~90%,由于物流活动的时间消耗比制造加工时间消耗还多,故生产物流对总体生产成本影响较大。在技术先进、生产流程复杂的大规模制造企业中,将按照规模经济的原则,增加生产物流的投资。在生产物流系统中采用自动化立体仓库,配置顺畅与快速物料运行路线、自动导引运料车、自动上下料传输设施等,以减少生产物流的时间成本,从而降低制造成本。

3. 生产物流的主要环节

企业生产物流的过程大体为:原材料、零部件、燃料等辅助材料从企业仓库和企业的"门口"开始,进入到生产线开始端,再进一步随生产加工过程各个环节运动,在运动过程中,本身被加工,同时产生一些废料、余料,直到生产加工终结,再运动至成品仓库便终结了企业生产物流过程,如图 9-2 所示。

图 9-2 生产物流主要环节

(1) 生产物料存储。生产物流开始于生产所需原材料的生产前存储,它保证了生产工序对原材料的连续性消耗。生产物料的存储地点越接近加工地点,生产物流的时间成本越低。

(2) 生产流转过程。该过程是生产物料到产成品的转换过程,也是企业生产工艺流程的全过程。在这一过程中,生产物流系统需要进行生产物料的出库、装卸、搬运和产成品的入库。生产物料与制品的流动与企业生产的工艺流程有关,不同的生产工艺对应不同的物料流动。企业的共同目标是追求物料运行的高效率和低成本。

(3) 产成品存储。产成品在进入销售环节之前需要进行短暂的存储,其目的是实现产品的时间效用,调整产品供给与需求的时间差。按订单生产的企业、在准时供应制生产模式下的企业,也要对产品进行短暂的存留,获得产品销售前的集中运输和大批量包装的规模效应。

4. 生产物流合理化

（1）存储合理化。实现生产物流中存储功能合理化的措施。

①以生产工艺流程和生产作业顺序确定仓库的形式、规模和位置。仓库的位置要适应物料移动，有利于衔接厂内外物流作业。

②在作业便利与安全的前提下，充分利用仓储面积与空间。

③人力配备要充分满足入库与出库作业的要求。

（2）装卸搬运合理化。实现生产物流中装卸搬运合理化的措施。

①搬运路线要按直线设置，避免交叉、往复、混杂和多余路径。

②搬运设备机械化程度高，尽量采用标准化系列设备。

③物料采用集装化、托盘化方式，减少装卸搬运次数。

④作业工序设计合理，减少物品等待和设备空载，提高装卸搬运设备的利用率。

> **案例**
>
> ## 如何让西米克公司的在制品流动起来
>
> 西米克公司的工序大体上分为正极制片、负极制片、卷绕、封口、化成、包装等几大步骤，其中正极制片和负极制片是同步的，其他的工序都有先后顺序。现场观察并绘制价值流程图的过程显示，通常每个车间都有 30 万元至 50 万元的在制品库存，特别是化成车间，由于生产周期长，所以在制品库存更是多达 200 万元，除去正在加工的在制品外，剩余的在制品大多处于等待流入下一车间，或者等待本车间加工的状态。
>
> 如此巨大的在制品库存带来的结果是：占用大量流动资金；拖延了生产周期，严重制约了对客户订单的反应能力；占据了大量的场地面积，现场拥挤。根据工艺的要求，从制片投料到封口工序完成应该控制在 48 小时内，但在实际生产中远远超过了这个时间，影响产品质量。
>
> 之所以存在如此巨大的在制品库存浪费，一方面是由于西米克公司还没有减少在制品库存的意识，尤其是在全厂追求产量的时候，为了防止下一工序因为缺货而停产导致自己车间被指责，各车间拼命生产而不考虑下一工序的用量，导致在制品库存越来越多。另一方面，西米克公司内部对生产质量管理实行"按批次管理"制度，每一个生产批次的产品必须在本车间内全部完工，并经过品管部的抽检合格后，方可放行到下一车间。而西米克公司每个生产批次的产量都在 10 万件以上，在全部完工并经过抽检之前，不得转运到下一车间。
>
> ★讨论：
>
> 西米克公司的在制品有哪几种类型？西米克公司属于哪种生产类型？该生产类型的物流具有哪些特征？

四、销售物流

1. 销售物流概念

销售物流是指企业在出售商品时物品在供方与需方之间的实体流动，如图 9-3 所示。

销售物流是企业物流系统的最后一个环节,是企业物流与社会物流的衔接点。

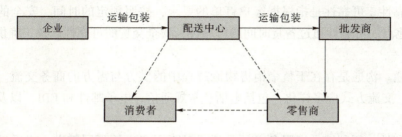

图9-3 企业销售物流的流程图

2. 销售物流的环节

(1) 储存产品。销售物流的基础是可供商品量,可供商品量的形成途径有两个:第一,零库存下的即时生产。第二,一定数量的库存。

就目前大多数工商业企业而言,一定数量的库存是企业的首选。其原因也有两个。其一,维持较高供货服务水平,就必须保有一定的库存,因为任何企业的生产经营活动都存在着许多不确定性因素和需求波动,这些不确定因素和需求波动会影响企业经营活动的稳定性和持续性,因此,企业大多通过保持一定量的库存来避免不确定因素带来的经营风险。其二,对于需求呈明显周期性或季节性变化的商品,企业为保证生产的持续性和供给的稳定性,也要保持必要的库存。

(2) 包装运输。产品的包装通常分为销售包装和运输包装。销售包装是与产品直接接触的包装,是企业销售工作的辅助手段,许多企业都通过产品的销售包装来进行新产品推销或企业形象宣传;产品的运输包装主要是在产品的运输过程中起到保护作用,避免运输、搬运活动造成产品的毁损。企业可以选择在生产过程对产品进行销售包装,而将产品的运输包装推迟到销售阶段,在决定运输方式以后再进行产品的运输包装,这样企业就可以依据产品配送过程中的运输方式、运输工具等来决定运输包装选用的材料和尺寸,这不但可以更好地发挥运输包装对产品的保护作用,而且可以通过选择不同的包装材料实现产品包装成本的节省,并可通过与运输工具一致的标准化包装来提高运输工具的利用率。

(3) 产品发送。产品发送以供给方和需求方之间的运输活动为主,是企业销售物流的主要管理环节。产品发送工作涉及产品的销售渠道、运输方式、运输路线和运输工具等的选择问题,因此企业在进行销售物流的管理过程中需要进行大量的决策工作,通过对各方面因素进行综合考虑做出对企业经营最有利的、成本最节省的选择。

(4) 处理信息。企业销售物流中的信息处理,主要是指产品销售过程中对客户订货单的处理。订单处理过程是从客户发出订货请求开始到客户收到所订货物为止的一个完整过程,在这个过程中进行的有关订单的诸多活动都是订单处理活动,包括订单准备、订单传输、订单录入、订单履行、订单跟踪等。由于客户采用的订货方式存在差异,订单处理的环节也会随着订货方式的不同而有所变化,在网上购物的情况下,订单传输就不是一个必要的环节。

3. 销售物流服务的要素

(1) 时间。时间要素指的就是订货周期,也就是客户从确定物品到物品送达之间的时间间隔。订货周期包括订单处理、订单准备、货物发送等过程。

（2）可靠性。可靠性是指根据客户订单的要求，按照预定的时间，安全的将订货送达客户指定的地点。可靠性通过备货时间的可靠性、安全交货的可靠性以及正确供货的可靠性来保证。

（3）沟通。沟通是存在于整个销售物流过程中的供方与需方的商务交流。交流渠道必须保证畅通，交流方式应多样化，包括电话、常规通信、电子邮件和EDI，以及必要的面对面沟通。

（4）便利性。便利性是指服务必须灵活，对不同客户的不同需求，应通过不同的物流服务方式实现，并达到客户的最高满意度。

4. 销售物流模式

销售物流有三种主要的模式：生产者企业自己组织销售物流；第三方物流企业组织销售物流；用户自己提货。

（1）生产企业自己组织销售物流。这是在买方市场环境下的主要销售物流模式之一，也是我国当前绝大部分企业采用的物流形式。

生产企业自己组织销售物流，实际上把销售物流作为企业生产的一个延伸或者是看成生产的继续。生产企业销售物流成了生产者企业经营的一个环节。而且，这个经营环节是和用户直接联系、直接面向用户提供服务的一个环节。在企业从"以生产为中心"转向以"市场为中心"的情况下，这个环节逐渐变成了企业的核心竞争环节，已经逐渐不再是生产过程的继续，而是企业经营的中心，生产过程变成了这个环节的支撑力量。

生产企业自己组织销售物流的好处在于，可以将自己的生产经营和用户直接联系起来，信息反馈速度快、准确程度高，信息对于生产经营的指导作用和目的性强。企业往往把销售物流环节看成是开拓市场、进行市场竞争中的一个环节，尤其在买方市场的前提下，企业格外看重这个环节。

生产企业自己组织销售物流，可以对销售物流的成本进行大幅度的调节，充分发挥它的"成本中心"的作用，同时能够从整个生产企业的经营系统角度，合理安排和分配销售物流环节的力量。

在生产企业规模可以达到销售物流的规模效益的前提下，采取生产企业自己组织销售物流的办法是可行的，但不一定是最好的选择。主要原因一是生产者应培育和发展自己的核心竞争力，如果生产者企业的核心竞争力在于产品的开发，销售物流占用过多的资源和管理力量会对核心竞争力的培养和发展造成影响；二是生产企业销售物流的专业化程度有限，自己组织销售物流缺乏优势；三是一个生产企业的规模终归有限，即便是分销物流的规模达到经济规模，延伸到配送物流之后，也很难再达到经济规模，因此可能反过来影响市场更广泛、更深入的开拓。

（2）第三方物流企业组织销售物流。由专门的物流服务企业组织企业的销售物流，实际上是生产企业将销售物流外包，将销售物流社会化。

由第三方物流企业承担生产企业的销售物流，其最大优点在于，第三方物流企业是社会化的物流企业，它向很多生产企业提供物流服务，因此可以将企业的销售物流和企业的供应物流一体化，可以将很多企业的物流需求一体化，采取统一解决的方案。这样可以做到专业化和规模化，而这两者可以从技术方面和组织方面强化成本的降低和服务水平的提高。

在网络经济时代，这种模式是一个发展趋势。

（3）用户自己提货的形式。这种形式实际上是将生产企业的销售物流转嫁给用户，变成了用户自己组织供应物流的形式。对销售方来讲，已经没有了销售物流的职能。这是在计划经济时期广泛采用的模式，将来除非十分特殊的情况下，这种模式不再具有生命力。

5. 创造竞争优势的销售物流服务

提供增值服务是销售物流服务创造竞争优势的一个重要手段。提供增值服务的主要领域包括以客户为核心的服务、以促销为核心的服务、以制造为核心的服务和以时间为核心的服务。

（1）以顾客为核心的服务。以顾客为核心的服务由以下操作过程构成：处理顾客向制造商的订货，直接送货到商店或顾客家，持续提供递送服务。这类专门化的增值服务可以被有效地用来支持新产品的推广，以及基于当地市场的季节性配送。对仓库来说，最普遍流行的一种做法，就是提供"精选——定价——重新包装"服务，以便于按仓库、俱乐部、便利店等不同要求独特配置，配送生产企业的标准产品。

（2）以促销为核心的服务。以促销为核心的增值服务，最为突出的是销售点展销，它可以包含来自不同供应商的多种产品，并组合成一个多结点的展销单元，以便适合特定的零售商店所需。在有选择的情况下，以促销为核心的增值服务，还对储备产品的样品提供特别介绍或广告宣传，甚至进行直接邮寄促销等。

（3）以制造为核心的服务。以制造为核心的增值服务，是通过独特的产品分类和配送来支持制造活动。例如，有一家仓储公司，使用8种不同的纸箱重新包装一种普通的肥皂，以支持各种促销方案和各种等级的贸易要求；有的厂商将教师用的成套教学用具按作用进行配装，以满足特定教师的不同要求。这些增值服务都是把产品的最终定型一直推迟到接收到客户的订单为止。

（4）以时间为核心的服务。以时间为核心的增值服务，包括专业人员在递送以前对存货进行分类、组合和排序。以时间为核心的增值服务的一种典型方式就是准时生产（JIT）。在准时生产条件下，供应商向位于装配厂附近的仓库进行日常的递送，一旦某时某地产生需要，该仓库就会对多家卖主的零部件进行精确的分类、排序，然后递送到装配线上去，其目的是要在总量上最低限度地减少在装配厂的搬运次数和检验次数。提出JIT理念的丰田汽车公司就是使用这类准时生产服务来支持其装配线的。总之，以时间为核心的服务，其主要特征是排除不必要的仓库设施和重复劳动，以期实现最大限度地提高服务速度。

> 案例

可口可乐的销售物流

资料显示，1886年，世界上第一瓶可乐在美国诞生，它就是可口可乐。这种带着气泡、口感奇特的神奇饮料一出现，很快受到各国消费者的欢迎。人们把它称为"世界饮料之王",甚至还赞誉它为"饮料日不落帝国"。

有人曾感叹:"如果说电影是美国人的灵魂,那么可口可乐就是美国人的燃料。"

然而,好景不长,可口可乐一家独大的局面并未维持多久。1898年,一位药剂师发明了一款口味与可口可乐相近的饮料,并取名为百事可乐。至此,这两家公司开始了一场持续百年的明争暗斗,像是一场永不谢幕的百老汇戏剧。

在竞争激烈而残酷的饮料市场,可口可乐勇立潮头,靠的已不只是口味和神秘的配方,其独特的销售物流运作正在不断勾兑出取胜市场的新配方。利用强大的物流销售网络直接触及市场终端,这被一些业内人士称为是可口可乐为长期把控市场而隐藏的一记重拳。可口可乐在中国拥有三大合作伙伴——嘉里、太古和中粮,36家灌装厂分布在全国不同区域,而相应的灌装产品也在各自划分的区域内销售,严格禁止串货(跨区销售)。

随着业务代表对市场地不断深入了解,可口可乐调整了营销策略,推出了101销售模式,将一部分批发商定义为101客户,省略二级批发商环节,直接面对零售终端。所谓"101",即"1"——"一体结盟"(将批发商看作可口可乐的一部分),"0"——零售目标,"1"——"一瓶在手,欢乐无穷"。

"可口可乐已经非常好地将物流融入销售里面,在这些方面的运作非常成熟。"太古可口可乐物流总监钱智评价说。现在的客户们对物流的要求越来越高,他们已经不再满足于过去的货到付款,很多客户需要深度分销和个性化服务,而更多个性化的服务将带来物流成本的增加。"每年销量的增长不是来自每个客户需求的增长,而是来自客户群的增长。"钱智说。

如何配合越做越细的销售环节,将是对可口可乐物流的一大考验。

结合上述案例分析可口可乐销售物流模式的特点,并探讨快速消费品的销售物流模式。

逆向物流

五、逆向物流

随着科学技术的发展和人民生活水平的提高,人们对物资的消费要求越来越高:既要质量好又要款式新。于是被人们淘汰、丢弃的物资日益增多。这些产生于生产和消费的过程中的物质,由于变质、损坏,或使用寿命终结而失去了使用价值。它们有生产过程中的边角余料、废渣废水以及未能形成合格产品而不具有使用价值的物质;有流通过程中产生的废弃包装材料;也有在消费后产生的排泄物,如家庭垃圾、办公室垃圾等。这些排泄物一部分可回收并再生利用,称为再生资源,形成回收物流。另一部分在循环利用过程中,基本或完全丧失了使用价值,形成无法再利用的最终排泄物,即废弃物。废弃物经过处理后,返回自然界,形成废弃物流,如图9-4所示。

回收物流与废弃物流不能直接给企业带来效益,但非常有发展潜力。

1. 回收物流的几个环节

(1)回收。回收是将顾客所持有的产品通过有偿或无偿的方式返回销售方。这里的销售方是供应链上任何一个节点,如来自顾客的产品可能返回到上游的供应商、制造商,也可能返回到下游的配送商、零售商。

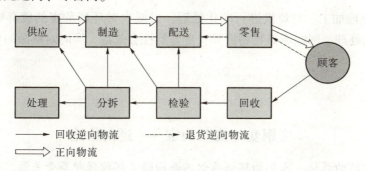

图9-4 回收物流的环节

（2）检验与处理决策。该环节是对回收品的功能进行测试分析，并根据产品的结构特点以及产品和各零部件的性能确定可行的处理方案，包括直接再销售，再加工后销售，分拆后零部件再利用和产品或零部件报废处理等。然后对各方案进行成本效益分析，确定最优处理方案。

（3）分拆。指按产品结构的特点将产品分拆成零部件。

（4）再加工。即对回收产品或分拆后的零部件进行加工，恢复其价值。

（5）报废处理。对那些没有经济价值或严重危害环境的回收品或零部件，通过机械处理、地下掩埋或焚烧等方式进行销毁。西方国家对环保的要求越来越高，而后两种方式会给环境带来一些不利影响，如占用土地、污染空气等。因此，目前西方国家主要采取机械处理方式。

2. 回收物流技术

（1）以废汽车为代表的拆解及破碎分选物流技术。废汽车再生资源的物流过程中，流通加工占着重要位置，所有的废旧汽车几乎都通过一定的流通加工，然后以各种新资源的形式进入到新一轮循环利用中。

（2）以废玻璃瓶为代表的回送复用技术。将废玻璃瓶作为再生利用资源物流有一个回送复用的运输系统，依靠这个运输系统，可将用过的玻璃瓶再回运给生产企业，成为再生资源。

（3）以废纸为代表的集货物流技术。废纸回收资源的物流，有一个收集废纸的废纸收集物流系统，这种收集系统是集货系统的一种，废纸需要收集、集中，才能批量提供回收加工业。

（4）以粉煤为代表的联产供应物流技术。粉煤灰再生资源的物流采用管道这种物流手段，将电厂排放的粉煤灰，通过管道直接运送供应给生产企业，进行加工处理。

3. 废弃物物流技术

（1）垃圾掩埋。在一定规划区内，利用原来的废弃坑塘或人工挖出来的深坑，将垃圾运来后倒入，达到一定处理量之后，表面用土掩埋。

（2）垃圾焚烧。在一定地区用高温焚烧垃圾以减少垃圾和防止污染及病菌。

（3）垃圾堆放。在远离城市地区的沟、坑、塘、谷中，选择合适位置直接倒垃圾，也是一种物流技术。

（4）净化处理加工。对垃圾进行净化处理，以减少对环境危害的废弃物物流技术，尤其指废水的净化处理。回收废弃物物流具有良好的社会效益，同时对资源的再利用起到较大的作用。

> **案例**

宝钢变"废"为宝——逆向物流

随着地球环境的恶化，人们的环保意识不断增强，环境保护备受关注，而产品的回收再利用就是环境保护的一方面。出于环保和对资源循环利用的可持续发展经济模式的考虑，废钢铁的回收长时间得到广泛的关注和研究。一吨普通废钢相当于3～4吨铁矿石和1～1.5吨焦炭，由此可见废钢的回收相当重要，而废钢物流是废钢回收中的关键一环。

在废钢回收方面，由于网点尚未形成规范体系，废钢不能有效地回收到供应链节点上去；公司整体装备水平偏低，科研和技术还没跟上，在废钢逆向物流各环节管理水平较差；废钢产品质量有待提高，因此如何做好废钢逆向物流是上海宝钢物流有限公司亟待解决的问题。

废钢逆向物流属于重新制造和回收的逆向物流，做好逆向物流，可以节约大量的成本。宝钢打造废钢采购供应链，跟供应商建立良好的关系，以便有获得资源的渠道，解决废钢资源供应不足的问题。废钢的回收渠道还有赖于物流网络，在进行逆向物流网络设计时，必须考虑投资、运输、仓储和配送等方面，达到整体最优才是最好的，为此，宝钢建立了分级管理回收网络，进行回收的归类。另外，宝钢借助先进的物流信息系统，如ERP系统，在ERP系统上资源共享，以进行企业资源计划，进行回收量的确定。

在废钢物流管理方面，宝钢进行废钢物流专管制度，将各个回收点收集的废钢根据归类标准分别计量，做到分门别类专门仓储和发运。此外，宝钢还加快新技术、新工艺、新设备的推广和应用，淘汰落后产能，逐步减少人工作业，使用机械化、自动化、电子化加工和检测设备，提高行业装备水平，进而提高废钢产品质量，同时培养专业物流人才，引领逆向物流更好地发展。

请同学们讨论宝钢是如何完善废钢回收逆向物流系统的。

第二节 农业物流

> **案例**

配送公司的难题

某公司的配送员接了这样一项配送任务，需要把一盒庆丰包子、一份生鱼片、一箱鸡蛋、一箱白粉桃、一桶油、一袋土豆、一袋东北大米安全送到客户家里。但每样产品对温度和环境的要求均有差异，庆丰包子需要保证温度，冰鲜生鱼片需要0℃～4℃（最好加冰），白粉桃的最佳冷藏温度是7 ℃～13 ℃（还要做好挤压防护措施）……如果严格按照标准要求配送，恐怕没有哪家公司愿意接此单。

★思考：

配送公司应该如何解决这些农产品的末端配送问题？此外，我们经常在报纸上看到某地农产品积压，烂在地里，农民增产不增收，而城市里该种农产品的价格又比较高，这是为什么？

农业物流

一、农业物流概述

1. 农业物流的定义

物流与第一产业即农业相结合，便成为农业物流。农业是通过培育动植物产品从而生产食品及工业原料的产业，广义的农业包括种植业、林业、畜牧业、渔业、副业5种形式，狭义的农业是指种植业。

农业物流指农业生产及其相关联的农业生产资料供应和农产品销售过程的一切物流活动的总称。它是以满足顾客需求为目标，以信息技术为支撑，运用现代化的物流手段，对农业生产资料与农产品、相关服务和信息，从供应源到消费源所进行的组织、控制与管理等经济活动，是社会物流的重要组成部分。

农业物流由农业生产资料采购，农产品的生产、收获、储存、运输、包装、流通加工、装卸搬运、配送、分销与信息处理等一系列运作环节组成，并在整个过程中以实现农业生产资料和农产品保值、增值和组织为目标。

2. 农业物流的特点

（1）农业物流主体具有特殊性。农业物流主体既有加工企业、运销企业，又有农户。农户是农业生产主体和核心企业的供应商，具有自然人、法人、管理者、决策者、劳动者等多重身份属性。农户的行为模式比较复杂，受个人文化素养、心理状态、经济状况等因素的影响，在对市场信号和经济信息的认识判断上有可能做出理智的决策，也有可能选择盲目跟从。

（2）农产品物流数量大、品种多。以2014年农产品产量为例：全国粮食总产量达到60 710万吨，棉花产量616万吨，猪牛羊禽肉产量8 540万吨，禽蛋产量2 894万吨，牛奶产量3 725万吨。这些农产品除少部分为农民自用外，绝大部分都成为商品，数量之大，品种之多，都是世界罕见的，形成了巨大的农产品物流。

（3）农业物流的路径具有复杂性。农业物流路径的复杂性主要源于农业生产的分散性和农产品消费的普遍性。农业物流的投入物是以工厂或工业城镇为起点，经由各种运输方式到达农村，直至千家万户；再经过农业生产、收获等环节后，农产品由少聚多，聚集到制造厂或销售商，经加工后向分销商、零售商扩散；最后从各个零售店销售给成千上万的消费者。农业物流的路径整体呈现出强发散性，强收敛性。

（4）物流难度较大，物流工具多样。与工业品不同，农产品是动物性或植物性的产品，在物流过程中存在包装难、装卸难、运输难、仓储难等问题。农业物流的工具也是品种繁多、层次不一，可以是飞机、火车等现代工具，也可以是小四轮、马车等低级物流工具。而且有相当一部分农产品需要特殊处理，例如水产品从捕捞到消费者手中，一般都要经过预冷——冷库——冷藏运输——批发站冷库——自选商场冷柜——消费者冰箱等环节。

（5）农产品对物流要求高。这种高要求体现在：一是季节性农产品要求物流及时；二是要保证食品安全；三是要满足一些农产品的特种物流方式，如粮食散装运输、水产品冷冻运输、分割肉冷藏运输、乳制品恒温运输等。

（6）农业物流需求不确定。总体来看，农副产品消费模式已由温饱型向质量型、服务型转变。因此，农业物流需求呈现出的高度不确定。农业物流需求的不确定既源于在不同地区消费者对同类农产品需求的差异和变动性上，也源于在同一地区消费者在不同种类农产品之间以及同一农产品不同品类之间频繁的选择和变换上。

3. 现代农业物流与传统农业物流的区别

（1）现代农业物流是传统农业物流向两头的延伸，内涵更加丰富。农业物流加进了新的内涵，涵盖了与农业相关的生产、流通和消费领域，连接了供给主体和需求主体。传统农业物流只涉及商品流通领域，即农产品的包装、运输、储存和装卸等过程。现代农业物流扩展到了生产前和生产过程中的物质、信息流通过程以及生产后的加工和市场营销等领域。

（2）现代农业物流的管理理念是以实现顾客满意为第一目标，提高物流服务水平，增强农业产业链整体效益。而传统农业物流的管理理念是追求个体成本的降低，没有考虑顾客满意度水平和整个农业供应链的绩效。两者的管理理念和模式不同。现代农业物流管理是一种农业产业链的集成管理，是主动服务。物流承担方从系统的角度综合考虑农业物流的各个环节与各项功能，利用现代管理和现代技术提供总体信息，以整个供应链为基本单位，为农业价值链的每个环节提供增值服务，追求总成本最小、利润最大、服务最优的目的。

传统农业物流管理是一种分散管理、被动管理。它孤立地看待参与农业物流的各个环节，没有考虑各个部分活动是有机地结合在一起的，有些活动是具有效益背反关系的，简单地对各部分活动进行分割管理，缺少相互之间有效的信息沟通和集成，造成在进行成本分析时，追求单一环节成本最低，导致"牛鞭效应"。

（3）现代农业物流采用先进的运输技术、存储技术、保鲜技术、加工技术、包装技术、信息技术等，运用现代化的手段，能够实现农业物流过程的标准化、自动化、网络化、智能化和信息化，达到保值、增值的目的。传统农业物流的第一要素是"运力"，现代农业物流的第一要素是"信息"。建立高效率的物流信息服务体系是发展现代农业物流的重要内容。

（4）现代农业物流是一种快捷、准时、透明、准确的精细物流，能够提高农业物流效率，降低物流成本，提高服务水平，增加物流活动的附加值；而传统农业物流是一种粗放物流，其物流服务的水平低。

（5）第三方农业物流是现代农业物流发展的主流和趋势，它运用自身专业物流功能，或通过一系列的代理服务，或通过发挥其物流管理的优势，为顾客提供优质的高效的运输仓储和加工、需求预测、物流信息、成本控制、物流方案设计及高层次的全程物流服务。第三方农业物流不仅有助于降低损耗，减少成本费用，而且也缓解了交通拥挤，节约了能源，保护了环境,完善了物流活动的服务功能。传统农业物流社会化程度低,多为自营物流,本质上追求生产与物流的结合,传统物流企业也只能简单地提供运输、仓储和初加工服务,缺乏农业物流增值服务。

4. 农业物流的分类

按照农业物流所处的不同阶段,农业物流可分为以下几类。

(1) 农业供应物流。农业供应物流是指为保证农业生产不间断进行,对农业生产所需要的一切生产资料的采购、运输和调配等物流过程。农业供应物流是农业生产的前提条件和物质保证。

(2) 农业生产物流。农业生产物流是指农作物从耕种、田间管理到农业收获过程中由于配置、操作和回收各种劳动要素所形成的物流。它是构成农业生产活动的核心和主要内容,决定着农业生产的成本和效率,直接影响农业生产的效益。

农业生产物流按照其内容和形式的不同,又可分为耕种物流、管理物流及收获物流3种类型。其中,耕种物流是为耕种配置生产要素的物流,包括农业机械设备及工具的调配和运作,籽种、化肥、地膜等的布施;管理物流是为供给培育农作物生长的物质资料的物流活动,包括育苗、插秧、除草、整枝、杀虫、追肥、浇水等作业所形成的物流;收获物流是为收获农作物形成的物流,包括农作物收割、回运、脱粒、晾晒、筛选、处理、包装、入库等作业所形成的物流。

(3) 农业销售物流。农业销售物流是指农业生产结束后的农产品,从田头到消费者餐桌的流动过程,包括为了销售农产品而进行的收购、运输、储存和装卸搬运,为了满足消费者需要而实施的流通加工、包装和配送等活动。我国农产品在销售过程中,由于流通环节较多,价格从田头到消费者手中往往出现非正常变化,特别是在"最后一千米"的成本转嫁,如批发市场、超市等收取较高的入场费等,如图9-5所示。

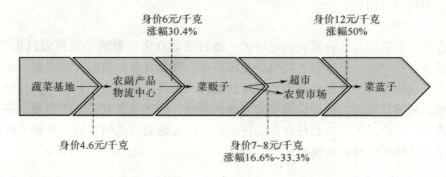

图9-5 农产品流通过程中的价格变化

按照物流客体的不同,农业物流分类如下。

①农业生产资料物流。农业生产资料物流是指以种子、化肥、农药、地膜、农业机具以及农业生产消费的原材料、燃料等为物流客体,对它们进行拣选、加工、包装、分割、组配等作业,并按时送达指定地点的农业物流活动。农业生产资料物流路径一般是由城市流向农村。

②农产品物流。农产品物流是指以粮食、肉类、水果等农产品为物流客体,对它们进行

备货、储存、分拣、配货、分放、配装、送货等作业，并按时送达指定地点的农业物流活动。农产品物流路径一般是由农村流向城市。

农业物流、农村物流、农产品物流三个概念中，农业物流的外延最大，可以包括后两者，也可以把"三农"领域的物流统称为"农业物流"。农业物流主要是生产性物流；农村物流是指维持农民本身生存、生产的生活、生产资料物流；农产品物流则指农产品销售物流。

二、农业物流的运作模式

1. 供应链模式

供应链模式主要是指加工企业通过直接与农户签订协议或者合同，建立一种农产品供销关系，并对农户进行技术指导和质量监督工作，将其供应链一体化。到了收获季节，公司以一定的价格来收购符合要求的产品，然后经过加工出口或者分销给零售商，收到双赢的效果。这样的实例常见的是在养殖业方面。

2. 第三方农业物流模式

这种模式中，第三方农业物流企业独立承包一家或多家农资、农产品经销商的部分或者全部物流业务。简单来讲，即农户的耕地经营权通过当地政府有偿租赁给公司，公司将这样的一块土地作为基地，相当于是一个"车间"，而农户就成为这个"车间"里的工人。农户除了收取公司的租金外，还有了一份工作，同时也避免了自己经营的一些风险，一举多得。

3. 批发体系物流模式

目前，批发市场体系的物流模式是我国农产品流通的主体模式，在这种模式下，农业生产资料或农产品批发市场是主导者，连接着农业生产资料供给者、农产品生产和加工者、各级批发者、零售商以及其他企业。通过批发市场，农户可以将自己的蔬菜交由市场上的公司统一销售，也可自行销售。

4. 中介组织联动模式

农村合作经济组织是这种模式的主导者，通过联合众多分散的小规模农村生产经营者，在多方面展开合作经营，形成较大规模的经济群体，降低各自分散经营的成本，实现规模经济，提高市场议价水平，增强抗御市场风险的能力，最终实现增加经营收入的目标。由于这种组织一般是民间性质的，缺少法律等多方面的制约，管理起来有一定的困难。不过，在这种物流模式下，农产品可以由农村合作经济组织直接运输到商品销售地，节省了时间和流通的中间环节，是比较合理的物流模式。

5. 农业物流联盟模式

农业物流联盟模式是指为了实现农业物流战略目标，两个或多个农业物流主体通过各种协议、契约而结成的优势互补、风险共担、利益共享的物流模式，这是国外普遍采用的形式。这种发展模式强调企业间在市场交易中进行战略性的合作和协调，能够有效节约交易费用。同时，由于联盟成员仍保持各自的相对独立性，仍存在着竞争，因此能够维持较高的市场效率，从而避免了一体化组织中的因僵化失灵产生的组织费用。

6. 电子虚拟供应链模式

电子虚拟供应链模式主要是借助网络建立商务平台，来自城乡的供应商、生产商、批发商、零售商、物流供应方等会以会员形式加入其中，客户、消费者可以通过平台进行查询，形成虚拟农业物流供应链。在虚拟供应链的运作中，各物流企业的合作是均势的，信息透明度、准确度和及时性高。这种模式能够减少需求不确定带来的库存增加，克服供应链敏捷性较差的不足，降低农业物流运作成本，提高整个农业供应链的效率。

由于这一发展模式对农业物流服务网络与信息系统、数据处理能力、人员素质的要求很高，因此目前国内基本上还没有运用这一模式。但是信息技术和网络技术的发展与应用，会加快我国农业物流信息化的步伐；电子商务的迅速发展，会推进我国农产品电子物流的进程；农民素质的提高，也会加强农业物流主体的合作意愿，使虚拟农业物流供应链发展模式在未来成为可能。

> **案例**
>
> 深圳市农产品股份有限公司是以投资、开发、建设、经营和管理农产品批发市场为核心业务的企业，是首批农业产业化国家重点龙头企业，是目前国内农产品流通行业中的首家上市公司。经过20多年的发展，公司已成为总资产约70亿元人民币，净资产37亿元人民币的大型现代化农产品流通企业集团。公司先后在深圳、南昌、上海、长沙、北京、成都、西安、柳州、昆明、银川、长春、济南、广州、九江等20个城市投资经营管理了30余家大型农产品综合批发市场和大宗农产品电子交易市场，初步形成了一个全国性农产品交易、物流及综合服务平台，成为国内经营管理农产品批发市场的知名品牌。
>
> 公司始终坚持改革创新，通过构建全国性农产品批发市场体系，在保障城市食品供应、确保食品安全与质量、稳定食品价格、提高农产品供应链的流通效率、帮助农户实现产品价值并增加农民收入、带动农业产业化发展、促进各地"三农"问题的解决等方面发挥着不可替代的作用，取得了良好的经济效益和社会效益。
>
> ★思考：
> 深圳市农产品股份有限公司采用的物流运作模式是什么？

三、选择农业物流运作模式的原则

1. 利益原则

现代物流是一个整体，是以满足利用它的成员或客户的利益来维系的，因此只有当一种发展模式对农业物流参与者拥有经济利益的吸引力时，物流参与者才能相互合作，通过实现组织目标，达到最佳的运作效果，并实现各自的利益。这是现代化农业物流持续发展的首要原则。

2. 效率原则

现代农业物流要求按照专业化的分工和协作有规律、有秩序地运作，因此必定产生规模效应、协同效应。当一种模式能够尽可能地整合和利用农业物流参与者的物流资源、加快市场反应速度、减少物流成本、提高物流效率和效果时，才是有效率的、可选择的。效率原则要求以有限的资源谋求最大的成果，坚持效率原则在现代农业物流运作模式选择中显而易见是始终如一的。

3. 可持续发展原则

我国正处于工业化发展中期，人口众多，农业生产和农产品消费很大。同时，我国现代物流起步晚，与农业物流相关的经济活动对资源、环境、人民生活质量的影响很大，不可避免地会过度消耗资源、破坏环境。所以要强调全局与长远的利益，强调全方位对环境的关注，就要选择与绿色生产、绿色营销、绿色消费等绿色经济活动紧密衔接的集约型发展模式。

四、发展农业物流的意义及我国农业物流发展存在的问题及策略

1. 发展农业物流的意义

现代化农业物流建立在信息技术以及物流技术的基础之上，以满足消费者需求为目标，提供供应源到消费源的生产资料、服务、农产品的组织和管理，是由一系列运作环节构成的系统。其不但包括农产品的生产、储存、包装、流通加工、配送，还包括农产品的收获、装卸搬运、分销、信息处理等，通过农业物流这个环节，农产品实现了保值增值的目的。具体来说农业物流的意义主要可以体现在如下几个方面。

(1) 加快产业链条发展。以往的农业生产形式比较单一，无论是生产、运输、包装，还是分销、配送等都不是很系统，农业流通成本过高，农产品的效益也难以实现。而通过农业物流的建设，企业和农民之间的联系更加紧密，农业物流企业的专业化操作，使得农产品的流通更加顺畅，企业和农户实现了双赢。

(2) 吸收过多农村劳动力。农业物流的发展会创造大量的工作岗位。随着生产技术、生产设备水平的提升，农村的剩余劳动力逐年增多。通过鼓励、扶持农业物流企业的发展，能够实现更多的农村劳动力就业，实现从田间到工厂的转换。这不但充分利用了劳动力资源，也使得农民的收入得以增加，且调动了农民参与到农业物流中来的积极性。

(3) 实现生产和消费的对接。以往农产品生产之后不能和消费者建立直接的关系，往往需要通过超市、零售商、分销商等进行销售，这使得农产品的利润空间大幅下降。而在整个农业产业化体系中引入农业物流管理的话，就能够实现农产品直接走向消费者，使得农产品的流通时间和成本大为降低，不仅降低了资源的消耗，而且提高了农产品的效益。

(4) 增加农产品的价值空间。现代农业物流以信息技术和物流技术为支撑，故而拥有较为充分的市场供求信息。这样高度信息化的农业物流管理能够更好地促进统一市场的形成，扩大农业产业化的规模，从而更好地实现农产品价值的高位转移，扩大农产品生产的空间价值，更好地完善农业产业化体系。

2. 我国农业物流发展存在的问题及策略

(1) 我国农业物流存在的问题。由于我国地理面积大，各个地区所处地带不同，各个地方的经济发达程度不同，造成我国农业的发展很不均衡，大部分地区的农业还处于低水平的小规模经营状态。与发达国家相比，我国农业物流还比较落后。就物流成本而言，我国农产品物流成本一般占农产品总成本的30%~40%，而世界发达国家农产品物流成本一般占农产品总成本的10%左右。目前，从总体来说，我国仍有近三分之一的农民在当地买不到

需要的生产资料、生活资料，需要跑到县城或其他地方购买。也就是说，在农村，老百姓尚不能享受一个优质的物流服务。

农村物流现有的设施设备、系统、网络及信息平台等基本配套建设均达不到现代物流要求，物流专业人才缺乏，标准化建设滞后，农村的物流和生产组织基本处于无序状态，规模小、管理水平低，形不成相配套的物流体系。我国农业物流存在的问题具体如下。

①对农业物流认识片面，重视度不够。
②基础设施、技术落后，不利于农业物流发展。
③物流体系不健全，没有实现规模化与信息化。
④政策法规不完善，缺少行业的统一协调与管理。
⑤缺少专业人员。

（2）我国农业物流发展策略。

①加强政策扶持。农业物流的作用至关重要，对于"三农"发展有着十分巨大的意义。为此，政府部门应该加强相关的宣传，使人们认识到农业物流的重要性。在此基础上，还需要制定相关的税收、财政政策，调动农业物流企业和农民的双重积极性，创造良好的政策环境和经济环境。对当前的农业物流管理机制进行改善，统一协调农业物流企业的发展。这样才能更好地加强农业物流这个农业产业化的重要环节。

②提升物流技术。物流技术是现代农业物流发展的重要基础，为此应该加强物流技术的创新与应用，以期更快地实现农业物流现代化。具体来说可以采取的措施有三个。其一，农业生产标准化。无论是生产前、生产中、还是生产后，都应该将标准化贯彻到底，这样才能保障农业生产的效率。其二，创新营销观念和手段。为了更好地促进农业物流的发展，应该从营销上着眼，对理念和手段进行创新。诸如可以在商贸中心设置网点、建立直营超市、发展代理商等，这样才能更好地完善农业物流体系。其三，改善加工、包装技术，为了延长农产品的储存时间，应该利用最新的包装技术、保鲜技术，将销售时间延长，使其能够销售到更远的地方，扩大利益圈。

③发展第三方物流。第三方物流仍旧是现代物流发展的趋势，为了更好地实现该物流模式的转变，需要更新观念，认识到第三方物流对于农业物流发展的重要作用。建立共赢的理念，将物流服务商和农业生产者的利益紧密地联系在一起，实现服务的升级。只有以顾客为中心展开营销，才能更好地发掘市场价值，降低物流成本。建立公共信息平台，更好地促进第三方物流发展所需要的信息支撑。

④加大农业投入。对农业物流基础设施要加大投入，改善农村交通网络，建立农产品、生产资料仓储系统，实现仓储的自动化、智能化。建设农业物流园区，建立批发市场、配送超市，形成区域性的物流中心，这样才能更好地为农业物流的发展做好配套工作。

⑤完善信息网络。信息技术对于农业物流的发展十分重要，为此，应该加强农业物流信息化建设。其一，加强硬件设施建设，以信息技术为支撑，实现全程控制，将消费者、第三方、生产者互联起来，实现实时互动、信息共享。其二，建立农业信息网络平台，将农产品批发市场、农业企业、农业管理部门、经营大户等信息全面覆盖。

知识拓展

对于分散经营的农民和农户来说，依靠其自身所能采取的物流手段显然难以实现农产品在全国范围内的影响。基于此，日本政府注重发挥农业合作组织在农产品物流中的作用。而在众多农业合作组织中，农民协会可以说是实现日本农产品物流组织发展的主导力量。在日本，农民协会完全由农民自发组织成立，其承担的一个重要任务就是将会员所生产的农产品集中起来统一进行销售，这避免了单个农产品生产主体在价格谈判中的弱势性，实现了农产品的规模营销。因此，农民协会几乎遍布日本各大农产品批发市场，无论是在大中型城市还是在乡镇，都由农协直接参与农产品的运输与销售。日本高度组织化的农民协会利用自身组织系统在农产品包装、加工、运输、保险以及网络信息服务方面的优势，充当了农产品生产者与销售者之间的中介，起到了很好的物流载体作用，克服了单个农民或农户在农产品物流发展中的局限性。

第三节　工业物流

案例

上海通用的生产线基本上做到了零库存，而这很大程度上归功于中远出色的物流运作。中远按照上海通用要求的时间准点供应，门到门的运输配送使零部件存放于途中。门到门运输具有很大优势：第一，包装成本可以大幅度降低，因此从供应商的仓库门到用户的仓库门，装一次卸一次就可以了，这比铁路运输要先进得多。第二，库存可以放在运输途中，只要算好时间，货物就可以准时送到。生产线的旁边设立了再配送中心，货物到位后2小时以内就用掉了，那么再配送中心在这2小时里就起到了一个缓冲作用，这也就是传统所说的安全库存。如果没有再配送中心，那么货物在生产线上流动的时候就没有了根据地，就会比较混乱。因此，再配送中心能起到集中管理的作用，每隔2小时"自动"补货到位。

★思考：

上海通用与物流企业仅仅是合作关系吗？

一、工业物流概述

1. 工业物流的概念及构成

工业是从自然界取得物质资源和对原材料进行加工、再加工。社会物质生产部门决定着国民经济现代化的速度、规模和水平。根据国民经济行业分类，工业包含采矿业、制造业、电力、煤气及水的生产和供应业。

工业物流的概念起源于美国，核心理念是：基于工业企业的整个生产管理流程，以集中采购为起点，零部件加工组装、储存管理为重点，流程制造和离散制造为核心，引导采购供应、仓储调拨、库存管理、生产管理、运输配送等内外部资源发挥协同作用，提高社会资源的综合利用效率，降低工业企业内部与企业间的互动成本，向产业上下游企业提供延伸和成套服务。随着科技的发展，规模化集成生产方式得到普及，大型集成化生产平台出现。生产规模的大型化、集成化及流通全球化使工业物流的出现和普及成为一种必然趋势。工业物流是以集中采购为主，零部件加工为核心，主要为工业企业提供仓储、运输、配送等生产服务性物流。工业物流可有效降低物流成本，缩短平均订单处理时间，减少整体库存水平。

工业企业涉及的物流活动从流程上分一般包括：供应物流、生产物流、销售物流、回收物流、废弃物物流等环节，生产物流是工业物流的关键环节。物流活动与整个生产工艺过程伴生同步，生产系统中物流的边界起于原材料、外购件的投入，止于成品仓库，贯穿生产工业全过程，横跨企业各部门。物料投入生产系统后即形成工业物流，并随着时间进程不断改变自己的实物形态和场所位置。因此，进行工业物流模式研究和物流系统工程构建，可以促进工业企业的核心技术和科技竞争力，实现工业经济的快速发展。

2. 工业物流的特点及与传统物流企业的区别

与传统物流相比，工业物流具有以下几方面的特点。

（1）价格变化波动小。由于大量集中采购物资，以及与固定客户建立长期有效符合行业先进标准的合作关系，原材料及零部件生产的价格变化比较稳定，与市场的巨大波动相比，比较明显地呈现出稳定状态。

（2）订单数量比较恒定。由于主要是面向固定的客户以及规范的市场，订单一般会比较稳定，订单间的区别变化也比较小，除非客户端市场发生剧烈变化。

（3）拆零方便。供应商以大包装标准化供货，产品易于区分，配送中心或者工业品超市等可按照企业的订货量进行拆零分拣，简便可行。

（4）退货与更换容易。长期稳定的合作关系及良好的生产配送渠道使得出现诸如退货与产品更新时容易处理，并保障产品质量。

（5）可满足企业客户的不同要求。在统一标准的情况下，可以在后期生产加工配送时根据其内容进行灵活处理。标准化平台并不意味着死板。

通过以下对比，还可以看出工业物流与传统的其他物流企业的区别，如表9-1所示。

表9-1 工业物流与传统的其他物流企业的区别

	工业企业	其他物流企业
生产类型	专业化	综合化
主要产品	集中加工工序零部件	多种产品
对象形式	一对一	一对多

从表中可以看出，工业物流与传统的其他物流企业之间最主要的差别，体现在内外部物流的一体化上。工业物流企业在现有标准下打造出自己的物流平台，然后按照平台规定的要求接受大批量客户订单，进行物流服务。而传统物流企业是从接到客户订单要求开始重新设计整个物流计划，既烦琐又费事。从运作效率上来说，工业物流也是高出一筹的。

二者之间的区别可以概括成以下两个方面。

（1）积极促进建立以不同的加工工序零部件为产品，面向全球的专业化生产制造公司是（核心企业即客户）对第三方物流的最大需求，也是与其他物流最本质的区别。这些专业化的生产制造公司是依据核心企业工艺流程再造"应运而生"。生产分工细致，生产组织灵活多样，最终形成社会化大生产的态势，并由此派生专业化的仓储、配送、运输等相关的物流活动，形成整个工业供应链上有较强竞争力的组成部分。

（2）建立以核心企业产品进出口、零部件进出口以及重要原材料进出口为主要业务支撑的进出口平台，是工业物流区别于其他物流的另一个特征。而具备这种功能的条件一是要有大量忠诚于公司的专业化人才，二是建立全球化的经济资源信息网络。

3. 工业物流的发展阶段

工业和物流业的发展历程表明，工业的发展是物流发展的基础，物流的发展又推动了工业发展，两者良性互动。工业的不同阶段，必然要求与之相适应的物流水平。工业发展经历了4个阶段，相应的工业物流也经历了以下4个时期。

（1）工厂式制造阶段。这一阶段初期企业生产效率不高，产品销售量不大，对物流的需求并不迫切。随着产品销售逐渐扩大，人们开始意识到降低销售成本的重要性。现代物流开始萌芽。

（2）少品种、大批量的流水线生产阶段。随着工业化进程的加快，为适应大批量产品的生产和市场销售，货物配送的物流组织方式出现。同时物流技术装备的发展也为大批量配送提供了条件。现代物流进入实物配送管理阶段。

（3）精准生产阶段。以计算机技术为基础的自动化和生产成组技术的普遍应用，使工业产品种类增加。此时，工业发展对物流的要求不单是考虑从生产者到消费者的货物配送问题，而是把采购、生产、运输、销售等情况进行综合考虑。现代物流业进入一体化物流管理阶段。

（4）敏捷制造、柔性生产阶段。它要求复杂多变的产品快速进入市场，而开发新产品需要从不同的企业中组织资源，借助信息技术使其共同完成各自的功能。这一阶段要求物流服务进入供应链的协同运作阶段，于是现代物流发展到最新的形式——供应链管理阶段。

二、工业物流的运作模式

1. 少品种、大批量模式

具有少品种、大批量生产特点的企业一般具有区域性的价格和产品优势，因而生产较稳定，并且是以成本为中心来组织生产经营活动，即企业是以成本控制为目标。这种企业一般都是大企业，它的生产系统设计往往只考虑生产过程本身，而没有进行物流系统的规划设计，企业的生产、供应、销售往往只考虑各自的任务和利益。因此，这些企业有必要进行企业内部物流系统的整合以实现企业物流一体化。同时，企业大量生产必然消耗大量的生产资料，企业应重视生产资料的消耗规律和供应规律，关注市场采购策略，控制库存水平，以此降低原材料、燃料等的消耗和库存占用的资金。在少品种、大批量模式下，企业还应关注改善物料及在制品、中间产品在企业内部的流转状况，并采用先进的物流技术来提高物流装备水平。

2. 多品种、小批量模式

具有多品种、小批量生产特点的企业一般以利润为中心来组织生产经营，企业按照客户需求以销定产。因此，企业物流往往从系统整体出发，在产品生产与研发、物资采购与供应及销售等各方面相互协调，为企业和客户提供最佳服务，并最大限度地降低物质消耗和物流成本。

3. 大规模定制模式

大规模定制是一种能够满足以较低的成本快速响应客户个性化产品需求的生产模式。一般认为，大规模定制物流指的是根据客户的不同物流需求进行市场细分，运用现代物流技术和信息技术以及先进的物流管理方法，通过物流功能的重新整合，实现大规模物流的成本和效率，为每个客户提供定制物流服务。除了提供定制物流服务之外，大规模定制物流还有利于企业扩大市场占有率、提高客户忠诚度、增加利润等。

三、我国工业物流存在的问题及应对策略

1. 我国工业物流存在的问题

我国已成为世界的加工中心，围绕加工生产进行的采购与供应、产成品分销竞争激烈，这使得我国工业物流率先与国际接轨并实现国际化，工业物流将成为我国具有国际竞争力的行业，同时有利于促进我国工业结构调整。

在我国全社会物流总额中，工业品物流始终是构成主体且占比不断上升，可以说工业物流的发展决定了物流业的整体水平。与此同时，工业物流在工业生产中扮演的角色日益重要，与工业生产各环节紧密相连，甚至已成为推动工业发展方式转变和产业结构升级的重要突破口。

长期以来，我国工业物流存在着成本居高不下且效率偏低，物流服务专业化能力不足，工业物流生态圈尚未形成等诸多问题，这在客观上成为制约工业发展的"短板"，具体问题如下。

（1）物流成本高且效率偏低。受人工成本上涨和流通领域各项费用升高的影响，我国工业物流成本居高不下。首先，物流行业属于劳动密集型行业，人工成本上涨必然会显著推高物流成本；其次，不合理的超前布局也在一定程度上推高了物流成本；最后，物流信息技术相对落后、企业管理费用过高也是推高物流成本的原因之一。

（2）物流服务专业化能力不足。一是物流外包比例整体偏低且行业间存在较大差距；二是低端物流服务环节仍是主流。

（3）工业物流生态圈尚未形成。首先，物流基础依然薄弱；其次，缺少成熟高效的物流服务平台；最后，物流商业模式发展相对滞后。

2. 发展工业物流的策略

我国工业物流成本高将削弱工业经济发展效率，物流专业化能力不足将导致行业发展不均衡，低端物流服务模式则会引发企业综合竞争力的恶化。要走出工业物流"短板"困境必须从4个方面着手强化。

（1）强化政府科学规划引导作用。建立促进物流业发展的政府管理机制，强化组织保障。支持有关各方加强跨行业与跨区域合作，打破不同地区、行业之间的割据，实现资源整合。重视物流产业的统筹规划，加强有利于物流产业发展的政策研究。与工业物流发展特点

相结合，建立科学的工业物流产业体系，提高物流产业供应链的运行效率，降低不断上涨的工业物流成本。将工业结构调整与物流管理水平提升相结合，实现物流业与工业的联动、融合发展。

（2）促进工业企业物流的社会化。鼓励工业企业剥离重组物流业务，加速推进工业物流外包进程，促进工业企业物流的社会化和专业化。物流企业要加大物流设备的投入，提高专业性，使第三方物流发挥更加充分的作用。通过兼并重组，培育一批技术先进、业务突出、竞争力强的现代物流企业，淘汰规模小、服务功能单一、经济效益低下、分散的小型物流企业，推动产业集群，打造有利于物流企业发展的市场竞争环境。

（3）推进第四方物流等高端服务发展。首先，工业企业要加强供应链管理，并在此基础上建立公共信息服务平台，有效促进工业企业和物流企业之间的信息、资源共享；其次，物流企业要加强技术改造，利用规模不断扩大的制造业外包趋势，切实融入工业企业生产的前期采购、订单环节，从取送货阶段融入至生产阶段，为工业企业提供流程优化、周转灵活、物流费用率低的高质量物流服务；再次，积极推进第四方物流发展，为制造业和物流业双方提供物流规划、咨询、物流信息系统、供应链管理等高端增值服务，借助第四方物流的专业化服务，在保持物流企业运输、仓储、联运等传统业务的基础上，向上延伸业务链，实现由传统物流企业向现代物流企业的转型；最后，应发展物流金融服务，将丰富的金融工具引入到供应链业务活动中，实现物流服务与金融服务相互融合，通过金融服务模式创新有效缓解企业资金压力。

（4）培养本土物流产业所需人才。在物流人才培养上，采取订单式人才培养模式。通过加强产、学、研之间的合作，重点培养与我国本土物流产业和市场需求相适应的物流人才。同时，应积极开展国际交流与合作，利用多种方式打造沟通平台，借鉴先进的国际物流专业技术和物流经营理念，促进我国物流产业发展。

案例

2009年，我国汽车产销首次超过1 000万辆。在国际金融危机的背景下，能够取得这个成绩，极为不易。2009年年初，大众（中国）发布2018战略，提出"一汽大众和上海大众两个合资企业都将在2018年实现年产销过100万辆"的目标。一时间，大众（中国）的两个"百万辆规划"成为舆论关注的焦点。

为了提高生产效率，保证产品质量，在产能压力巨大的前提下，一汽大众在2009年7月进行了为期一周的停产检修。根据提高生产组织柔性化、全力保证市场供应的方针，一汽大众在生产上根据市场需求重新合理组织生产班次；同时，通过科学调整生产流程，提高单位时间内的生产率，最大限度地挖掘生产潜能。目前，一汽大众最明显的变化就是生产效率得到有效提高，平均66秒就能够生产一台新车。在物流供应方面，一汽大众优化了整车物流流程，提高了整车物流效率。2010年，一汽大众把整车物流周期缩减至7个工作日。在库存和订单匹配度方面，一汽大众也实现了订单管理流程优化，精细了经销商库存管理，实现了资源配置最优化。

按照产能规划，到2013年，一汽大众提前完成2018战略。"百万辆"并不是一个简单的产销百万辆，更重要的是体系能力，重点还是要放在核心能力的建设、核心人才的培养和业务流程的优化上。

★**思考：**

物流在工业制造业的生产过程中起到了哪些作用。

第四节　商业物流

> **案例**
>
> 沃尔玛百货有限公司由美国零售业的传奇人物山姆·沃尔顿先生于1962年在阿肯色州成立。经过50多年的发展，沃尔顿公司已经成为美国最大的私人雇主和世界上最大的连锁零售企业。目前，沃尔玛在全球15个国家开设的商家超过8 000家，下设53个品牌，员工总数达210多万人，每周光临沃尔玛的顾客有2亿人次。
>
> 沃尔玛的业务之所以能够迅速增长，并成为世界著名的公司，是因为沃尔玛在节省成本、物流配送系统以及供应链管理方面取得了巨大成就。目前，沃尔玛在美国有70个物流配送中心，其面积一般在10万平方米左右，可以同时供应700多家商店。配送中心每周作业量达120万箱，每个月自理的货物金额大约为5 000万美元，全部作业实现自动化。该公司在高科技和电子技术方面的运用投入了大量资金，公司投资4亿美元由美国休斯敦公司发射了一颗商用卫星，实现了全球联网，建成了当今世界公认的最先进的配送中心，实现了高效率、低成本的目标，为沃尔玛实行"天天平价"提供了可靠的后勤保证——在沃尔玛的门店不会发生缺货情况。
>
> ★**思考：**
>
> 沃尔玛的物流配送有哪些经验值得我们借鉴？

一、商业物流概述

1. 商业物流的概念

商业物流就是计划、执行与控制商品从产地到消费地的实际流程，并且在盈利的基础上使顾客满意，它包括采购、商品库存及商品销售几个阶段。具体来说，商业物流是指商品被生产出来以后，通过销售进入最终消费的物流活动，即生产企业发货——商贸企业销售——最终消费的物流活动。按照流通环节的不同阶段，商业物流可以分为批发业物流和零售业物流。

商业物流是一种能提供顾客想要购买的产品的能力，它的最终目的是在正确的时间把正确的货物采取正确的方式送到正确的地点。目前由于供应商的物流管理水平参差不齐，完全依赖于供应商来经营物流，有可能会使零售企业的商品出现问题。物流是商业活动最终实现的前提条件。商业物流产生于商品交换的过程中，具有实现商品实体从生产者向消费者转移，从而完成整个商品流通过程的重要职能。随着商业的不断发展，流通规模的不断扩大以及多种流通业态并存和连锁企业的快速发展，对商业物流水平的要求越来越高。

2. 商业物流的特点

相对于其他物流，商业物流具有以下几个不同的特点。

（1）商品价格变化快。随着市场供应和需求的变化，商品的进货价格和销售价格会不断调整。

（2）产品多样化。即使同一品牌的商品也会有数个型号的产品。

（3）配送频率高。特别是连锁零售企业，由于店铺多、订单频率高、时间要求严格，送货非常频繁。

（4）地理上比较分散。连锁超市可能遍布大江南北，规模有大有小，销售网点分散且多。

（5）需要拆零。当供应商大包装送货时，商业物流需要按照店铺的订货量进行拆零、分拣。

（6）退换货物流多。由于消费者对商品不满意，或者因为商品保质期的限制，商业物流需要经常处理退换货问题。

（7）商品保质期管理要求高。商业企业销售的多为日常消费品，通常有不同的保质期，因此商业物流需要有针对性地对保质期进行管理。

3. 批发业物流

与零售商相比，批发商不是直接面对千百万个消费者和用户，而是面对具有一定购销批量的中间商、零售商。要与大批量现代生产企业相适应，需要以低成本、大批量的方式组织货源、储备商品，并大批量组织分销。这种以低成本支撑的"大进大出"的经济优势，使批发业成为现代市场经济不可缺少的商品经营形式。

批发业物流既具有商业物流的一般性质，又具有批发业自身的特点。这些特点主要表现在以下3个方面。

（1）批发业物流的商品数量和品种多、规模大、覆盖面广，这是商业物流的主干。

（2）在批发业物流各项功能中，配送功能居主导地位，它是反映批发业物流水平的主要指标。

（3）批发物流功能集成比较困难，需要有效整合行业内各企业的物流资源。

4. 零售业物流

零售包含所有直接销售产品和服务给予最终消费者，以供其作为个人与非商业用途的一切活动。零售业是整个流通过程的最终环节，它直接连接最终消费者，是社会生产和流通活动的最终目的所在。零售业的指向是最终消费者，满足最终消费所需，而不是生产所需。

零售业物流是零售商在其购、销、存业务活动中，商品从供应商经零售商向消费者转移的过程，包括商品输送、搬运、保管、包装、配置和陈列、简单加工以及相关信息的流动等功能要素，创造商品的时间价值、空间价值并收到商品部分性质改变的效果。

零售业物流属于典型的商业物流，受零售业本身特性影响较为明显，并显现出其自身的特点。零售业物流主要有直接反映市场变化、物流过程复杂、信息技术占据主导地位等特点。零售企业打造竞争优势必须以高效率的流程为基础，而零售物流是贯穿零售企业从采购到销售全过程的关键流程，它对零售企业的有效运营至关重要。一般来讲，零售业物流具有协调各职能部门、优化商品流程、预测商品销量三大作用。

二、商业物流的运作模式

1. 按主体划分

（1）企业自营物流模式。从方便和便于管理的目的出发，大型商业企业通常采取以自建配送中心为主的自营物流模式。自营物流模式依靠配送中心来实现商品的集中储存和配送，以实现在企业内形成一个稳定运行、完全受控的物流系统，满足商业企业对于商品多品种、多批次、低数量的及时配送的要求。自营物流模式既有利于商业企业保证和保持良好的物流服务，又便于物流各个环节的管理和监控。此外，自营物流需要的巨额基础设施投资也使得一些中小型商业企业没有足够的资金和实力与之抗衡，在一定程度上提高了行业壁垒。

（2）社会化物流模式。一些中小型商业企业由于物流业务量相对较少，资金实力欠缺，或者大企业通过综合比较测算，不适于自己建设如配送中心等一些项目投资大、回收期长的服务性工程，因此，这些企业通常采用与社会性专业物流企业结成战略联盟的方式，将业务外包，有效利用第三方物流来完成仓储和配送任务，以完全实现或近似实现本企业零库存的目的。

（3）共同化物流模式。共同化物流是指多家商业企业联合起来，为实现整体的物流合理化，在互惠互利原则指导下，共同出资建设或租用配送中心，制订共同的计划、共同对某一地区的用户进行配送，共同使用配送车辆的物流模式。特别是一些经营规模较小或门店数量较少的商业企业常采用这一模式。此模式主要是能解决运输车辆跑空车和运费上升的问题，当数个产地和销地相距较远且又交叉运输时，其优点尤为突出。采用共同物流模式，既能减少企业物流设施投资，又便于将分散于各中小型商业企业的物流设施集中起来形成合力，从而提高物流效率，降低物流成本。

（4）供应商物流模式。简单来说，供应商物流模式是由生产企业直接将商业企业采购的商品，在指定的时间范围内送到各个商店甚至到货架的物流模式。我国的大型生产企业，如很多大型电器厂家、食品生产企业在全国范围内建立了自己的分销体系，将分销渠道直接介入到商业企业的分销物流活动当中，并且根据商品的属性、运输距离、自己的运输能力以及季节等条件安排有关物流的活动。供应商物流模式使一些大型的连锁超市企业与供应商之间的关系由竞争走向了协作，不仅能够降低交易成本，还能保持双方之间供需信息的快速传递。

2. 按物流时间及数量划分

（1）定时物流。定时物流是指按规定的时间间隔进行物流活动的模式。由于物流活动的时间固定，易于安排工作计划和使用车辆，因此对用户来说也易于安排人员、设备接货。但是，由于物流商品种类多，配送装货难度大，因此在物流数量变化时，也会使物流安排出现困难。

（2）定量物流。定量物流是指按规定的批量进行物流活动的模式。这种模式数量固定，备货工作较为简单，可以按托盘、集装箱及车辆装载能力规定物流数量，能有效利用托盘、集装箱等集装方式，也可以做到整车物流，物流效率较高。对于用户来说，每次接货都处理同等数量的货物,有利于人力、物力的准备。

(3) 定时定量物流。定时定量物流是指按照规定的时间和数量进行物流活动的模式。这种模式兼有定时、定量两种方式的优点,但特殊性强、计划难度大,适合采用的对象不多。

(4) 定时定线物流。定时定线是指在规定的运行路线上按之前确定的时间表进行物流活动的模式。用户按照规定路线、车站和时间接货及提出物流活动的要求,采用这种方式有利于安排车辆及驾驶人员,在配送用户较多的区域,也可免去过于复杂的配送要求所造成的安排困难。

(5) 即时物流。这种模式完全按照用户突然提出的物流要求进行物流活动,它是一种灵活性很高的应急物流模式。

3. 按供应链中的节点和企业角色划分

(1) 供应商主导的物流。这种模式适合于供应商规模大、物流重要性强、物流能力强的企业,广泛适用于专卖店、超市等。

(2) 零售商主导的物流。这种模式有利于零售商对本企业的自我控制和管理,有利于满足多品种、多批次、低数量、及时配送的需求,广泛适用于大型综合超市、连锁超市等。

(3) 物流商主导的物流。这种模式有利于借助社会化专业物流完成运输仓储等任务,有利于零售企业加速资本周转、规避风险、集中企业的核心竞争力等,一般适用于仓储式超市等。

三、商业物流模式的选择原则

1. 经济可行原则

经济可行原则主要是从经济和成本的角度分析如何选择商业物流模式。它的指标包括物流管理成本、物流交易成本、人力资源成本和顾客服务成本。满足这些指标是零售业物流有效、稳健运行的前提条件。

2. 技术可行原则

技术可行原则主要从物流主导企业信息处理和满足顾客需求的角度分析商业物流模式。它的指标包括数据处理能力、能力共享能力、关键顾客服务能力和顾客需求响应率。这些指标是零售业供应链条正常运行和零售业服务功能的保证。

3. 风险可控原则

风险可控原则主要从风险管理、降低风险、提高安全性的角度分析采用何种物流模式。它的指标包括库存管理风险、缺货风险以及企业间战略不吻合风险。这些指标会影响企业运行的稳定性。

> **案例**

家乐福的配送模式

家乐福最早成立于1973年的巴西。这个拥有上亿人口的国家既为零售商们提供了巨大的发展机会，同时也存在诸多艰难的挑战。一方面，它拥有巨大的购买力市场；另一方面，它又被资源贫乏危机所困扰，缺乏必要的基础设施，经历着永无尽头的经济危机。尽管如此，家乐福仍努力坚持生存。

家乐福发现 Sao Paolo 地区有建立配送中心的显著需要，但在选择具有熟练配送经营的设施设备服务商的时候却没有很大的选择余地。因为巴西没有提供这项服务的市场，家乐福是巴西唯一一家采用物流服务商的零售企业。因此，巴西几乎没有一家零售商具有丰富的零售经验。

最终，家乐福选择 Cotia Penske 物流公司经营 Sao Paolo 配送中心。通过集中配送，家乐福实现了拥有少量库存，但却增加了存货的项目分类的目的。在那些占地很大的商店，这点尤其重要，因为商品必须被分类存储在各个商品货架上。Cotia Penske 的配送中心不经营易腐食物，仅经营含有有效期的干燥食品。通过条码扫描技术提供的食品信息能保证供应新鲜产品并准确除去原有商品货架上过期的产品而将指定的产品分配到相应的货架上。

★ 思考：
家乐福的这种集中配送是哪种物流模式？它选择此模式考虑了什么原则？

第五节　第三方物流与第四方物流

案例

中外运空运公司是中国外运集团的全资子公司，是华北地区具有较高声誉的大型国际、国内航空货运代理企业之一。中外运空运公司为摩托罗拉公司提供专业的第三方物流服务，包括制订科学规范的操作流程、提供24小时的全天候服务、提供门到门的延伸服务、提供创新服务、充分发挥中外运的网络优势、对客户实行全天负责制。回顾6年来为摩托罗拉公司的服务，双方在共同的合作与发展中建立了相互的信任和紧密的业务联系。在中国入世后的新形势下，中外运空运公司和摩托罗拉公司正在探讨更加广泛和紧密的物流合作。

★ 思考：
中外运空运公司与摩托罗拉公司的合作反映了第三方物流的哪些特点？

一、第三方物流概念及特点

1. 第三方物流概念

第三方物流是指由供方与需方以外的物流企业提供物流服务的业务模式。

"第三方"这一词是相对"第一方"发货人和"第二方"收货人而言的。物流服务公司在货物的实际物流链中并不是一个独立的参与者，而是代表"第一方"或"第二方"来执行的。

第三方物流

2. 第三方物流的特点

（1）关系契约化。第三方物流是通过契约形式来规范物流经营者与物流消费者之间关系的。物流经营者根据契约规定的要求，提供多功能直至全方位一体化物流服务，并以契约来管理所有提供的物流服务活动及其过程。另外，第三方物流发展物流联盟也是通过契约的形式来明确各物流联盟参加者之间权、责、利相互关系。

（2）功能专业化。第三方物流所提供的是专业的物流服务。从物流设计、物流操作过程、物流技术工具、物流设施到物流管理必须体现专门化和专业水平，这既是物流消费者的需要，也是第三方物流自身发展的需要。

（3）服务个性化。不同消费者存在不同的物流服务要求，第三方物流需要根据不同物流消费者在企业形象、业务流程、产品特征、顾客需求特征、竞争需要等方面的不同要求，提供针对性强的个性化物流服务和增值服务。另外，从事第三方物流的经营者也因为市场竞争、物流资源、物流能力的影响需要形成核心业务，不断强化所提供物流服务的个性化和特色化，以增强物流市场竞争能力。

（4）信息网络化。信息技术是第三方物流发展的基础。物流服务过程中，信息技术的发展实现了信息实时共享，促进了物流管理的科学化，极大地提高了物流效率和物流效益。

（5）管理系统化。第三方物流应具有系统的物流功能，这是第三方物流产生和发展的基本要求，第三方物流需要建立现代管理系统才能满足运行和发展的基本要求。

二、第三方物流的优势

1. 集中主业

企业能够实现资源优化配置，将有限的人力和财力集中于核心业务，进行重点研究，发展基本技术，开发出新产品，参与世界竞争。

2. 节省费用，减少资本积压

专业的第三方物流提供者，利用规模生产的专业优势和成本优势，通过提高各环节能力的利用率节约费用，使企业能从分离费用结构中获益。根据对工业用车的调查结果，企业解散自有车队而代之以公共运输服务的主要原因就是为了减少固定费用，这不仅包括购买车辆的投资，还包括与车间库、发货设施、包装器械以及员工有关的开支。

3. 减少库存

企业不能承担多种原料和产品库存的无限增长，尤其高价值的部件要被及时送往装配点，实现零库存，以保证库存的最小量。第三方物流提供者借助精心策划的物流计划和适时运送手段，最大限度地减少库存，改善了企业的现金流量，实现成本优势。

4. 提升企业形象

第三方物流提供者与顾客不是竞争对手，而是战略伙伴，他们为顾客着想，通过全球性的信息网络使顾客的供应链管理完全透明化，顾客可随时通过 Internet 了解供应链的情况。第三方物流提供者是物流专家，他们利用完备的设施和训练有素的员工对整个供应链实现完全地控制，减少物流的复杂性；他们通过遍布全球的运送网络和服务提供者（分承包方）大大缩短了交货期，帮助顾客改进服务，树立自己的品牌形象。第三方物流提供者通过"量体裁衣"式的设计，制订出以顾客为导向，低成本、高效率的物流方案，使顾客在同行者中脱颖而出，为企业在竞争中取胜创造了有利条件。

5. 对于提高企业经营效率具有重要作用

首先，可以使企业专心致志地从事自己所熟悉的业务，将资源配置在核心事业上。其次，第三方物流企业作为专门从事物流工作的行家里手，具有丰富的专业知识和经验，有利于提高货主企业的物流水平。

> **案例**
>
> 上海通用汽车是上海汽车集团公司与美国通用汽车公司合资的企业，其生产线基本上做到了零库存，这与和中远集团的合作是分不开的。由于汽车制造行业比较特殊，零部件比较多，品种规格比较复杂，假如企业自己做采购物流，则费时较多。上海通用汽车通过与中远集团合作，做到了生产零部件直送工位，准点供应。具体做法是中远集团按通用汽车公司要求的时间准点供应，门到门运输配送使零部件库存放于途中。
>
> 福特汽车公司原来在全球选择多个物流服务商为其服务，由于众多的物流服务商缺乏联系，导致物流业务分隔严重，后来福特将全球物流供应商缩减到5个主要的物流服务商。1999年，福特公司又决定将全球最大的第三方物流供应商Ryder作为唯一一个物流网络管理商。
>
> ★思考：
> 根据以上材料，思考第三方物流有何作用？

三、第三方物流模式

1. 企业内部物流模式

大企业通常都设有材料部、运输部、配送部或物流部，负责企业原材料采购和成品交付的运输，以及原材料、半成品、成品的库存管理。有些企业可能拥有自己的车队，有些企业则使用独立的运输公司。当现代物流管理理论刚刚出现时，这些企业就给予了充分关注。随着信息技术的发展，它们建立了发达的配送网络和信息系统，以远远高于行业水平的配送速度，成为行业的物流先锋。这些企业看到了自己的物流优势，于是将其物流部与母公司分割，成为一个独立的第三方物流公司。

2. 配送模式

配送模式的企业其实最早起源于运输公司，但由于引入了物流管理的理论，所以较早蜕出其初期的运输外壳，进化成为一个提供配送服务的物流管理公司。它的专长在于拥有成熟的技术，先进的信息系统，专业的物流管理队伍。当它进入新的市场，或获得新的物流外包合同时，它往往只是注入自己的专业队伍和信息系统，在客户企业的固有设施和硬件设备的平台上进行配送运作。它会为每一个客户企业成立一个子公司来专门为其服务。

3. 运输企业模式

采用这一模式的大都是一些历史悠久的大型传统运输公司，经过多年发展，有着非常成熟的运输技术，广阔的运输网络，又对客户的物流需求有深入的了解。它们自然而然地随着客户物流需求的提高而相应地增加了相关物流服务的设施和技术。虽然运输仍旧占其主导地位，但提供物流服务也逐渐成为其保持老客户、吸引新客户的策略之一，同时也为公司增加了一个新的利润源。在过去，运输企业只是提供将货物由一地运送到另一地的单一模式的运输服务，客户要想完成一项完整的交付，必须通过几家不同模式的运输公司和仓储公司。现在有少数运输企业领先一步，通过收购或投资仓储配送企业和其他模式的运输企业而成为一个完全的第三方物流公司。

4. 货运代理和报关行模式

货运代理和报关行通常没有运输设备，只是作为一个中介为客户提供更优惠的费率以及报关服务。但是当一家货运代理公司发展成为一个跨国大公司时，它雄厚的资本足以支持它从货运代理公司转型为第三方物流公司。

5. 冷冻仓储模式

大部分仓储企业在物流市场的发展中被运输企业收购，成为运输企业在提供全程物流服务中的一个环节。然而，冷冻仓储企业却可以逆市而上，成为冷冻供应链中的主导者，同上下游运输公司联手为客户提供全程冷链物流服务。

随着现代生活节奏的加快，人们花在厨房里的时间越来越少，各种半成品冷冻食品应运而生。这为人们的生活提供了方便，节省了时间。目前在北美超市里一半的冷冻食品在10年前根本就不存在。采购冷冻车并不困难，然而要建立一个冷冻配送中心和一个具有冷链物流专长的管理队伍却不是一件容易的事。在这样的背景下，冷冻仓储企业迅速主导市场，转型成为第三方冷冻物流公司。

四、第三方物流企业的运作流程

第三方物流企业的运作流程，如图9-6所示。需要注意的是，运作流程中的供方和需方外延广泛，运作流程既适用于从制造商到最终客户的销售物流过程，也适用于从原料供应商到制造商的采购物流过程。

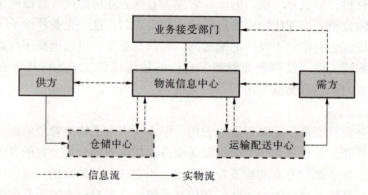

图9-6 第三方物流企业的运作流程

五、第三方物流的类型

1. 资产型物流公司

资产型物流公司大体有：以提供运输服务为主的物流公司；以提供仓储服务为主的物流公司；以提供终端服务为主的物流公司。

2. 非资产型物流公司

非资产型物流公司大体有：以提供货物代理为主的物流公司；以提供信息和系统服务为主的物流公司；以提供物流增值服务为主的物流公司；第四方物流公司。

六、第四方物流

1. 第四方物流的概念

第四方物流（Logistics Fourthparty）是一个供应链的整合者以及协调者，通过调配管理组织本身与其他互补性服务所有的资源、能力和技术，来提供综合的供应链解决方案。

2. 第四方物流的特点

（1）提供一整套完善的供应链解决方案。第四方物流集成了管理咨询和第三方物流服务商的功能，不仅能够降低实时操作的成本，还可以通过优秀的第三方物流、信息技术公司和管理咨询公司之间的联盟，为客户提供最佳的供应链解决方案。

（2）通过影响整个供应链来增加价值。第四方物流充分利用了一批服务提供商的功能，包括第三方物流、信息技术供应商、合同物流供应商、电信增值服务商等，再加上客户的能力和第四方物流自身的优势。第四方物流通过提供一个全方位的供应链解决方案来满足企业面临的广泛而复杂的需求，它关注供应链管理的各个方面，既提供持续更新的优化的技术方案，同时又能满足客户的独特需求。

3. 第四方物流的基本功能

（1）供应链管理功能。即管理从货主、托运人到用户、顾客的供应全过程。

（2）运输一体化功能。即负责管理运输公司、物流公司之间在业务操作上的衔接与协调问题。

（3）供应链再造功能。即根据货主或托运人在供应链战略上的要求，及时改变或调整战略战术，使其经常处于高效率的运作状态。第四方物流的关键是以"行业最佳的物流方案"为客户提供服务与技术。

4. 第三方物流与第四方物流的关系

第四方物流是在第三方物流的基础上发展起来的，一些大的第三方物流经营人可以在现有组织结构的基础上发展成为第四方物流。第四方物流提供的方案必须依靠第三方物流的实际运作来实现；第三方物流从第四方物流获得流程与方案的指导。也就是说，第四方物流的发展离不开第三方物流。

但二者又存在着显著的区别，第三方物流偏重于通过物流运作和物流资产的外部化来降低企业的投资和成本，即第三方物流提供的是实质性的具体的物流运作服务，但其本身的技术水平并不高。而第四方物流依靠业内最优秀的第三方物流供应商、技术供应商、管理咨询顾问和其他增值服务商，为客户提供独特和广泛的供应链解决方案。客户企业供应链中的所有活动都由第四方物流进行管理，第四方物流偏重于通过对整个供应链的优化和集成来降低企业的运行成本。

5. 第四方物流运作模式

第四方物流是1998年美国埃森哲咨询公司率先提出的，专门为第一方、第二方和第三方提供物流规划、咨询、物流信息系统、供应链管理等活动。第四方并不实际承担具体的物流运作活动。

第四方物流是一个供应链的集成商,是供需双方及第三方物流的领导力量。它不是物流的利益方,而是通过拥有的信息技术、整合能力以及其他资源提供一套完整的供应链解决方案,以此获取一定的利润。它帮助企业实现降低成本和有效整合资源,并且依靠优秀的第三方物流供应商、技术供应商、管理咨询以及其他增值服务商,为客户提供独特的和广泛的供应链解决方案。

（1）协同运作模型。该运作模式下,第四方物流只与第三方物流有内部合作关系,即第四方物流服务供应商不直接与企业客户接触,而是通过第三方物流服务供应商将其提出的供应链解决方案、再造的物流运作流程等实施。这就意味着,第四方物流与第三方物流共同开发市场,在开发的过程中第四方物流向第三方物流提供技术支持、供应链管理决策、市场准入能力以及项目管理能力等,它们之间的合作关系可以采用合同方式绑定或采用战略联盟方式形成。

（2）方案集成商模式。在该运作模式下,第四方物流作为企业客户与第三方物流的纽带,将企业客户与第三方物流连接起来,这样企业客户就不需要与众多第三方物流服务供应商进行接触,而是直接通过第四方物流服务供应商来实现复杂的物流运作的管理。在这种模式下,第四方物流作为方案集成商除了提出供应链管理的可行性解决方案外,还要对第三方物流资源进行整合,统一规划,为企业客户服务。

（3）行业创新者模式。行业创新者模式与方案集成商模式有相似之处,都是作为第三方物流和客户沟通的桥梁,将物流运作的两个端点连接起来。两者的不同之处在于：行业创新者模式的客户是同一行业的多个企业,而方案集成商模式只针对一个企业客户进行物流管理。在这种模式下,第四方物流提供行业整体物流的解决方案,这样可以使第四方物流运作的规模更大限度地得到扩大,使整个行业在物流运作上获得收益。

第四方物流无论采取哪一种模式,都突破了单纯发展第三方物流的局限性,能真正的低成本运作,实现最大范围的资源整合。因为第四方物流可以不受约束地将每一个领域的最佳物流提供商组合起来,为客户提供最佳物流服务,进而形成最优物流方案或供应链管理方案。而第三方物流缺乏跨越整个供应链运作以及真正整合供应链流程所需的战略专业技术,它要么独自,要么通过与自己有密切关系的转包商来为客户提供服务,它不太可能提供技术、仓储与运输服务的最佳结合。

拓展阅读

第三方物流子行业发展实现平稳较快增长

第三方物流子行业平稳发展

第三方物流行业是专业分工发展的必然产物,企业主要通过"仓储+运输+配送"环节收取费用。因此,第三方物流子行业主要包括货物运输业、仓储业、邮政业等,下面来具体看第三方物流子行业的发展情况。

货物运输业方面，2015年以来，我国交通运输实现平稳较快增长。根据国家统计局数据，2018年，全年货物运输总量514.6亿吨，比上年增长7.34%，增速较2017年下滑了1.51个百分点。各种运输方式中，公路运输量占比仍最大，2018年全年货物运输总量达395.9亿吨，同比增长7.6%，所占比重为76.93%；其次为水运，货物运输量达69.9亿吨，占比13.58%；铁路货物运输总量40.3亿吨，占比7.83%。

仓储业方面，仓储是商品流通的重要环节之一，也是物流活动的重要支柱，在国民经济中占有重要的地位和作用。进入21世纪后，我国仓储业发展迅猛，各类仓储企业在政策引导和市场推动下纷纷加大投资。直到连续多年大幅增长后，仓储设施才趋于饱和，投资增速逐渐放缓。根据中国仓储与配送协会数据，2017年，我国仓储业固定资产投资额为6 855.78亿元，同比下降1.8%，为近20年首次负增长。

经过持续的投入，我国仓储基础设施已趋于完善。截至2017年年底，我国营业性通过（常温）仓库面积达10.38亿平方米，同比增长4%，其中立体库约占26.4%，平方米库约占58%，楼房库约占15.6%；冷库总容量为13 531.87万立方米，同比增长12.7%，其中冻结物冷库容量为9 671.62万立方米，冷却物冷库（含气调库）容量为3 860.25万立方米。

最后，邮政业方面，近年来，我国邮政业治理能力显著提高，行业治理体系和治理能力现代化加快推进。根据国家邮政局数据统计，2018年，邮政行业业务收入（不包括邮政储蓄银行直接营业收入）累计完成7 904.7亿元，同比增长19.4%。其中，邮政寄递服务业务收入累计完成368.3亿元，同比增长4.1%；快递业务收入累计6 038.4亿元，同比增长21.8%。

第三方物流子行业前景可期

自20世纪90年代中期，第三方物流伴随现代物流理念传入我国以来，已经有了长足发展。自2009年至2017年，中国第三方物流收入呈现快速增长态势。短短八年间，总量由最初的4 167亿元增加到12 411亿元，远超日本及其他欧洲国家，同时与美国的差距也在不断缩小，在未来或超过美国位列全球第一。

未来，随着我国企业对第三方物流需求的不断增加，预计到"十三五"末期，市场规模将达到16 000亿元左右，2023年达到19 100亿元。在此背景下，第三方物流子行业也将显著受益。

此外，随着新一轮科技革命推动互联网与物流业深度融合，第三方物流子行业发展前景将更加广阔。目前，人工智能、大数据、云计算、区块链、地理位置服务等现代信息技术正加速向物流业渗透，互联网+高效运输、互联网+智能仓储、互联网+便捷配送等创新模式正在引领发展，未来一段时期，国内物流业将进入以质量和效益提升为核心的发展新阶段，物流企业将积极引入新技术、新模式、新理念，进一步提升企业信息化和智能化水平，提高供应链管理和物流服务水平，加速向现代物流业转型升级。

以上数据和分析参考前瞻产业研究院发布的《中国第三方物流行业市场前瞻与投资战略规划分析报告》。

第六节 国际物流

一、国际贸易与国际物流

1. 基本概念

国际贸易：是指不同国家（或地区）之间的商品和劳务的交换活动。各国之间的相互贸易最终通过国际物流来实现。

国际物流：是指不同国家（或地区）之间的物流，是跨国界（地区）的、流通范围扩大了的物品的实体流动，是国内物流的延伸和进一步扩展。

广义的国际物流包括贸易性国际物流和非贸易性国际物流。其中，贸易性国际物流是指组织国际贸易货物（进出口货物）在国际上的合理流动；非贸易性国际物流是指各种会展物品、行李物品、办公用品、捐助、援外物资等非贸易货物在国际上的流动。

狭义的国际物流仅指为完成国际商品交易的最终目的而进行的物流活动。即当生产和消费分别在两个或两个以上国家（或地区）独立进行时，为了克服生产和消费之间的空间距离和时间距离，对商品进行时间和空间转移的活动，即卖方交付货物和单证、收取货款，买方支付货款、接受单证和收取货物的过程。

2. 国际贸易与国际物流的关系

（1）国际物流是开展国际贸易的必要条件。国际上的商品和劳务流动是由商流和物流组成的，前者由国际交易机构按照国际惯例进行，后者由物流企业按各个国家的生产和市场结构完成。国际物流利用国际化的物流网络、物流设施和物流技术，实现货物在国际上的流动与交换。因此，国际物流是开展国际贸易的必要条件。

（2）国际贸易促进了物流的国际化。据世界贸易组织和世界货币基金组织的统计表明，北美、日本和欧洲是世界上贸易活动最活跃的三个区域，它们每年的贸易额之和超过了全球贸易额的40%，也是国际物流发展比较早、比较成熟的地区。国际贸易和国际物流之间存在着互为因果的反馈关系，其中，贸易对物流的促进作用要稍大于物流对贸易的带动作用。

（3）国际贸易的发展对国际物流提出了新的要求。

①质量要求：初级产品、原料等贸易品种正在逐步让位于高附加值、精密加工的产品，这对物流工作质量提出了更高的要求。

②效率要求：国际贸易合约的履行是由国际物流活动来完成的，国际物流承担着高效率地履行合约的职责。因此，在国际贸易过程中必须加强国际物流管理。

③安全要求：国际物流所涉及的国家多，地域辽阔，在途时间长，受气候条件、地理条件等诸多自然因素和罢工、战争、汇率、通货膨胀等社会政治与经济因素影响。

④经济要求：环节多、费用大，成本控制空间也大。对于国际物流企业来说，选择最佳物流方案，提高物流经济性，降低物流成本，保证服务水平，是提高竞争力的有效途径。

3. 国际物流的特点

（1）物流环境存在差异。各国物流环境存在差异，尤其是物流软环境差异较大。物流环境的差异迫使一个国际物流系统需要在几种不同法律、人文、习俗、语言、科技、设施的环境下运行,这无疑会大大增加物流难度和系统的复杂性。

(2) 国际物流必须有国际化信息系统的支持。全世界有约200个国家和地区,人口约70亿,国际物流的市场广阔。物流本身的功能要素、系统与外界的沟通就已经很复杂了,国际物流再在这复杂系统上增加不同国家的要素,这不仅是由于地域的广阔和空间的广阔,其所涉及的内外因素更多,所需的时间更长,广阔范围带来的直接后果是难度和复杂性增加,风险增大。因此,国际物流必须有国际化信息系统的支持。国际化信息系统是国际物流,尤其是国际联运非常重要的支持手段。

(3) 国际物流的标准化要求较高。要使国际上物流畅通起来,统一标准是非常重要的。目前,美国、欧洲基本实现了物流工具,设施的统一标准,这大大降低了物流费用,降低了转动的难度。但向这一标准靠拢的国家,必然在转动、换车等许多方面要耗费时间和费用,也就降低了其国际竞争能力。

(4) "游戏规则"的国际性。在国际物流活动中,由于其复杂性、差异性,这就要求国际物流活动的参与者不能强迫其他参与者都遵守本国的相关规定。因此,在国际物流的发展过程中逐渐形成了一些各国普遍遵守的国际通则。例如,中国国内水路运输对承运人实行严格的责任制,而在国际海运中则对承运人实行不完全的过失责任制。由此可见,国际物流的"游戏规则"具有国际性。

(5) 多种运输方式组合。国际物流中有海洋运输、铁路运输、航空运输、公路运输等,多式联运成为国际物流中心运输的主流。

二、国际物流活动业务

1. 国际货物运输

国际物流的主体活动是国际货物运输,主要采取大陆桥运输、集装箱与国际多式联运等方式。进出口双方应合理选择货物运输的路线、运输方式、运输工具,以确保国际物流的经济。此环节主要包括租船订舱、填制货运单据、安排装运等业务。

2. 装卸搬运与理货

(1) 装卸搬运。在物流系统中,装卸与搬运主要指垂直运输和短距离运输,主要作用是衔接物流其他各环节的作业。货物的装船、卸船、进库、出库,以及在库内的搬、倒、清点、查库、转运等都是装卸与搬运的重要内容。

(2) 理货。理货是指船方或货主根据运输合同在装运港和卸货港收受和交付货物时,委托港口的理货机构代理完成的在港口对货物进行计数、检查货物残损、指导装舱积载、制作有关单证等工作。

3. 检验与报送

(1) 检验。国际货物买卖中的商品检验是指商品检验机构对商品的品质、数量(重量)、包装、安全指标、残损情况、货物装运技术条件等进行检验和鉴定,从而确定货物的品质、数量(重量)和包装等是否与合同条款相一致,是否符合交易双方国家有关法律和法规的规定。

(2) 报送。报送是指货物、行李和邮递物品、运输工具等在进出关境时由所有人或其代理人向海关申报、交验规定的单据、证件,请求海关办理进出口的有关手续。报关工作的全部程序分为申报、查验、放行三个阶段。

4. 储存

进出口商品流通是一个由分散到集中，再由集中到分散的流通过程。进出口商品的储存地点可以是生产厂成品库，也可以是流通仓库、国际转运站点或保税仓库，而在港口储存的时间则取决于港口装运系统与国际运输作业进行衔接的效率。由于商品在储存进程中有可能降低其使用价值，而且需要消耗管理资源，因此必须尽量缩短储存时间，加快周转速度。

5. 流通加工

商品在流通过程中的加工，不仅可以促进商品销售，提高物流效率和资源利用率，而且还能通过加工过程保证并提高商品的质量，扩大出口。流通加工包括分装、配装、拣选、刷唛、套裁、组装、服装烫熨等作业。

6. 包装

在国际物流活动中，进出口商品包装的主要作用是保护商品、便利流通、促进销售。在对进出口商品包装进行设计及具体包装作业的过程中，应将包装、储存、装卸搬运、运输等物流各环节进行系统的分析，全面规划，实现现代国际物流系统所要求的"包、储、运一体化"，从而提高整个物流系统的效率。

7. 国际配送

国际配送是指一国企业利用对外贸易政策或保税区的特殊政策，对进出口货物、保税货物及各种国际快件进行分拣、分配、分销、分送等配送分拨业务，或进行增值加工后向国内外配送。国际配送是国际贸易进一步发展、国际分工进一步深化的结果，已经成为国际物流活动的重要形式和内容。

三、国际物流的发展趋势

1. 系统更加集成化

国际物流的集成化，是将整个物流系统打造成一个高效、通畅、可控制的流通体系，以此来减少流通环节、节约流通费用，达到科学的物流管理、提高流通效率和效益的目的，从而适应在经济全球化背景下"物流无国界"的发展趋势。可以说，过去物流企业的单个企业之间的竞争，现在已经演变成一群物流企业与另一群物流企业的竞争、一个供应链与另一个供应链的竞争、一个物流体系与另一个物流体系的竞争。物流企业所参与的国际物流系统的规模越大，物流的效率就越高，物流的成本就越低，物流企业的竞争力就越强，这种竞争是既有竞争、又有合作的"共赢"关系。

2. 管理更加网络化

信息化与标准化这两大关键技术对当前国际物流的整合与优化起到了革命性的影响。同时，标准化的推行，使信息化的进一步普及获得了广泛的支撑，使国际物流可以实现跨国界、跨区域的信息共享，物流信息的传递更加方便、快捷、准确，加强了整个物流系统的信息连接。现代国际物流就是在这样的信息系统和标准化的共同支撑下，借助于储运和运输等系统的参与、借助于各种物流设施的帮助，形成了一个纵横交错、四通八达的物流网络，使国际物流覆盖面不断扩大，规模经济效益更加明显。

3. 标准更加统一化

目前，跨国公司的全球化经营，正在极大地影响物流全球性标准化的建立。一些国际物流行业和协会，在国际集装箱和 EDI 技术发展的基础上，开始进一步对物流的交易条件、技术装备规格，特别是单证、法律条件、管理手段等方面推行统一的国际标准，使物流的国际标准更加深入地影响到国内标准，使国内物流日益与国际物流融为一体。

4. 配送更加精细化

随着现代经济的发展，各产业、部门、企业之间的交换关系和依赖程度也愈来愈错综复杂，物流是联系这些复杂关系的交换纽带，它使经济社会的各部分有机地连接起来。在市场需求瞬息万变和竞争环境日益激烈的情况下，物流必须在企业和整个系统具有更快的响应速度和协同配合的能力。

5. 园区更加便利化

为了适应国际贸易的急剧扩大，许多发达国家都致力于港口、机场、铁路、高速公路、立体仓库的建设，一些国际物流园区也因此应运而生。这些园区一般选择靠近大型港口或机场兴建，依托重要港口和机场，形成处理国际贸易的物流中心，并根据国际贸易的发展和要求，提供更多的物流服务。

6. 运输更加现代化

国际物流的支点离不开运输与仓储。而要适应当今国际竞争快节奏的特点，仓储和运输都要求现代化，要求通过实现高度的机械化、自动化、标准化手段来提高物流的速度和效率。国际物流运输的最主要方式是海运，有一部分是空运，但它还会渗透在其国内的其他一部分运输工具上，因此，国际物流要求建立起海路、空运、铁路、公路的"立体化"运输体系，以此来实现快速便捷的"一条龙"服务。

7. 国际物流运输更加环保化

随着经济增长受资源、能源、环境等方面的约束越来越强，正向物流超负荷运作所带来的物流系统污染控制问题日趋严重，逆向物流系统亟待建立。环保物流从环境的角度对物流体系进行改进，在抑制传统直线型的物流对环境造成危害的同时，采取与环境和谐相处的态度和全新理念，设计和建立一个环保型的物流系统，形成环境共生型的物流管理系统。

知识扩展

经国务院同意，从 2010 年起，中华人民共和国商务部、中国国际贸易促进委员会、宁夏回族自治区政府每年定期在宁夏举办"中国（宁夏）国际投资贸易洽谈会暨中国·阿拉伯国家经贸论坛"（以下简称"中阿经贸论坛"）。经国务院批准，从 2013 年起，中阿经贸论坛正式更名为"中国—阿拉伯国家博览会"。自 2016 年 1 月 28 日起，陆续有"中阿号"货运混编列车由中卫和中宁分别发出，经阿拉山口口岸出境，至乌兹别克斯坦的塔什干车站，然后抵达哈萨克斯坦、乌兹别克斯、土库曼斯坦、塔吉克斯坦、吉尔吉斯斯坦等国家，全程 5 935 余千米。列车每月开行 2 至 4 列，全年开行 50 列，全程运行时间 10 天左右，比传统海运节省 20 至 30 天抵达目的地。一个连接中亚五国的铁路现代化物流圈正在悄然形成，这将进一步促进宁夏和中亚地区的经贸往来，密切区域经贸联系。"中阿号"每列列车共计 50 节车厢，既可容纳集装箱货物，也可接纳敞车、板车等装载大型机械设备，可承载货物约 3 000 吨，年发货物总价值约 2 亿美元。"中阿号"国际货运班列的常态化运营，必将凸显宁夏在丝路经济带中黄金节点的作用，为中国制造出口尤其是中西部装备制造和国外大宗产品进口提供更为便捷的陆路大通道，是宁夏发展外向型经济，推动与丝绸之路沿线国家道路联通、贸易畅通的重要举措，将进一步加快宁夏对外开放步伐。

基本训练

一、选择题

1. （　　）是指生产企业、流通企业出售商品时，物品在供方与需方之间的实体流动。
   A. 企业供应物流　　　　　　　　B. 企业销售物流
   C. 第三方物流　　　　　　　　　D. 企业生产物流
2. A 企业生产的钢笔，由 B 企业送给 C 企业，由 C 企业进行销售，那么 B 企业属于（　　）。
   A. 生产企业　　　　　　　　　　B. 销售企业
   C. 第三方物流企业　　　　　　　D. 供应企业
3. 下列属于采购方式的是（　　）。
   A. 比价　　　B. 议价　　　C. 公开招标　　　D. 购买
4. 下列属于资产型物流公司的有（　　）。
   A. 以提供运输服务为主的物流公司　　B. 以提供仓储服务为主的物流公司
   C. 以提供终端服务为主的物流公司　　D. 以提供货物代理为主的物流公司
5. 销售物流服务的要素是（　　）。
   A. 时间　　　B. 可靠性　　　C. 沟通　　　D. 便利性
6. 第三方物流是指由（　　）以外的物流企业提供物流服务的业务模式。
   A. 供方　　　B. 需方　　　C. 第四方　　　D. 第三方
7. 第四方物流提供了一整套完善的（　　）。
   A. 运输方案　　　　　　　　　　B. 配送方案
   C. 包装方案　　　　　　　　　　D. 供应链解决方案
8. 广义的国际物流包括（　　）国际物流。
   A. 贸易性　　　B. 出口贸易　　　C. 进口贸易　　　D. 非贸易性
9. 以下商品的物流活动，季节性与周期性特点最为显著的是（　　）。
   A. 大米　　　B. 洗衣机　　　C. 饼干　　　D. 家具
10. 在工业产品从原材料加工制造直到销售至用户的过程中，绝大部分时间消耗于（　　）环节。
    A. 生产制造　　　B. 仓储与运输　　　C. 分拣与包装　　　D. 装卸与搬运
11. 从行业角度看，物流企业一般不包括（　　）。
    A. 制造业物流企业　　　　　　　B. 批发业物流企业
    C. 金融业企业　　　　　　　　　D. 零售业物流企业
12. 规模较小的商业物流企业采用共同化配送模式的目的一般是（　　）。
    A. 加强交流与合作　　　　　　　B. 及时了解商业行情
    C. 解决车辆跑空，降低运费　　　D. 有利于促销

二、简答题

1. 简述企业供应物流的流程。

2. 简述企业生产物流的过程。
3. 第三方物流有哪些优势？
4. 销售物流服务要素有哪些？
5. 试简述我国农业物流成本偏高的主要原因。
6. 简述工业物流的大规模定制物流模式。
7. 简述批发业物流的特点。

职场体验

实地调查当地企业，了解其物流运作模式，以组为单位提交调研报告。

专业能力测评

在下列表格○中打 ✓　　A 理解　　B 基本理解　　C 未理解

专业能力	评价指标	自测结果
企业物流	1. 企业物流概述 2. 供应物流 3. 生产物流 4. 销售物流 5. 逆向物流	○A　○B　○C ○A　○B　○C ○A　○B　○C ○A　○B　○C ○A　○B　○C
农业物流	1. 农业物流概述 2. 农业物流的运作模式 3. 选择农业物流运作模式的原则	○A　○B　○C ○A　○B　○C ○A　○B　○C
工业物流	1. 工业物流概述 2. 工业物流的运作模式 3. 我国工业物流存在的问题及应对策略	○A　○B　○C ○A　○B　○C ○A　○B　○C
商业物流	1. 商业物流概述 2. 商业物流的运作模式 3. 商业物流模式的选择原则	○A　○B　○C ○A　○B　○C ○A　○B　○C
第三方物流与第四方物流	1. 第三方物流概念及特点 2. 第三方物流的优势 3. 第三方物流模式 4. 第三方物流企业的运作流程 5. 第三物流的类型 6. 第四方物流	○A　○B　○C ○A　○B　○C ○A　○B　○C ○A　○B　○C ○A　○B　○C ○A　○B　○C
国际物流	1. 国际贸易与国际物流 2. 国际物流活动业务 3. 国际物流的发展趋势	○A　○B　○C ○A　○B　○C ○A　○B　○C

第十章

从市场细分角度看物流

学习目标

知识目标

- 了解绿色物流、冷链物流、物流金融、电子商务物流的概念；
- 熟悉绿色物流的内容；
- 理解冷链物流的特点；
- 熟悉物流金融的实施方式；
- 熟悉电子商务物流模式。

技能目标

- 能够提出简单绿色物流方案；
- 能够选择不同的电子商务物流模式。

导入案例

目前，我国不管是城市还是农村都面临着严重的环境污染问题。不仅大气、水等自然资源存在不同程度的污染，城市道路噪声污染、垃圾污染等也很严重。

物流造成的环境问题同样紧迫。例如，随着电商流行，网购商品的快递盒一天比一天多。国家邮政局数据显示，2014 年全国快递业务量为 140 亿件；2015 年达到惊人的 206.7 亿件。按照每个包装箱零点二千克估算，200 亿包裹会产生包装垃圾 400 多万吨。由于缺乏足够的二次利用渠道和方法，这些包装箱往往使用一次后就被随意丢弃，绝大多数最终的去向就是废品回收站，既不经济也不环保。如何循环利用，变废为宝，给巨量快递垃圾二次、三次乃至多次生命，从而减轻对环境的污染，减少制造纸箱对木材的消耗，是一个严峻的现实问题，更是一个无法回避的社会为课题。

第一节 绿色物流

一、绿色物流的概念

绿色物流（Environmental Logistics）是指在物流过程中抑制物流对环境造成危害的同时，实现对物流环境的净化，使物流资源得到最充分的利用。

绿色物流包括物流作业环节和物流管理全过程的绿色化。从物流作业环节来看，包括绿色运输、绿色包装、绿色流通加工等。从物流管理过程来看，主要是从环境保护和节约资源的目标出发，改进物流体系。既要考虑正向物流环节的绿色化，又要考虑供应链上的逆向物流体系的绿色化。绿色物流的最终目标是可持续性发展，实现该目标的准则是经济利益、社会利益和环境利益的统一。

二、绿色物流的起因

1. 人类环境保护意识的觉醒

随着世界经济的不断发展，人类的生存环境也在不断恶化。具体表现为能源危机，资源枯竭，臭氧层空洞扩大，环境遭受污染，生态系统失衡。以环境污染为例，全球20多个特大城市的空气污染超过世界卫生组织规定的标准。20世纪60年代以来，人类环境保护意识开始觉醒，十分关心和重视环境问题，认识到地球只有一个，不能破坏人类的家园。于是，绿色消费运动在世界各国兴起。消费者不仅关心自身的安全和健康，还关心地球环境的改善，拒绝接受不利于环境保护的产品、服务及相应的消费方式，从而促进了绿色物流的发展。与此同时，绿色和平运动在世界范围内展开，环保勇士以不屈不挠的奋斗精神，给各种各样危害环境的行为以沉重打击，这对激励人们的环保热情、推动绿色物流的发展，也起到了极其重要的作用。

2. 各国政府和国际组织的倡导

绿色物流的发展与政府行为密切相关。凡是绿色物流发展较快的国家，都得益于政府的积极倡导。各国政府在推动绿色物流发展方面所起的作用主要表现在：一是追加投入以促进环保事业的发展；二是组织力量监督环保工作的开展；三是制定专门政策和法令来引导企业的环保行为。

环保事业是关系到人类生存与发展的伟大事业，国际组织为此做出了极大的努力并取得了显著成效。1992年，第27届联大决议通过把每年的6月5日作为世界环境日，每年的世界环境日都规定有专门的活动主题，以推动世界环境保护工作的发展。联合国环境署、世贸组织环境委员会等国际组织展开了许多环保方面的国际会议，签订了许多环保方面的国际公约与协定，也在一定程度上为绿色物流发展铺平了道路。

3. 经济全球化潮流的推动

随着经济全球化的发展，一些传统的关税和非关税壁垒逐渐淡化，环境壁垒逐渐兴起。为此，ISO 14000成为众多企业进入国际市场的通行证。ISO 14000的两个基本思想是预防污染和持续改进，它要求建立环境管理体系，使经营活动、产品和服务的每一个环节对环境的影响最小化。ISO 14000 不仅适用于第一、二产业，也适用于第三产业，更适用于物流业。物流企业要想在国际市场上占一席之地，发展绿色物流是其理性选择。

4. 现代物流业可持续发展的需要

绿色物流是现代物流可持续发展的必然。物流业作为现代新兴产业，有赖于社会化大生产的专业分工和经济的高速发展。而物流要发展，一定要与绿色生产、绿色营销、绿色消费等绿色经济活动紧密衔接。人类的经济活动不能因物流而过分地消耗资源、破坏环境，造成重复污染。此外，绿色物流还是企业最大限度降低经营成本的必由之路。一般认为，产品从投产到销出，制造加工时间仅占 10%，剩下几乎 90% 的时间为仓储、运输、装卸、分装、流通加工、信息处理等物流过程。因此，物流专业化无疑为降低成本奠定了基础。

三、绿色物流的特点

与传统的物流相比，绿色物流在目标、行为主体、活动范围及其理论基础四个方面都有自身的一些显著的特点：绿色物流的理论基础更广，包括可持续发展理论、生态经济学理论和生态伦理学理论；绿色物流的行为主体更多，它不仅包括专业的物流企业，还包括产品供应链上的制造企业和分销企业，同时还包括不同级别的政府和物流行政主管部门等；绿色物流的活动范围更宽，它不仅包括商品生产的绿色化，还包括物流作业环节和物流管理全过程的绿色化；绿色物流的最终目标是可持续性发展，实现该目标的准则不仅仅是经济利益，还包括社会利益和环境利益，并且是这些利益的统一。

四、绿色物流的内容

绿色物流是以经济学一般原理为基础，建立在可持续发展理论、生态经济学理论、生态伦理学理论、外部成本内部化理论和物流绩效评估的基础上的物流科学发展观。同时，绿色物流也是一种能抑制物流活动对资源的浪费，减少对生态环境的污染，利用先进的绿色物流技术规划来实现整个物流流程绿色化的物流活动。它主要包括七个方面的内容。

（1）整合资源，优化配置。通过整合现有资源，优化资源配置，提高资源利用率，减少资源消耗和浪费，提高经济效益。

（2）绿色运输。合理选择运输工具和运输路线，克服迂回运输和重复运输，以实现节能减排的目标；改进内燃机技术、使用清洁燃料，以提高能效；防止运输过程中的泄露，以免对局部地区造成严重的环境危害。

（3）绿色仓储。合理布局仓库。布局过于密集，会增加运输的次数，增加资源消耗。布局过于松散，则会降低运输的效率，增加空载率。仓库建设还应进行相应的环境影响评价，充分考虑其对所在地的环境影响。

（4）绿色包装。绿色包装是指采用以节约资源，降低废弃物排放为目的的包装方式，主要包括包装材料的绿色化、包装方式的绿色化和包装作业过程的绿色化。实施绿色包装的途径主要有：使用环保材料、提高材质利用率、设计折叠式包装、减少空载率、建立包装回用制度等。

（5）绿色加工。一方面可以采用专业集中的加工方式，减少环境污染，另一方面是集中处理流通加工中产生的废料，与废弃物物流顺畅对接，降低废弃物污染以及废弃物物流过程中的污染。

（6）绿色信息。绿色信息的搜集、整理、储存和利用是企业实施绿色物流战略的依据，绿色信息的搜集和管理是通过利用先进的信息技术，搜集、整理、储存各种绿色信息，并及时运用到物流管理中，促进物流的进一步绿色化。

（7）逆向物流。根据物流术语，逆向物流是从供应链下游向上游的运动所引发的物流活动。它与传统供应链反向，是对原材料、中间库存、最终产品及相关信息从消费地到起始点的有效实际流动所进行的计划、管理和控制过程。

第二节　冷链物流

随着经济快速发展和绿色养生观念的不断深入，"新鲜"几乎成为消费者选择食品的首要准则，以往的"大批量、少批次"采购早已发展为"小批量，多批次"的个性化采购，发展新鲜安全、专业、高效的冷链物流已成为大势所趋。国际经验表明，当人均GDP超过3 000美元后，冷链物流将进入一个快速发展的崭新阶段，而我国人均GDP早在2008年就已经达到3 000美元。人均收入的提高，成为我国冷链物流业迅猛发展的催化剂。

一、冷链物流概念

冷链物流（Cold Chain Logistics）泛指冷藏冷冻类食品在生产、贮藏运输、销售，到消费前的各个环节中始终处于规定的低温环境下，以保证食品质量，减少食品损耗的一项系统工程。它是随着科学技术的进步、制冷技术的发展而建立起来的，是以冷冻工艺学为基础、以制冷技术为手段的低温物流过程。

知识链接

我国的冷链物流起步晚，但发展较快，根据中物联冷链委的测算，我国食品潜在冷链物流总额在2013、2014和2015年将分别达到人民币32 505.0亿元、37 436.2亿元、43 233.5亿元，同比年增幅约15%左右；冷链运输方面，2015年全国冷藏车增长14 000辆左右，冷藏车保有量突破九万辆，同比增长18.4%；全国冷库新增390万吨，冷库总保有量达到3 710万吨，同比增长11.76%；果蔬、肉类、水产品的冷链流通率分别达到22%、34%、41%，冷藏运输率分别为35%、57%、69%。

二、冷链物流的适用范围

初级农产品：蔬菜、水果；肉、禽、蛋等农产品；水产品；花卉产品。加工食品：速冻食品，禽、肉、水产等包装熟食，冰淇淋和奶制品，巧克力，快餐原料。特殊商品：药品。冷链物流比一般常温物流系统的要求更高、更复杂，建设投资也要大很多，是一个庞大的系统工程。

我们以食品冷链物流为例，如生鲜农产品中的水果、蔬菜、禽肉、水产品等，它是使这些冷藏冷冻类食品在原料生产、加工、储藏、运输、销售、直到消费前的各个环节中始终处于规定的低温环境,以保障食品质量、减少食品损耗的一项系统工程。食品转移过程中,必须确保各环节紧密衔接、迅速周转,才能保证其色泽、口感、新鲜度、营养价值等,冷链物流正是在这种需求下应运而生。

★思考:

低温市场首先看的是产品,在乳业市场主要产品就是酸奶。众所周知,酸奶的保质期短,一般是14到21天,而且对冷链要求非常高,从牛奶挤出运送到车间加工,直到运到市场销售,全过程都必须保持二到六摄氏度之间储存。然而,建设冷链配送系统,要求冷藏罐、冷藏车等人力、物力成本投入非常大。因此,运作酸奶产品考验的不仅仅是企业新品研发与渠道管理,更要考验其冷链建设能力。以蒙牛为例,大家可以思考一下,作为一家来自大草原的企业,要如何突破冷链配送的瓶颈把产自大草原的酸奶送到更广阔的市场呢?

三、冷链物流的特点

冷链物流是一项复杂的系统工程,其目的是为了保证产品的质量和安全,并实现增值服务。同一般物流相比,其特殊性主要体现在以下四个方面。

1. 投资规模大,资产专业性高

与常温物流相比,为了确保冷链产品在流通各环节中始终处于规定的低温条件下,物流企业必须安装恒温设备,如冷藏车,低温仓库。此外,为了提高物流运作效率,又必须采用先进的信息系统,这致使冷链物流系统的建设投资大,而且很多设备都是专用的,容易产生沉淀成本。

2. 对信息技术要求高

冷链物流具有精益性、敏捷性的双重特征,从原材料到消费者的整个过程中,参与主体多,且整个过程要求实时监控,因此需要高度信息技术支撑。

3. 组织协调性要求高

冷链物流系统在运营中对时间要求高,每个环节需要较高的协调性,如果因为组织协调不当而导致断链现象,系统运营将会超出一定的时间限制,从而影响产品销售,造成运营损失。

4. 必须严格遵守"3T"原则

冷链产品的最终质量取决于流通时间(Time)、温度(Temperature)和产品的耐藏性(Tolerance)。随着时间、温度以及冷链物流服务环境的变化,冷链产品的质量、销售市场也在不断变化。为确保冷链产品质量,冷链产品的流通必须在一定的时间内、合理的温度下、适宜的环境中进行。

第三节 物流金融

导入案例

某建材企业,主营建材业务,采购款占用了公司大量资金,同时账面上有数额巨大的建材存货,存货占有资金的情况也非常严重,由于企业经营扩张,流动资金吃紧,该建材公司想到了贷款,但仅凭现有的规模很难从银行处获得融资,而公司又缺乏传统意义上的房地产作为担保,融资较为困难,眼下商机稍纵即逝,资金链制约了企业的发展。

该建材企业在万般无奈之下,邀请某物流咨询公司前来为公司诊断。该建材企业在某物流咨询公司的帮助下采用物流金融的方法使公司出现了转机,快速解决了资金链的问题。

物流咨询公司根据企业的实际需求和存在的问题,引入B物流公司作为质押物监管方,为该建材企业打开了通往银行的快速融资通道。针对存货,物流咨询公司发现核定货值货物质押方式能够解决存货问题,便将该公司的建材存货作为质押物向招商银行取得融资,委托符合招商银行准入条件的B物流公司进行监管(仓储),招商银行根据融资金额和质押率,确定由B物流公司监管的最低价值,超过最低价值以上的存货由B物流公司自行控制提换货,以下的部分由该建材公司追加保证金或用新的货物赎货。同时,B物流公司负责建材质押的全程监控,而监控的建材正是向招商银行贷款的质押物,这就解决了采购款资金问题。

★思考:

物流金融为企业解决资金难题,那么,物流金融到底是什么?

一、物流金融的概念

物流金融(Logistics Finance)是指在面向物流业的运营过程中,通过应用和开发各种金融产品,有效地组织和调剂物流领域中货币资金的运动。这些资金运动包括发生在物流过程中的各种存款、贷款、投资、信托、租赁、抵押、贴现、保险、有价证券发行与交易,以及金融机构所办理的各类涉及物流业的中间业务等。

物流金融是一种创新型的第三方物流服务产品,它为金融机构、供应链企业以及第三方物流服务提供商业间的紧密合作提供了良好的平台,使得合作能达到"共赢"的效果。它为物流产业提供资金融通、结算、保险等金融服务业务,它伴随着物流产业的发展而产生。

我国的物流金融业务发展起步较晚,业务制度也不够完善。相比国外以金融机构推动物流金融服务发展的模式,国内物流金融服务的推动者主要是第三方物流公司。物流金融服务是伴随着现代第三方物流企业而生,在物流金融服务中,现代第三方物流企业业务更加复杂,除了要提供现代物流服务外,还要同金融机构合作,一起提供部分金融服务。

在传统的物流金融活动中,物流金融组织被视为是进行资金融通的组织和机构。现代物流金融则强调物流金融组织就是生产金融产品、提供金融服务、帮助客户分担风险同时能够有效管理自身风险以获利的机构,物流金融组织盈利的来源就是承担风险的风险溢价。所以,物流金融风险的内涵应从利益价值与风险价值的精算逻辑去挖掘,切不可因惧怕风险而丢了市场。虽然物流金融在我国发展时间很短,但该业务的吸引力已经显现,加上我国将在上海建立国际金融中心和航运中心,物流金融将迎来发展的春天。作为商业银行,物流金融是决胜未来的秘密武器,是开辟中小企业融资天地的新渠道。对于物流行业来说,物流金融已经成为某些国际物流巨头的第一利润来源。而作为物流企业,谁能够提供金融产品和金融服务,谁就能成为市场的主导者。物流金融已成为获得客户资源以及垄断资源的重要手段,在物流金融刚刚兴起的过程中,谁领先介入物流金融,谁就能够率先抢占先机。

二、物流金融产生的背景

物流金融，是物流与金融相结合的产品，它不仅能提高第三方物流企业的服务能力、经营利润，还可以协助企业拓展融资渠道，降低融资成本，提高资本的使用效率。金融物流服务将开国内物流业界之先河，是第三方物流服务的一次革命。在国内，由于中小型企业存在着信用体系不健全的问题，所以融资渠道贫乏，生产运营的发展资金压力大。金融物流服务的提出，可以有效支持中小型企业的融资活动。另外，金融物流可以盘活企业暂时闲置的原材料和产成品的资金占用，优化企业资源。

对于现代第三方物流企业而言，金融物流可以提高企业一体化服务水平，提高企业的竞争能力，提高企业的业务规模，增加高附加值的服务功能，扩大企业的经营利润；对于供应链企业而言，金融物流可以降低企业的融资成本，拓宽企业的融资渠道；可以降低企业原材料、半成品和产品的资本占用率，提高企业资本利用率，实现资本优化配置；可以降低采购成本或扩大销售规模，提高企业的销售利润。对于金融机构而言，金融物流服务可以帮助金融机构扩大贷款规模，降低信贷风险，甚至可以协助金融机构处置部分不良资产。

当前金融机构面临的竞争越来越激烈，为在竞争中获得优势，一些金融机构，比如银行，不断地进行业务创新，这就促使了金融物流的诞生。金融物流可以帮助银行吸引和稳定客户，扩大银行的经营规模，增强银行的竞争能力；可以协助银行解决质押贷款业务中银行面临的"物流瓶颈"——质押物仓储与监管；可以协助银行解决质押贷款业务中银行面临的质押物评估、资产处理等服务。

三、物流金融的作用

（1）物流金融在宏观经济结构中的功能与作用主要是在国民经济核算体系中，提高流通服务质量、减少物资积压与消耗、加快宏观货币回笼周转。

（2）物流金融在微观经济结构中的功能突出地表现为物流金融服务，特别是在供应链中第三方物流企业提供的一种金融与物流集成式的创新服务，其主要服务内容包括物流、流通加工、融资、评估、监管、资产处理、金融咨询等。物流金融不仅能为客户提供高质量、高附加值的物流与加工服务，还可为客户提供间接或直接的金融服务，以提高供应链整体绩效和客户的经营和资本运作效率等。物流金融也是供应链的金融服务创新产品，物流金融的提供商可以通过自身或自身与金融机构的紧密协作关系，为供应链的企业提供物流和金融的集成式服务。

（3）在第四方物流出现后，物流金融才真正地进入"金融家族"的概念。在这里，物流将被看成一种特殊的"货币"，伴随着物流的流转一起发生在金融交易活动之中，"物流金融"利用它特殊的身份将物流活动同时演化成一种金融交易的衍生活动，而"物流金融"这时变成一种特有的金融业务工具，一种特有的复合概念，一种特有的金融与物流的交叉学科。然后，从这个交叉学科中我们再去追踪它的存在及发展的可行性、需求乃至对策。

四、物流金融的实施方式

物流金融的服务和实施方式不是仅局限于货物质押，我国目前的物流金融服务已经突破了最初的模式，物流金融的实施方式主要有四种。

1. 折叠仓单质押

由于仓单质押业务涉及仓储企业、货主和银行三方的利益，因此要有一套严谨、完善的操作程序。

首先货主（借款人）与银行签订《银企合作协议》《账户监管协议》；仓储企业、货主和银行签订《仓储协议》；同时仓储企业与银行签订《不可撤销的协助行使质押权保证书》。

货主按照约定数量送货到指定的仓库，仓储企业接到通知后，经验货确认后开立专用仓单；货主当场对专用仓单做质押背书，由仓库签章后，货主交付银行提出仓单质押贷款申请。

银行审核后，签署贷款合同和仓单质押合同，按照仓单价值的一定比例放款至货主在银行开立的监管账户。

贷款期内实现正常销售时，货款全额划入监管账户，银行按约定根据到账金额开具分提单给货主，仓库按约定要求核实后发货；贷款到期归还后，余款可由货主（借款人）自行支配。

2. 折叠动产质押

是指债务人或者第三人将其动产移交债权人占有，将该动产作为债权的担保。债务人不履行债务时，债权人有权依照法律规定以该动产折价或者以拍卖、变卖该动产的价款优先受偿。前款规定的债务人或者第三人为出质人，债权人为质权人，移交的动产为质物。即出质人以银行认可的动产作为质押担保，银行给予融资。折叠动产质押分为逐笔控制和总量控制两类。

3. 折叠保兑仓

"保兑仓"是指以银行信用为载体，以银行承兑汇票为结算工具，由银行控制货权，卖方（或仓储方）受托保管货物并对承兑汇票保证金以外金额部分由卖方以货物回购作为担保措施，由银行向生产商（卖方）及其经销商（买方）提供的以银行承兑汇票的一种金融服务。

通俗一点讲，企业向合作银行交纳一定的保证金后开出承兑汇票，且由合作银行承兑，收款人为企业的上游生产商，生产商在收到银行承兑汇票前开始向物流公司或仓储公司的仓库发货，货到仓库后转为仓单质押，若融资企业无法到期偿还银行敞口，则上游生产商负责回购质押货物。

4. 折叠开证监管

开证监管是指银行为进口商开具立信，进口商利用信用证向国外的生产商或出口商购买货物，进口商会向银行缴纳一定比例的保证金，其余部分则以进口货物的货权提供质押担保，货物的承运、监管及保管作业由物流企业完成。

第四节　电子商务物流

一、电子商务物流的内涵

电子商务物流的概念是伴随电子商务技术和社会需求的发展而出现的，它是电子商务真正的经济价值实现不可或缺的重要组成部分。电子商务目前尚无统一定义，有人理解为与电子商务这一新兴商务模式相配套的物流，也有人理解为是物流企业的电子商务化。其实，从更广义的角度看，既可以理解为"电子商务时代的物流"，即电子商务对物流管理提出的新要求，也可以理解为"物流管理电子化"，即利用电子商务技术（主要是计算机技术和信息技术）对传统物流管理的改造。因此，有人称其为虚拟物流（Virtual Logistics），即以计算机网络技术进行物流运作与管理，实现企业间物流资源共享和优化配置的物流方式。

二、电子商务物流的特点

1. 信息化

电子商务时代，物流信息化是电子商务的必然要求。物流信息化表现为物流信息的商品化、物流信息收集的数据库化和代码化、物流信息处理的电子化和计算机化、物流信息传递的标准化和实时化、物流信息存储的数字化等。信息化是一切的基础，没有物流的信息化，任何先进的技术设备都不可能应用于物流领域，信息技术及计算机技术在物流中的应用将会彻底改变世界物流的面貌。

2. 自动化

自动化的基础是信息化，自动化的核心是机电一体化，自动化的外在表现是无人化，自动化的效果是省力化，另外物流自动化还可以扩大物流作业能力、提高劳动生产率、减少物流作业的差错等。物流自动化的设施非常多，如条码、语音、射频自动识别系统、自动分拣系统、自动存取系统、自动导向车、货物自动跟踪系统等。这些设施在发达国家已普遍用于物流作业流程中，而我国由于物流业起步晚，发展水平低，自动化技术的普及还需要相当长的时间。

3. 网络化

物流领域网络化是电子商务下物流活动主要特征之一，其基础也是信息化。这里的网络化有两层含义。一是物流配送系统的计算机通信网络，包括物流配送中心与供应商或制造商的联系要通过计算机网络，另外其与下游顾客之间的联系也要通过计算机网络通信，比如物流配送中心向供应商提出订单这个过程，就可以使用计算机通信方式，借助于增值网（Value Added Network，VAN）上的电子订货系统（EOS）和电子数据交换技术（EDI）来自动实现，物流配送中心通过计算机网络收集下游客户的订货的过程也可以自动完成。二是组织的网络化，即所谓的企业内部网（Intranet）。比如，台湾的电脑业在20世纪90年代创造出了"全球运筹式产销模式"，这种模式的基本点是按照客户订单组织生产，生产采取分散形式，即将全世界的电脑资源都利用起来，采取外包的形式将一台电脑的所有零部件、元器件、芯片外包给世界各地的制造商去生产，然后通过全球的物流网络将这些零部件、元器件和芯片发往同一个物流配送中心进行组装，并由该物流配送中心将组装的电脑迅速发给订户。这一过程需要有高效的物流网络支持，当然物流网络的基础是信息、电脑网络。

物流的网络化是物流信息化的必然，是电子商务下物流活动的主要特征之一。当今世界Internet等全球网络资源的可用性及网络技术的普及为物流的网络化提供了良好的外部环境，物流网络化不可阻挡。

4. 智能化

这是物流自动化、信息化的一种高层次应用。物流作业过程大量的运筹和决策，如库存水平的确定、运输路径的选择、自动导向车的运行轨迹和作业控制、自动分拣机的运行、物流配送中心经营管理的决策支持等问题都需要借助于大量的知识才能解决。

5. 柔性化

柔性化本身是为实现"以顾客为中心"的理念而在生产领域提出的。但要真正到柔性化及真正地能够根据消费者需求的变化来灵活调节生产工艺，没有配套的柔性化的物流系统是不可能达到目的的。

三、电子商务物流的模式

1. 自营物流模式

企业自身经营物流，称为自营物流。自营物流是在电子商务刚刚萌芽的时期，那时的电子商务企业规模不大，从事电子商务的企业多选用自营物流的方式。企业自营物流模式意味着电子商务企业自行组建物流配送系统，经营管理企业的整个物流运作过程。在这种方式下，企业也会向仓储企业购买仓储服务，向运输企业购买运输服务，但是这些服务都只限于一次或一系列分散的物流功能，而且是临时性的纯市场交易的服务，物流公司并不按照企业独特的业务流程提供独特的服务，即物流服务与企业价值链是松散的联系。如果企业有很高的顾客服务需求标准，物流成本占总成本的比重较大，而企业自身的物流管理能力较强时，企业一般不采用外购物流，而应采用自营方式。目前，我国采取自营模式的电子商务企业主要有两类。一类是资金实力雄厚且业务规模较大电子商务公司。电子商务在中国兴起的时候，国内第三方物流的服务水平远不能满足电子商务公司的要求。第二类是传统的大型制造企业或批发企业经营的电子商务网站，由于其自身在长期的传统商务中已经建立起初具规模的营销网络和物流配送体系，在开展电子商务时只需将其加以改进、完善即可满足电子商务条件下对物流配送的要求。

2. 物流联盟模式

物流联盟是制造业、销售企业、物流企业基于正式的相互协议而建立的一种物流合作关系，参加联盟的企业汇集、交换或统一物流资源以谋取共同利益；同时，合作企业仍保持各自的独立性。物流联盟为了取得比单独从事物流活动更好的效果，在企业间形成了相互信任、共担风险、共享收益的物流伙伴关系。企业间不完全采取导致自身利益最大化的行为，也不完全采取导致共同利益最大化的行为，只是在物流方面通过契约形成优势互补、要素双向或多向流动的中间组织。联盟是动态的，只要合同结束，双方又变成追求自身利益最大化的单独个体。选择物流联盟伙伴时，要注意物流服务提供商的种类及其经营策略。

3. 第三方物流模式

第三方物流是指独立于买卖之外的专业化物流公司，长期以合同或契约的形式承接供应链上相邻组织委托的部分或全部物流功能，因地制宜地为特定企业提供个性化的全方位物流解决方案，实现特定企业的产品或劳务快捷地向市场移动，在信息共享的基础上，实现优势互补，从而降低物流成本，提高经济效益。

4. 第四方物流模式

第四方物流主要是指由咨询公司提供的物流咨询服务，但咨询公司并不等于第四方物流公司。目前，第四方物流在中国还停留在仅是"概念化"的阶段。一些物流公司、咨询公司甚至软件公司纷纷宣称自己的公司就是从事"第四方物流"服务的公司，这些公司将没有车队、没有仓库当成一种时髦，号称拥有信息技术，其实缺乏供应链设计能力，只是将第四方物流当作一种商业炒作模式。第四方物流公司应根据物流公司的要求为其提供物流系统的分析和诊断，或提供物流系统优化和设计方案等。所以第四方物流公司是以其知识、智力、信息和经验为资本，为物流客户提供一整套的物流系统咨询服务的公司。它从事物流咨询服务就必须具备良好的物流行业背景和相关经验，但并不需要从事具体的物流活动，更不用建设物流基础设施，只是为整个供应链提供整合方案。

5. 物流一体化模式

物流一体化是指以物流系统为核心，由生产企业、物流企业、销售企业，直至消费者的供应链的整体化和系统化。它是在第三方物流的基础上发展起来的新的物流模式。在电子商务时代，这是一种完整意义上的物流配送模式，它是物流业发展的高级和成熟的阶段。物流一体化的发展可进一步分为三个层次：物流自身一体化、微观物流一体化和宏观物流一体化。

6. "O-S-O"物流模式

"O-S-O"（Outsourcing-Self-constructed-Outosuring）物流模式即物流外包——自建渠道——渠道外包模式。此模式不是简单的开始、发展、回归过程，而是符合哲学意义上的发展模式。这一模式与中国物流发展水平、电子商务企业自身发展水平、客户需求水平相联系，从最初的业务外包、到中期的选择自建，到最后业务趋于平稳，社会化物流服务水平的提升，必然会要求电商企业开放自身的物流服务渠道以供全社会使用。同时，由于自建渠道的不足又会吸纳优秀供应商进入服务体系。最终形成一个波浪式前进、螺旋上升的发展模式。

基本训练

一、选择题

1. 以下物流系统各功能要素中，（　　）对环境的影响是最严重、最广泛的。
   A. 运输　　　　　B. 储存　　　　　C. 包装　　　　　D. 装卸搬运
2. 物流金融的产生是为了解决中小企业的（　　）。
   A. 信用等级评级问题　　　　　　B. 可抵押资产少问题
   C. 财务制度不健全问题　　　　　D. 融资难问题

二、判断题

1. 绿色物流尽管基于可持续发展理念，但其最终目标仍然是利润最大化。（　　）
2. 物流金融只是传统的抵押贷款，所以运营相对要简单得多。（　　）

3. 没有配套的柔性化的物流系统是不可能达到柔性化目的的。（   ）
4. "O－S－O"物流模式不是简单的开始、发展、回归过程，而是符合哲学意义上的发展模式。（   ）

三、简答题

1. 同一般物流相比较，冷链物流有何特点？
2. 简述电子商务物流的模式。
3. 物流金融的实施方式有哪些？

职场体验

实地调查当地物流企业，以组为单位提交一份绿色物流调研报告。

专业能力测评

在下列表格○中打✓　　A 理解　　B 基本理解　　C 未理解

专业能力	评价指标	自测结果
绿色物流	1. 绿色物流的概念 2. 绿色物流的起因 3. 绿色物流的特点 4. 绿色物流的内容	○A　○B　○C ○A　○B　○C ○A　○B　○C ○A　○B　○C
冷链物流	1. 冷链物流概念 2. 冷链物流的适用范围 3. 冷链物流的特点	○A　○B　○C ○A　○B　○C ○A　○B　○C
物流金融	1. 物流金融的概念 2. 物流金融产生的背景 3. 物流金融的作用 4. 物流金融的实施方式	○A　○B　○C ○A　○B　○C ○A　○B　○C ○A　○B　○C
电子商务物流	1. 电子商务物流的内涵 2. 电子商务物流的特点 3. 电子商务物流的模式	○A　○B　○C ○A　○B　○C ○A　○B　○C

基本训练习题答案

第一章：
1. BD 2. B 3. A 4. B 5. ABC 6. D 7. C 8. A 9. A 10. D 11. ABCD 12. ABC
13. ABCD 14. ABC

第二章：
1. B 2. C 3. A 4. ABDE 5. BCDE 6. BCDE 7. BC 8. C 9. A

第三章：
1. A 2. C 3. ABC 4. D 5. D 6. A 7. C 8. A 9. A 10. ABC

第四章：
1. C 2. ABCD 3. ABC 4. D 5. C 6. B 7. AB 8. ABCD

第五章：
1. B 2. B 3. B 4. CD 5. A 6. A 7. B

第六章：
1. B 2. C 3. D 4. ABCD 5. ABCD 6. ABCD 7. C

第七章：
1. ABCDE 2. AC 3. D 4. AB 5. D 6. ABCD 7. ABC

第八章：
1. ABCDE 2. ABCD 3. ABCD 4. ABCD 5. ABCD 6. ABC 7. ABCD 8. ABC

第九章：
1. B 2. C 3. C 4. ABC 5. ABCD 6. A 7. D 8. AD 9. A 10. D 11. C
12. C

第十章：
一、1. A 2. D
二、1. × 2. × 3. √ 4. √

参 考 文 献

[1] 王先庆，徐国权. 物流基础 [M]. 哈尔滨：哈尔滨工业大学出版社，2017.
[2] 薛威. 仓储作业管理 [M]. 北京：高等教育出版社，2012.
[3] 宋文官. 物流基础 [M]. 北京：高等教育出版社，2012.
[4] 王登清. 仓储与配送管理实务 [M]. 北京：北京大学出版社，2009.
[5] 张铎. 物流基础 [M]. 北京：中国铁道出版社，2008.